대학교양교육론

손동현 지음

철학과현실사

머리말

한국의 대학교육은 교양교육과 전공교육으로 이루어지고 있다. 어느 대학교든 전체 교육과정이 교양교육과 전공교육으로 구분되어 있는 것을 보면 그렇다. 그런데 어느 대학교든 전공교육은 각 학과별로 내실 있게 이루어져 온 반면, 교양교육은 전혀 그렇지 못한 것이 현실이다. 4차 산업혁명 운운하는 미래의 불투명한 정보사회를 생각해 보면 그 어느 때보다도 기초학문 중심의 교양교육이 각 분야의 전공교육 못지않게 중요한데, 아직도 대다수 대학인의 일반 인식은 거기까지 나아가지 못하고 있는 것이 안타깝다.

이유는 있다. 무엇보다도 교양교육의 근본이념에 대한 몰이해와 '교양'의 내용에 대한 오해가 그 으뜸가는 이유이고, 대학교육의 소위 '전공주의'가 그 버금가는 이유이다.

하나씩 짚어보자. 첨단 정보통신기술로 인해 산업구조가 근본적으로 바뀌고 직업세계가 또한 전반적으로 변모하리라는 것은 누구나 예측하는 바다. 현재의 특정 직업군에 조준되어 있는 교육 프로그램이 조만간 무용지물(?)이 되리라는 예측도 근거가 없지 않다. 앞서가는 철학자 가운데는 '문명의 전환'을 말하는 사람도 있다. 20-30년 후에 생의 한가운데서 사회의 중견 역할을 해야 할 오늘의 대학생들에게 이제 어떤 교육을 시켜야 할지 긴 안목으로 숙고하지 않을 수 없다.

특정 분야의 기성 지식과 기술을 가르치는 것만으로는 교육적 책무를 다할 수 없음을 시인하게 된다. 실용성을 염두에 두지 않고 인간과 세계의 실상 그 자체를 파악하고자 힘써 온 기초학문들의 탐구가 그래도 상황의 변화에도 불구하고 '두루두루 통하는' 식견을 제공해 주지 않겠나 기대하게 된다. 그렇다면, 대학교육의 총량 가운데 적어도 절반은 이 분야의 교육으로 채우는 것이 '보험을 들어놓는 현책(賢策)'이 아니겠나.

교양교육의 본령이 인문학, 기초사회과학, 기초자연과학 등 기초학문
교육이라는 명제를 아직도 수긍하지 못하는 분들이 많다. 대학 시절 본래
진정한 교양교육이 어떤 것인지를 지적으로 체험해 본 적이 없기 때문이
다. (교양교육의 이름 아래, 3학trivium 4과quadrivium로 정착되어 온 고전적
자유교육의 전통 위에서 근대 이후 기초학문교육으로 확장, 고양된 '자유학예
artes liberales' 교육을 제대로 실시한 대학이 1970년대 이래 한국에서 과연 있
었던가!) 그들에게 '교양'이란 멋진 생활태도나 좀 더 확장된 상식이나 혹
은 취미생활의 노하우 같은 것으로, 즉 '있으면 좋지만 없어도 그만인' 여
유 있는 일상생활의 장식 같은 것에 지나지 않는다. 아직도 정규 교양교
육과정에 '힐링 여행', '스포츠 마사지', '커피' 등의 과목을 개설하고 있
는 대학들이 적잖은 이유가 여기에 있다. 지금 대학교육을 받고 있는 젊
은이들의 미래를 위해 이는 조속히 청산해야 할 '적폐'다.

교양교육이 대학교육에서 기초학문교육으로 '부활'해야 하는 이유는
이런 교육적 목적 외에도 또 있다. 대학이 새로운 지식의 창출을 선도하
는 지식사회의 중앙본부임을 포기하지 않는다면, 대학은 학문후속세대를
양성하여 학문연구의 역사를 발전시켜 나가는 역할을 수행해야 한다. 이
를 통한 지식생태계의 구축과 이의 자활 시스템이 결국 국가발전의 밑거
름이 된다는 것은 누구나 동의하는 자명한 명제다. 학문연구에서도 고도
의 지적 경쟁력은 특히 기초학문분야에 있다. 그런데 양성된 학문후속세
대가 정작 활동할 공간을 찾지 못한다면, 지식생태계의 구축은 무망(無望)
한 일이 되고, 자원이라곤 사람밖에 없다는 한국의 미래는 어둡기만 할
것이다. 교양교육의 이름 아래 모든 학생이 일정 수준의 기초학문교육을
받게 한다면, 기초학문분야에서 연구를 계속할 학문후속세대에게 활동공
간을 확보해 주는 일이 되기도 하므로, 이런 내용의 교양교육은 학생들의
미래를 위한 지적 담보도 되지만, 더 넓은 안목으로 보면 국가발전의 기

본 전략이 되기도 하다.

교양교육에 대한 몰이해와 더불어 교양교육의 정상화를 가로막는 또 다른 장애물은 이른바 '전공주의'의 편견과 협량(狹量)이다. 전공교육은 각 전공학과에서 그 소속 교수들이 기본 책무로 알고 담당한다. 그런데 이와는 대조적으로 교양교육은 어느 학과 교수들도 담당하지 않는다. 담당하지 않을 뿐 아니라 관심도 없고 무시하기도 한다. 심지어는 교양교육을 적대시하거나 왜곡시키기까지 한다. 교수들은 누구나 자신의 전문 연구 분야에 맞는 학과에 소속돼 있는데, 교양교육은 어느 학과의 일도 아니기 때문에, 아무도 돌보지 않는 사각지대에 내팽개쳐진 것이다. 적대시하기까지 하는 이유는 교양교육이 강화되면 혹 전공교육이 위축될지 모른다는 피상적 단견 때문이고, 왜곡시키기도 하는 것은 교양교육을 전공교육의 하수인으로 삼으려 하기 때문이다.

한국의 대학교육이 전공학과 중심으로 이루어지고 있는 현실에 더욱 악재로 작용하는 것이 기초학문분야 학과들의 위축 및 퇴출 현상이다. 기초학문분야 학과들에서조차도 전교생을 대상으로 하는 교양교육에는 참여하지 않고 오직 소속 학생을 확보함으로써 학과의 존속을 도모하는 데 노력해 왔지만, 유감스럽게도 이 노력은 헛수고였음이 드러나고 있다. 학생 없는 학과는 폐과시킨다는 지침은 학과 중심의 '전공주의'가 대학운영의 기본 방침인 한, 당연한 것이다. 이미 오래전부터 진행돼 온 일이지만, 대학 진학생의 수가 대학의 입학정원을 밑도는 2020년 이후에는 기초학문분야의 학과는 거의 남아나지 않을 것이고 이에 따라 기초학문교육은 한국의 대학에서 사라질 전망이다. 이를 두고 국가의 장래를 걱정하는 것이 과연 백일몽일까.

이 책은 저자의 이런 걱정을 드러내기 위한 조심스러운 시도다. 본격적인 학술연구서라고 하기에는 부족한 점이 많지만, 대학의 교양교육에 대한 바른 인식이 아직도 보편화되어 있지 않은 사정을 생각해 미흡하나마 참고가 될까 하여 펴내는 책이다. 물론 후배들의 당찬 연구가 조만간 이 책의 내용을 훌쩍 뛰어넘으리라고 믿는다. 관련되는 주요 주제들을 가급적 망라해 체계를 갖춘다고는 했지만, 처음부터 체계를 세워 총체적으로 연구한 결과물이 아니라서 허술하기 짝이 없다. 중복되는 주장도 많아 이른바 '자기표절'이라는 비난도 감수해야 할 것이다. 널리 양해를 구하는 바다.

저자가 교양교육에 관여하게 된 내력에 대해 한마디만 해야겠다. 발단은 2001년경으로 거슬러 올라간다. 후에 장관까지 역임한 당시 교육부의 대학지원국장 서남수 박사가 소규모 간담회를 주선했다. 교육과정의 개선을 위한 진지한 노력이 대학 내부에서 일어야 할 텐데, 대체로 이런 일에 소극적인 대학을 향해 혹시 교육부에서 할 수 있는 일이 뭐가 있을지 몇몇 교수들의 의견을 듣고자 하는 모임이었다. 저자와 몇몇 교수가 정책연구비를 지원하는 게 좋겠다고 의견을 냈다. 서 박사가 이미 구상하고 있던 것이었는지, 바로 그 다음 해에 학술진흥재단에서 교육과정에 대한 정책연구지원 공모가 시행되었다. 연구지원에는 색다른 조건이 붙어 있었다. 재단에서 지원하는 액수만큼 해당 대학에서도 자체적으로 지원하라는 것과, 연구결과는 총장이 책임지고 시행하라는 것이었다. 교내 교양교육위원회에 참여하여 대학의 교양교육이 방치상태라는 사실을 알고 개탄하고 있던 저자는 자진하다시피 이 공모에 응해 성균관대학교의 '교양교육개선연구'를 떠맡게 되었다. 연구결과를 시행해야 한다는 조건 때문에 저자에게 무거운 책임이 주어졌고 자연히 각 학문영역의 교수들로부터 간섭과 압력도 있었다. 2년에 걸친 체계적이고도 종합적인 연구 끝에 교양교육개선안이 작성되었고, 이를 토대로 우여곡절 끝에 성균관대학교에서는 교양교육을 전담하는 〈학부대학〉도 설립되었다.

초대부터 3대까지 학부대학장직을 맡았던 것이 계기가 되어 대학교육협의회 부설로 〈한국교양기초교육원〉을 설립하고 이 기구를 5년 반 동안 이끌기도 했다. 그사이 〈교양교육학회〉도 설립하여 '교양교육'에 관한 연구를 누적해 나가는 일에도 일조하였다.

물론 이 모든 일들이 저자 혼자만의 힘으로 이루어진 것은 아니다. 당시 저자의 무리한(?) 요청을 수용하며 교양교육을 지원해 주셨던 당시 성균관대 서정돈 총장,* 〈학부대학〉에서 함께 일하며 노력을 아끼지 않았던 유홍준 현 학장 겸 부총장, 그리고 백승수 현 가천대 교수를 먼저 거명하지 않을 수 없다. 성균관대 밖에선, 늘 함께 대학교육의 선진화를 모색하며 〈교양기초교육원〉의 설립에 결정적 초석을 놓았던 연세대 민경찬 명예교수와 옆에서 일을 도왔던 이보경 교수, 〈교기원〉이라는 '외로운 탐사선'에 동승하여 노고를 아끼지 않았던 대구대 조혜경 교수, 초창기부터 〈교양교육학회〉의 발전에 버팀목이 되어 온 경희대 윤우섭 교수(현 교기원장), 계명대 박일우 교수, 단국대 윤승준 교수, 한국체대 김혜영 교수, 가톨릭대 하병학 교수, 성균관대 박정하 교수, 아주대 홍성기 교수를 잊을 수 없다. 이 모든 분들에게 '동지애'를 느끼며 정중히 감사의 인사를 드린다. 그리고 남달리 교양교육의 중요성을 강조하여 성균관대에서 정년 퇴임한 저자를 대전대에 불러 교내외에서 교양교육의 진흥을 위해 교수 활동을 더 지속하도록 배려해 주신 임용철 전 대전대학교 총장께도 깊은 사의를 표한다.

2019년 6월

저자

---

* '비판적 사고와 의사소통' 교육을 위해 일시에 13명의 전임교원을 초빙한 일은 그 후 많은 대학들로 글쓰기 교육이 확산되는 데에 기폭제가 되었다고 본다.

대학교양교육론

목차

제3부 교양교육 실행론

부록

제1부

교양교육 총론: 개념론

제1장 교양교육의 이념[1]
― 교양교육의 지식사회학적 배경 ―

1. 두 세계, 두 가지 힘

프랑스 철학자 베르그송은 인간을 움직이는 힘에는 두 가지가 있다고 말한다. 하나는 물리적 압박(puissance physique)의 힘이고 다른 하나는 소망, 열망(éspoir)의 힘이라고 한다.[2] "목구멍이 포도청이라" 하는 수 없이 "울며 겨자 먹기로" 하는 일도 있지만, "진주 목사도 저 싫으면 안 하고", "제 흥이 나면 섶을 지고 불에도 뛰어드는" 게 우리 인간의 행동이니, 그렇게 두 가지로 행동의 동인(動因)을 가를 수 있겠다. 전자는 우리를 등 뒤에서 직접 떠미는 힘이고, 후자는 우리를 앞에서, 그것도 저만큼 떨어진 곳에서, 유혹하며 이끄는 힘이다. 그렇다. 인간의 삶은 몸과 마음으로 이루어져 있다. 몸은 땅 위에 발붙여 사느라 외부의 물리적인 세계와 연계돼 있는 만큼, 물리적인 외부의 힘에 따르지 않을 수가 없다. 이에 반해, 마음은 늘 이상을 향해 꿈을 꾸고 있으며, 때론 멀리 초자연적인 세계까지 올라가려 한다. 소망하는 것을 향해, 그것을 성취하기 위해 움직이는 것이 인간이다. 그러니 인간을 움직이는 힘으로 이 두 가지를 말하는 것은 아주 당연해 보인다.

---

1) 이 장은 본래 Naver의 〈열린연단〉에서 발표한 것으로 2014년에 민음사에서 펴낸 『인간적 사회의 기초』에도 각 절의 제목 없이 수록되어 있는 글을 일부 첨삭한 것임.
2) H. Bergson, *L'Évolution créatrice*, Paris, 1943; 황수영 역, 『창조적 진화』, 아카넷, 2005.

그런데 이들 두 가지 힘이 작용하는 방식을 보면 그 대조가 더 뚜렷해 진다. 탐구이론에서 쓰는 전문용어로 표현해 보자면, 전자는 인과(법칙)적 으로(kausal) 작용하는 힘이고, 후자는 목적(활동)적으로(final, zwecktätig) 작용하는 힘이다.3)

인과적으로 힘이 작용한다는 것은 원인이 결과를 불러온다는 것이요, 따라서 시간적으로 앞서간 것이 시간적으로 뒤따라오는 것을 결정한다는 말이다. 그러니 인과관계로 이루어지는 세계에서는 실은 모든 것이 태초 에 이미 결정되어 있는 셈이다. 세계가 어떻게 전개될지 아직 알려져 있 지 않을 뿐이지, 잠재적으로는 모든 것이 다 결정되어 있다는 말이다. 새 로운 것이 나올 수 없는 완결된 세계가 인과관계의 세계다. 기계적으로 작동하는 물리적인 세계가 그 전형이다.

인간존재도, 그가 몸을 지니고 있는 자연적 존재인 한, 그리고 그 신 체가 물질로 이루어져 있는 한, 이 인과관계의 세계에서 벗어날 수 없다. 그도 어차피 이 원인과 결과의 연쇄 속에 자신의 행동을 연결시켜 나갈 수밖에 없다. 우리가 흔히 인과관계, 인과율, 인과법칙이라고 부르는 이 질서는 자연이 운행되는 원리다. 그러니까 이 원리, 즉 인과관계를 규정 하는 법칙에 대해 잘 아는 것은 곧 그가 그 물리적 자연세계 속에서 성공 적으로 활동할 수 있기 위해 꼭 필요한 일이다.

목적적으로 힘이 작용한다는 것은 우리가 설정한 목적이 그것을 실현 할 수단을 결정한다는 것이요, 따라서 시간적으로 뒤따라올 것이 시간적 으로 그보다 앞서는 것을 결정한다는 말이다. 목적이란 장차 실현되어야 할 것으로 여겨 미리 설정한, 아직 오지 않은 미래의 것이요, 그것이 실 현되려면 그에 앞서 일련의 수단들이 차례로 강구되어야 한다. 따라서 목

---

3) N. Hartmann, *Teleologisches Denken*, Berlin, 1951, 64쪽 이하; Ders., *Neue Wege der Ontologie*; 손동현 역, 『존재론의 새로운 길』, 서광사, 1997, 163쪽 이하.

적적 관계라는 것은 무엇인가 새로운 것이 인간의 의도에 따라 출현하는 과정을 가리키는 것이다. 목적적 관계란 실은 자연에는 없는, 인간의 정신적 활동에서나 나타나는 것이요, 자연을 벗어나는 문화의 세계가 그 본령이다.

그러고 보면 이 '미리 설정되는 목적'이라는 것이 문제다. 인과관계에서 원인은 우리 인간의 의지와 상관없이 이미 주어져 있는 것이다. 원인과 결과의 연쇄를 거슬러 올라가면 태초에까지 올라갈 것이다. 그러나 목적은 우리가 설정하는 것이다. 목적이란 게 무엇인가? 우리는 무엇을 우리 행동의 목표로 설정하나? 그리고 그 목표들은 궁극적으로 어떤 목적을 향해 나아가나?

원인과 결과의 연관에서 이미 주어진 원인이 '사실'이라 한다면, 목적과 수단의 연관에서 목적으로 설정되는 것은 '가치'라 할 수 있다. 사실이 사실을 낳는 과정이 인과관계라면, 목적관계란 가치가 사실로 변하는 과정이다. 목적으로 설정되는 것, 즉 우리가 장차 성취하고자 소망하는 것은 지금 사실로서 주어져 있는 것이 아니다. 지금은 '주어져 있지 않은 것'이지만, 지금 주어져 있는 것보다 '좋은 것'이다, 더 좋은 것을 지향하는 것이 인간 정신의 근본적인 원리이기 때문이다. 이 '더 좋은 것'이 바로 가치이다. 목적(활동)적 관계란 이렇듯 '현실에는 존재하지 않는 가치(value)'를 '현실 속에 존재하는(real) 사실로 바꾸는' 과정이다. 한마디로 말해 '가치를 실현하는(realize)' 과정이다.

상식적으로 보면 너무나 분명하고도 단순한 일이지만, 존재론적으로 보면 경이로운 일이 여기서 일어나고 있다. 실시간의 흐름에서 보자면, 시간의 흐름을 역행해 아직 있지도 않은 것이 지금 있는 것을 결정한다는 사태가 그것이다. 목적이 수단을 결정한다는 것은 곧 가치가 사실을 결정한다는 것인데, 이는 곧 "없는 것이 있는 것을 결정한다"는 말이기 때문이다. 무(無)가 유(有), 즉 존재(存在)를 결정하다니! 자연적 사실의 현실세계에 이런 일은 있을 수 없다.

2. 원인-결과, 목적-수단

원인-결과의 관계와 목적-수단의 관계는 이렇듯 전혀 다른 것이다. 그러나 가치실현의 과정인 목적적 관계도, 목적이 실현되는 과정에서 보면, 그 구조가 인과관계와 다를 바가 없다. 아니, 그 자체가 인과관계다. 가치가 실현되는 목적적 관계라는 것도 원인이 결과를 결정하는 인과관계를 떠나서는 그 자체 성립할 수가 없다. 강구한 수단이 목적을 '실현'시킬 수 있기 위해서는 그 수단과 목적 사이에 인과관계가 철저히 성립돼야만 하는 것이다. 즉 수단이 원인이 되어 목적을 결과로 가져와야 한다. 그렇지 않고서는 목적설정이라는 것 자체가 아무 의미가 없는 것이요, 목적적 관계라는 것도 그 자체 성립할 수가 없다.

한 단계의 인과관계에서 결과로 등장한 것이 그 다음 단계의 인과관계에서 다시금 원인이 되듯이, 목적관계에서도 한 단계의 목적관계에서 성취된 목적은 그 다음 단계의 목적관계에서는 수단이 된다. 실시간의 흐름에서 볼 때, 원인-결과의 관계는 수단-목적의 관계와 합치한다. 이렇듯, 일정한 원인이 주어지면 그로부터 어김없이 일정한 결과가 나오는 세계라야 우리는 이 세계에서 그 확고한 질서를 믿고 무엇인가 계획을 세우고 그것을 실행해 나갈 수 있다. '콩 심은 데서 콩 나고 팥 심은 데서 팥 나야' 콩 농사 팥 농사를 지을 수 있다. 가을에 벼를 수확하고 싶으면 봄에 볍씨를 뿌리는 게 당연한데, 이는 볍씨에서는 벼가 자라나오게 돼 있다는 인과관계의 확실성을 믿기 때문이다.

사실세계의 인관관계에 대한 과학적 객관적 실증적 지식은 가치의 실현과정에서 꼭 필요한 것이다. 가치를 실현하기 위한 수단을 강구하기 위해서는 그 수단과 달성될 목적 사이의 인과관계에 대해 확실한 지식을 확보해야 하기 때문이다. 인간사에서 일이 계획한 대로 성취되지 않고 실패로 끝나는 것은 대부분 이 지식의 부족에 그 원인이 있다.

목적적 관계에서 인과관계와 그 작동방향이 반대인 것은 목적을 설정하고 이를 실현시킬 수단을 찾아내는 과정일 뿐이다. 목적적 관계의 고유한 점은 목적의 설정이 인과적 연관관계에서 벗어난 채 이루어지고 있다는 것이다. 이 점이 경이라면 경이이다. 인과관계에서는 모든 것이 결정돼 있다. 하지만 목적적 관계에서는 목적 그 자체가 늘 새로이 정해져야 한다. 이 점이 목적적 관계의 본질적인 핵심이다. 그러니까 목적적 관계에서는 목적이 정해지지 않는 한 모든 것이 미결정 상태로 머물게 된다. 어느 항구로 향할지 목적지가 정해지지 않은 상태라면, 선박의 기관이 최상의 상태에 있다 한들 무턱대고 출항할 수는 없는 것과 같은 이치다.

인과관계가 존립하는 세계와 목적적 관계가 성립하는 세계가 별개의 세계가 아니라 동일한 하나의 세계인 이상, 이 두 가지 결정구조는 하나인 이 세계 안에서 한데 얽혀 있는 것이다. 그럴 수밖에 없는 것이다. 이 두 가지가 '얽혀 있는' 구조를 어떻게 설명할 수 있을까? 우리의 상식이 이 물음에 아주 자연스러운 답을 준다. 목적적 관계는 상위에 있으면서 하위에 있는 인과적 관계를 재료로 활용한다고 볼 수 있다는 것이다. '콩 심은 데 콩 나고 팥 심은 데 팥 나는' 빈틈없는 인과관계를 조금이라도 허물 수는 없는 일이지만, 콩을 심을지 팥을 심을지는 우리가 어떤 곡식을 먹을지 생각하여 정할 수 있는 일이다. 인과적 결정구조에는 필연적 결정만이 있고 자유가 없지만, 목적적 결정구조는 그 자체가 자유롭게 목적을 설정하는 것을 전제로 하는 것이므로, 필연적으로 결정되는 인과관계를 자유롭게 선택하는 목적적 관계가 수단으로 부리는 것이 이 두 가지 결정구조가 동일한 하나의 세계 속에서 공존하며 결부돼 있는 양상이다.

이 주제는 실은 '자유와 필연'의 양립을 설명해야 하는 해묵은 철학적 난제였다. 그러나 우리는 이 두 가지를 상하위의 두 층위에 나누어 자리 매김함으로써, 이 문제가 쉽게 상식적으로 해결된다는 것을 알 수 있다. 어떤 철학자는 이 양태를 "인과관계가 목적적 관계 속에서 '상향형성'(上向形成, Überformung)되는" 모습으로 서술하기도 하고, 목적적 관계가 인과관계를 재료로 활용하는 모습으로 서술하기도 한다.[4]

3. 사실에 관한 지식, 목적에 관한 이념

칼 마르크스는 위대한 철학자다. 그는 정신적 활동을 인간사의 중심에 놓는 당대의 이념지향적 지식사회에 혁명적 경고를 하였다. 인간의 정신적 활동이라는 것도 따지고 보면 물질적 생활의 반영에 지나지 않는 것이므로 경제활동, 그중에서도 생산방식이 인간의 사회적 삶에서 가장 핵심적인 것이라고 역설하였다. 그에 따르면, "인간의 의식이 존재를 결정하는 것이 아니라, 인간의 사회적 존재가 그의 의식을 규정한다."[5] 사회의식은 그 사회의 경제적 구조에 상응하는 것이고 그 경제적 구조가 사회의 현실적 토대(Basis)를 이루며, 그 위에 법적 정치적 상부구조(Überbau)가 형성된다, 더 구체적으로는 '생산방식'이 사회적 정치적 정신적 삶의 과정을 제약한다고 그는 주장한다.

틀린 말이 아니다. 그의 선생 격인 포이에르바흐는 "인간은 그가 먹는 것"(Der Mensch ist was er ißt)이라고까지 말했다.[6] 맹자에도 "항산(恒産: 일정한 재산이나 생업)이 있는 사람이 항심(恒心)도 있다"(有恒産者 有恒心)거나, "만약 백성들이 항산이 없으면, 그로 인하여 항심도 없게 된다"(若民則 無恒産 因無恒心)는 말이 있다.[7]

---

4) N. Hartmann, 같은 책, 166쪽 이하.

5) Marx-Engels Werke Bd.7; K. Marx, *Zur Kritik der politischen Ökonomie*, Berlin, 1985(1859), 7쪽 이하.

6) L. Feuerbach, *Das Wesen des Christentums*, Leipzig, 1841.

그러나 우리는 자문한다. 마르크스는 이런 통찰을 어떻게 하게 됐으며, 왜 이런 주장을 하게 됐는가? 만국의 노동자를 단합게 하여 인간을 자본에 의한 노동의 소외에서 해방시켜야 한다는 그의 결의는 어디서 온 것인가? 아닌 말로, 무얼 먹고 살았기에 그의 머리에 그런 생각이 들어찼단 말인가? 부유한 집안에서 태어나 대학교육까지 어려움 없이 받던 청년 마르크스가 어찌하여 그런 노동해방을 통한 인간해방의 이념을 품게 됐는지, 그의 경제생활이 이를 설명해 줄 수 있을까?

사실세계의 인과관계가 그 인과관계를 벗어나는 가치를 포함하는 목적적 관계를 낳거나 규정하거나 하진 않는다. 마르크스는 비록 생산방식이 중심이 되는 경제적 구조에 대한 지식, 즉 사실세계의 인과관계에 대한 과학적 지식을 토대로 해서 '과학적 공산주의'라는 사회경제적 이념을 제시하긴 했지만, 그 자신의 탐구의 목적, 이념 제시의 목적, 혁명의 목적이 그의 경제적 현실에서 나온 것은 아니다. 그는, 실은, 그의 이러한 목적을 달성하고자 하여 경제적 궁핍을 감수해야 했다.

4. 지식교육의 성과

철학적 설명이야 어찌되었든 현실에서 볼 때, 인간사에서 진정 중요한 핵심문제는 가치 있는 무엇인가를 목적으로 설정하는 일이다. 목적이 설정되고 나면, 그 다음부터는 비교적 쉽다. 좌고우면(左顧右眄), 번민할 것 없이 사실세계의 인과관계를 잘 살펴 기계적으로 대처해 나가면 되는 일이다. 사실세계의 인과관계에 대한 지식이 요구되는 것은 목적이 설정되고 난 뒤의 일이다. 무엇을 목적으로 설정해야 할지, 어떤 가치를 실현하기 위해 어떤 목적을 설정해야 할지, 이에 대한 성찰이 먼저라는 말이

---

7) 孟子, 등문공(滕文公) 章.

다. 너무나 단순한 이치다.

그러나 지금 우리 한국의 교육자들은 이 단순한 이치를 재확인해야 하는 상황에 처한 것 같다. 그리하여 당연하다고 여겨 오랫동안 묻지 않아왔던 물음, 목적(활동)적 관계가 더 중요한지, 인과(법칙)적 관계가 더 중요한지, 이 물음부터 새삼 다시 던져봐야 할 것 같다. 한국에서 학교교육은 무엇을 지향해 왔는지, 특히 대학의 고등교육에서는 무엇이 우선적으로 강조되어 왔는지 되짚어 볼 일이다. 인과관계가 지배하는 사실의 세계에 대한 지식이 더 중요시되어 왔는지, 아니면 목적관계를 중시하여 목적으로 설정할 가치에 대한 지혜가 더 중시되어 왔는지 되물어볼 일이다.

대학교육은 내용적으로 볼 때 전공교육과 교양교육의 두 축으로 이루어진다. 그런데 한국에서 그동안 대학교육은 현실적으로 전공교육의 주 과제를 '전문 직업교육'에 두고 여기에만 열중해 온 것이 사실이고, 그러다 보니 '보편 지성교육'을 지향하는 교양교육은 등한시된 것이다. 사실세계의 인과관계에 대한 지식이 어떤 교육을 통해 습득되고 가치를 품는 목적적 관계에 대한 지혜가 어떤 교육을 통해 숙성되는지 생각해 본다면, 보편 지성교육이 소홀히 되고 전문 직업교육이 강조돼 온 한국의 대학교육이 어떤 방향으로 개선되어야 할지 그 답은 분명해 보인다.

직업교육의 성격이 강한 응용학문분야의 전공교육에서 학생들로 하여금 가능한 한 많은 시간을 전공학업에 투입하도록 요구해 온 데에는 물론 한국의 경제사회적 여건이 그 배경적 원인으로 작용해 왔다. 강도 높은 산업화를 통해 급속히 국가사회를 근대화시키기 위해서는 선진 문물을 가능케 하는 특정 전문분야의 '지식과 기술'을 단기간 내에 대폭적으로 학습-수용하는 것이 절실히 요구되었기 때문이다.

사실세계의 인과관계에 대한 지식은 다양한 종류의 '기술'로 현실과 맞닿는다. 결국 그 지식이라는 것이 사실로 이루어진 현실을 움직이려면, 그 지식은 살아 움직여야 하는데, 그런 현실화된 지식은 '기술'의 형태를 띠게 마련이다. 그 근원은 인간의 생물학적 삶의 조건에 도사리고 있다.

인간은 그 어떤 종(種)보다도 더 불리한 생물학적 여건을 반전시켜야 할 생존의 과제를 안고 있다. 미정형의 상태에서 스스로 행동방식을 구성해야 하며, 비무장 상태의 결함을 무장을 통해 스스로 보완해야 하며, 내외 자연성의 괴리를 메꾸어 부정합성이 주는 부담을 스스로 덜어내야 (Entlastung) 한다.8) 이것이 자연이 인간에게 강요하는 인간의 자기활동이요, 이것 없이는 인간은 자연적 존재로서 자연 속에서 생존조차 할 수 없게 된다. 이 때 인간의 자기활동은 원초적으로 감각-운동 기제와 직접적으로 연접되는 신체적 활동이므로 공작적 활동이 아닐 수 없으며, 바로 이런 상황이 기술이 등장하게 되는 연원이다. 인간은 사유인(homo sapiens)이기 이전에 공작인(homo faber)이었다.

근대 이후 서유럽에서 전개된 산업혁명은 자연과의 교섭사에서 인류가 성취한 가장 위대한 업적이었다. 그 본질적 핵심은 바로 이 '기술'의 승리였고 그 승리의 원천은 실증과학적 탐구였다. 급속한 산업화를 성취하려 했던 한국이 과학을 숭상하는 정책을 국가 제1정책으로 내세우고, '기술 입국'을 슬로건으로 외치며 젊은이들에게 '일인일기'(一人一技)를 요구했던 것은 어쩌면 불가피한 선택이었다.

5. 지혜교육의 요구, 교양교육의 새 위상

목적적 관계에 대한 지혜가 인과적 관계에 대한 지식보다 더욱더 중요하다는 것을 시인하면서도, 전자에 대한 교육보다는 후자에 대한 교육에 더 많은 노력을 기울여 온 것이 그간의 대학교육이었다면, 이제는 그것이 변모해야 할 때가 되었다. 한국사회도 이젠 산업사회를 지나 소위

---

8) A. Gehlen, *Der Mensch: Seien Natur und seine Stellung in der Welt*, Wiesbaden, 1972(1940), 62쪽 이하.

정보사회에 깊숙이 진입해 있기 때문이다.

21세기 정보사회의 새로운 지적 지형은 우리에게 목적적 관계에 대한 지혜를 어느 시대보다 더 요구하고 있고, 이 요구는 곧 폭넓고 깊이 있는 교양에 대한 요구임을 확인할 수 있다. 사실세계의 인과관계에 대한 지식은 현실을 파악하는 데 유용하고, 그 지식을 토대로 하여 개발된 기술은 현실을 관리, 운용하는 데 유용하다. 전문지식이 중요하고 따라서 전공교육이 중요한 이유가 여기에 있다. 그러나 그 지식과 기술을 재료로 부려 어떤 가치를 실현시켜야 할지, 어떤 목적을 실현시켜야 할지를 통찰할 지혜는 이러한 실용적 전공교육에서 얻어지기 힘들다.

하이데거는 〈사유란 무엇인가?〉라는 강의에서 "과학은 사유하지 않는다"고 말한 적이 있다.9) 과학은 사물을 계량, 분석하고 그 현상의 근거를 밝히며 원인을 설명하지만, 이 모든 것들의 전제가 되는 '이해지평', '해석지평'인 '존재의 의미' 자체에 대해 '성찰'하지는 않는다는 뜻으로 한 말이다. 이를 다른 말로 풀이하자면, 과학은 삶 전체의 목적적 의미연관을 성찰하지는 않고, 다만 그런 의미연관이 주어졌을 때 그것에 봉사할 수단을 찾기 위한 작업을 할 뿐이라는 것이다.

목적과 가치에 대한 지혜를 얻으려면 삶 전체의 목적적 의미연관, 즉 인간의 삶의 조건, 인간다움의 본질, 인간의 본성과 숙명 등에 대한 인문학적 성찰도 필요하고, 인간의 공동체적인 삶의 본질과 그 한계, 가능한 방식 등에 대한 사회과학적인 지식뿐 아니라, 인간적 삶의 기본 토대인 자연에 관해서도 폭넓은 지식을 지니고 있어야 할 것이다. 교양교육이 아니고서는 이런 교육을 받을 수 있는 기회가 주어지기 어려울 것이다. 과학이 몰가치적(沒價値的) 중립적 객관적 관점을 취하는 '3인칭 학문'이라면, 인문학-사회과학-자연과학을 가로지르며 두루두루 폭넓은 성찰을 하

---

9) M. Heidegger, *Was heißt Denken?*(1951-52), in: Gesammtausgabe 8, Frankfurt a.M.: V. Klostermann.

게 하는 교양교육은 어디까지나 가치개입적(價値介入的) 주체적 실천적 관점에 서는 '1인칭적' 자아를 세우는 교육이다.

일상의 현실에서 우리는 삶의 의미나 목적에 대해 자주 묻지 않는다. 난관에 봉착하거나 크게 좌절하지 않는 한, 그것을 실현할 수 있다고 믿는 수단의 강구에만 열중한다. 실체적 진실과는 달리 교양의 힘이 기술의 힘보다 덜 실감나는 이유이기도 하다. 그러나 전자가 후자보다 덜 중요한 것은 결코 아니다. 특히 현실의 토대가 바뀌거나, 현실의 구조가 변화할 때, 자아의 정체성과 세계의 의미가 달라질 때, 기술의 힘보다 더 절실히 요구되는 것은 교양의 힘이다.

교양의 힘이란 무엇인가? 교양이란 일반적으로 말해 '사람다운 삶'에 대한 식견과 태도를 일컫는다. 인간의 인간적인 삶 자체를 총체적으로 성찰하는 지적 자세와 그 성찰의 내용을 실천에 옮기려는 의지적 자세가 교양의 토대를 이룬다. 이 교양의 힘이 곧 지혜교육이 추구하는 것임은 다음과 같은 교양의 특성을 생각해 볼 때, 곧 드러난다:

첫째, 교양은 항상 주체적 자아와 관련된다. 외면적인 일반적 관점에서는 파악하기 어려운 인간의 내면에 도사리고 있는 삶의 조건과 그에 대응하는 자기형성 및 자기결정의 활동을 위한 능력이 곧 교양이다.

둘째, 교양은 어떻게든 실천적 행위를 위한 가치관을 포함하기 마련이다. 단순한 사실 인식만으로는 실천적 행동의 의지가 발동되지 않고 오직 가치에 대한 지향만이 실천적 행동을 유도할 수 있기 때문에, 교양의 핵심에는 가치관이 도사리고 있다.

셋째, 주체적 자아의 자유로운 행동과 이를 위한 가치판단은 항상 주어진 정보를 총체적으로 참조할 것을 요구한다. 즉 총체적 종합적 사유의 능력이 교양의 주요 요소다. 달리 말하자면, 세분화된 분야들의 위상을 전체 속에서 혜량할 수 있는 안목이 곧 교양이다.

넷째, 가치판단을 위한 종합적 사유에는 반드시 비판적인 사유가 면저 요구되고, 이에서 더 나아가 창의적인 사고 또한 요구된다. 새로이 주어지는 문제란 대개 실패한 행동에서 나오는 문제이므로 기성의 사고 내용을 비판하고 새로운 행동을 예비해야 하기 때문이다. 교양에는 비판적 창의적 사고능력이 포함된다.

다섯째, 교양에는 또한 정서적(情緖的) 의지적(意志的) 요소가 중요한 것으로 포함되어 있다. 교양교육에는 따라서 정의(情意)를 토대로 한 정서적 감응 능력과 도덕적 안목과 실천의지가 포함된다.

이러한 능력과 자질을 함양하는 것이 곧 교양교육이다. 그렇다면 과연 이러한 특성을 지니는 교양교육, 즉 지혜교육이 정보화~세계화 시대의 지적 지형에 적합하며, 거기서 대두되는 새로운 교육수요에 잘 부응하는 것일까? 그렇다. 이는 21세기의 지적 지형이 근본적으로 변전(變轉)하기 때문이다. 정보사회의 새로운 지적 지형은 기계론적인 물리학적 세계상에서 벗어나 유기론적인 생물학적 세계상을 토대로 하고 있다. "물리주의적 세계상 아래에서는 공간적 세계 안에 자리 잡고 반복적으로 전개되는 고정 불변의 실체가 삶의 중심에 자리 잡고 있는 것으로 여겨져, 이에 대한 추론적 탐구가 지성적 활동의 중추를 이루었으나, 생명주의적 세계상 아래서는 부단한 시간의 흐름 속에서 창발(創發)하는 생명적 활동이 삶을 이끄는 거대한 힘으로 여겨져, 이에 대한 직관적 파악이 지성의 핵심 과제로 떠오른다. 전자에서는 전체가 부분으로 분할되고 재조립되는 것이 대상의 세계였으나, 후자에서는 세계 전체가 부분으로 분할되지도 않거니와 분할된 부분들이 다시 전체를 이룰 수도 없다. 인간의 사실적 경험세계를 고정, 분석, 조작하는 것이 전자의 세계상에 어울리는 것이었다면, 인간의 삶을 포함한 세계 전체의 생명적 흐름을 조망하고 이에 조응하는 것이 후자에 어울리는 것이다."10)

---

10) 졸고, 「디지털 유목시대의 대학교육」, 한국철학연구소 학술문화발표 54(2010) 참조. 이 맥락을 도표로 단순화시켜 보면 다음과 같다:

6. 한국 대학교육의 현실

그동안 한국의 대학교육은 '특화된 전문 직업교육'에만 열중해 왔지, 교양교육을 토대로 한 '일반적 보편 지성교육', 즉 지혜교육은 등한시해 온 것이 사실이다. 직업교육의 성격이 강한 응용학문분야의 전공교육에서 학생들로 하여금 가능한 한 많은 시간을 전공학업에 투입하도록 요구해 온 것이다. 한국에서 이러한 교육이 널리 시행되었던 데에는 물론 한국의 경제사회적 여건이 그 배경을 이루고 있다. 강도 높은 산업화를 통해 급속히 국가사회를 근대화시키기 위해서는 선진 문물을 가능케 하는 특정 전문분야의 '지식과 기술'을 단기간 내에 대폭적으로 학습, 수용하는 것이 절실히 요구되었기 때문이다.

그러나 21세기에 접어든 한국사회는 이제 상황이 달라졌다. 앞서 말했듯이, 한국도 산업화를 거쳐 이제 급속히 '정보사회'로 이행한 것이 현실이고 보면, 산업화에서 요구되었던 '특정 분야의 기성 지식'을 학습하는 것만으로는 대학의 고등교육이 제 역할을 다할 수 없는 시대가 된 것이다. 한마디로 말해 교양교육이 중심이 되는 '일반적 보편 지성교육'이 곧 '전문 직업교육'을 위해서도 필수적인 부분이 되었다. 오늘의 정보사회에서는 지식도, 기술도, 산업도 분화, 전문화보다는 융합, 종합화의 길을 가야 더 큰 산업적 성과를 가져온다. 각 전문분야들의 지식도 하나의 문제

시대상	산업사회	정보사회
세계상	물리주의적 세계상	생명주의적 세계상
세계의 기반	고정된 공간	시간의 흐름
탐구의 대상	불변의 실체	창발하는 생명
세계인식의 방식	분석적 추론적 탐구	총체적 직관적 파악
지적활동의 영역	사실의 경험세계	의미의 세계전체

앞에서 서로 결합되지 않는다면, 문제의 해결에 도움을 주지 못하는 무력한 것이 되기 쉽다. 오늘의 문화사회적 상황은 여러 문제들이 서로 결합되어 우리의 해결을 기다리기 때문이요, 이는 또 문화사회적 삶이 영역별로 분립되어 있지 않고 서로 융합되어 통합되기 때문이다. 정치와 경제가 융합됨은 물론, 산업과 문화가 융합되고 예술과 공학이 융합된다. 해결해야 할 문제들이 총체적 맥락 속에서 그 맥락과 더불어 한꺼번에 다가온다면, 문제해결의 방식도 총합적일 수밖에 없다. 각 전문분야들의 지식을 폭넓고 깊이 있는 안목 아래서 조망하고 연결시켜 주는 '지적 연결지평'이 요구되는 것이다. 교양교육은 이에 기여하는 것으로, 본래 융복합교육의 성격을 갖는 교양교육이 바람직한 전문 직업교육을 위해서도 필요한 이유가 여기에 있다.

한국사회의 문화적 모순과 시대적 격변에서 유래하는 여러 근본적인 문제에 대한 해답의 모색이 긴절하다면, 대학인은 이에 대해 진지하고도 민감해져야 할 것이요, 이는 단순한 전공학문의 분할된 영역의 연구를 통해서만은 실천하기 어려운 일이다.

급속한 산업화를 집중적으로 추구할 뿐 여타의 문제들은 외면하거나 유보해 왔던 지난 반세기 동안, 한국인들이 추구해 왔던 수단적 가치의 증대라는 이념은 대학에서 전공학업을 중시하고 진정한 의미에서의 교양교육을 소홀히 하는 풍조를 만연시켜 왔다. 그러나 아직도 여전히 그 제도적 관성 때문에 변신을 하지 못하고 있다면, 대한민국의 대학교육은 국제적 수준에 오르지 못하고 여전히 지적 식민지 상태를 벗어나기 어려울 것이다.

이제 '교양교육'에 대한 천박한 통념을 버릴 때가 되었다. 대학에서 교양교육은 '하면 좋지만 안 해도 되는' 여분의 교육이 아니다. 교양과목은 이제, 내용도 상식적인 것이고 학술성이 있다 해도 수준이 낮은 것이어서 연구 없이도 가르칠 수 있고 공부 안 해도 '학점을 딸' 수 있는 그런

과목이어서는 안 된다. 기초학문의 깊은 탐구성과가 담겨 있는, 전공과목보다도 더 많은 공부가 필요한, 그런 과목이어야 한다.

교양교육은 대학을 졸업한 후에도 평생학습을 수행해 나갈 수 있는 지적 동기와 능력을 계발하는 교육이어야 한다. 여러 전문분야들의 근본문제와 첨단 지식들을 연계시킬 수 있는 '지적 연결지평'을 갖추어 주는 교육이어야 한다. 따라서 교양교육은 각 학문분야의 전공교육과 배타적으로 '충돌'하는 교육이 아니라, 오히려 그 전공교육의 성과를 상승시켜 주는 교육이다. 기술의 힘이 선용될 수 있도록 하기 위해서라도, 그 힘이 뻗어나갈 정향(定向)을 바로잡아 줄 교양의 힘을 기를 때가 되었다. 한국의 대학인은 통념 속의 '학과'라는 격자(格子)에 갇혀 정보시대의 대학교육이 나아가야 할 길을 가로막고 있을 때가 아니다.

제2장 교양교육의 고전적 의미

1. 교육의 본원적 이념, 교양

교육이란 동서를 막론하고 아직 동물적 상태에 머물러 있는 자라나는 어린아이를 끌어올려 사람다운 사람으로 자라도록 하는 활동이다. 그렇다면 그 끌어올려진 상태란 어떤 상태인가? 동물적 상태를 자연적 상태라고 한다면, 사람으로 고양된 이 상태란 문화적 상태일 것이다. 자연적 상태에서 문화적 상태로 이끌어 올려 동물이 사람이 되게 하는 일이 교육이다.

그렇다면 문화란 무엇인가? 文化라는 한자어는 '文治敎化',[11] '文明開化',[12] '文飾化成'[13] 등의 어구들을 참조하여 서양어 culture/Kultur의 역어로 만들어진 것이다. 그런데 이 서양어의 어원인 라틴어 cultura는 본래 "밭을 갈아 농작물을 재배 경작함, 일을 하여 농작물을 수확함"이라는 뜻을 갖는 colere라는 말의 동명사 형태이다. 그러나 이 말은 곧 이에서 전의(轉義)하여 animi culti(경작된 영혼), cultura animi(영혼의 경작)등의 말을 보면 알 수 있듯이 "활동을 하여 가치를 증대시킴, 가치를 창조함", 나아가 "영혼, 정신을 경작함, 갈고 닦음" 등의 뜻을 갖는 말로 사용

---

11) "형벌, 완력, 군사력에 의하지 않고 말과 글로 다스려 백성을 도덕적 존재로 되게 함"
12) "글로 세상을 밝히어 사람의 생각과 삶을 열리게 함. 글이 밝아 세상에 대해 알게 되니, 세상이 열리어 스스로를 드러내게 됨"
13) "글로 꾸미어 완전함을 이루게 함"

되었다.

'문명사회'14)가 형성되고 난 이후로는, 수준 높은 교육을 받은 '지도적 시민'들이 지녀야 할 지적 정서적 도덕적 자질, 능력, 덕성 등을 바로 이 '경작된 영혼의 수확물'이라는 개념, 즉 culture/Kultur로 총칭하게 되었다. 우리가 '교양'(教養)이라는 역어로 일컫는 것이 바로 그것이다. 이렇게 볼 때 교육한다는 것, 문화상태로 끌어올린다는 것은 곧 '교양'을 갖추어준다는 것을 뜻하게 되어, '교양교육'이라는 말은 실은 불필요한 말을 덧붙여 만든(redundant) 말이라고도 할 수 있다.

이렇게 생각해 보면 교육의 기본은 바로 교양을 갖게 하는 교양교육인데, 이때 교양을 갖게 됨으로써 문화상태로 이끌어 올려진다는 것은 위에서 보았듯 다름 아니라 자연상태를 넘어서서 인간다운 인간이 된다는 것이요, 인간다운 삶을 살아갈 수 있는 능력과 자질을 갖게 된다는 것이다. 그렇다면 이는 또한 다름 아닌 인문교육이 아니겠는가? 인문교육이란 무엇인가? 인문교육이란 우선 '단적으로 인간으로서' 훌륭하게 살아갈 수 있도록 도와주는 교육, 따라서 일반적인 인간적 보편가치의 실현을 도와주는 교육이라고 단순히 정의할 수 있는 그런 교육이다.

2. '교양' 및 '교양교육'의 고전적 의미

'교양'(教養)이라는 말은 본래 동아시아에서 사용하던 말이 아니라 서양의 문물을 수용하던 일본의 식자들이 독일어 'Bildung'에 대한 번역어로 만든 말이다. 어원적으로 이 말은 "나무를 쪼개거나 깎아서 어떤 형상을

---

14) '문명사회'를 뜻하는 서양어의 어원인 라틴어 civis는 변방의 사람들 또는 하층민인 야만인(barbarus/barbara)과는 달리 '도시 시민'을 가리키는 말이었다. 따라서 '문명'이란 시민의 현실적인 사회생활의 여건 및 상태를 가리키는 개념이다. 문화(culture)의 대구(對句)적 개념이 자연(nature)이라면, 문명(civilization)의 대구적 개념은 야만(barbarism)이다.

만든다"는 뜻과 "잘 들어맞아 적합하다"는 뜻을 갖는 'bil-'이라는 인도유럽어 음절을 바탕으로 하고 있다.15) 그래서 이 말은 근원적으로 "공작적, 예술적으로 비슷한 것을 모방하거나 모사하여 빚거나 지어 만든다"는 뜻을 가지며, 후에는 "인간이나 생명체의 형상이 자연스럽게 형성됨"을 뜻하게 되고, 나아가 정신적인 내용의 모방과 모사(模寫, Ab-bild)까지 뜻하게 되었다. 따라서 여기에는 '원본, 모범'(Ur-bild)의 관념이 있게 마련이다.

본래 그리스 로마의 고전적 인문주의 전통에서 "인간의 더 높은 자아를 형성하고 완전케 하는 것"으로 이해되던 이 '교양'(Bildung) 개념이 서양의 기독교적 전통에서는 "신의 형상을 인간의 영혼에 새겨 넣는 것"으로, 또는 다소 인본주의적인 표현으로 각색되어 "신의 인식을 통해 인간의 영혼을 더욱 풍성하게 하는 것"으로 이해되기도 하였다. '교양'(Bildung)이란 하나의 상(Bild)을 전제하는데, 기독교적 전통에는 고래로부터 "신의 형상(imago dei)에 따라 인간을 창조했다"는 구약성서적인 인간 이념이 있어 왔던 것이다.

독일어문화권에서 이 '교양' 개념은 에크하르트(Meister Eckhart, 1260-1327)가 처음 독일어에서 사용한 것인데, 인간이 신과 비슷해지도록 하는 신의 소관사로 그 내용은 '방념(放念)의 체득'(Erlernen von Gelassenheit)이었다. 그에 따르면, 인간은 "신이 자신의 형상을 본떠 빚은 신의 피조물"이요, 신의 형상에 대한 모사로 신에 의해 피조된 것이 인간존재이기 때문에 교양이란 개개인이 영향력을 가질 수도 없는 것이고 따라서 각자의 과제도 아니다. 이런 점에서 인간은 본래 '어리석은 존재'(homo insipiens)이고 교육을 통해서 비로소 '사유하는 존재'(homo sapiens)가 된다.16)

---

15) 이하 *Wörterbuch der Pädagogik*, Freiburg: Herder, 1977, 1. Band, 120쪽 이하 참조.

이러한 기독교적인 교양 개념에서 차츰 벗어나 근대적인 교양 개념을 정립한 과정을 좀 더 살펴보자면, 아무래도 칸트의 계몽사상적 교육이념과 홈볼트의 신인문주의적 교육이념을 참조하는 것이 좋을 것이다. 물론 그 이전에 이미 기독교적인 전통에서 벗어나는 교양(교육)개념이 그리스 로마의 전통을 되살리는 방식으로 등장하기도 하였다.

이미 플라톤은 『국가』에 나오는 '동굴의 비유'에서 교육을 사물의 그림자로부터 사물의 참 존재 쪽으로 인간의 영혼을 돌이켜 놓는 일 (pediagoge)이라고 규정했는데,17) 이러한 전통을 이어받아 에라스무스(D. Erasmus, 1466-1536)는 "인간은 태어나는 것이 아니라 교육되는 존재"라는 말로 덕과 교양이 없으면 인간은 인간이기를 멈춘다고 주장하기도 한다. 코메니우스(J. A. Comenius, 1592-1670)도 인간은 유년시절부터 인간으로 길러져야 한다며, '교양있는, 계몽된'이라는 뜻으로 쓰이는 라틴말 eruditus가 원래 'ent-roht' ("날것, 야만스러운 것을 면한다/벗어난다")라는 뜻의 말에서 유래한 것임을 상기시킨다.

신의 형상의 모사가 아니라 인간의 자기완성이 교양이라는 인본주의적인 사상은 칸트에게서 이렇게 표현된다: "인간은 자유롭게 행동하는 존재로서 살아갈 수 있도록 교육받아야 한다. 스스로를 감당하고 지키며 사회 속에서 한 구성원이 되되 그 자신 내면에 가치를 갖는 존재가 되도록 교육받아야 한다."18)

근대적인 계몽사상에 따르면 인간의 교양의 이상(Bildungsideal)은 신의 형상이 아니라 오히려 사회적 이상인데, 이는 인간에게서 사회생활이

---

16) Meister-Eckhart-Brief 2005 des Thüringer Kultusministeriums. Auf der Seite Thüringer Bildungssymposium.

17) 이하 여러 철학자의 주장 인용은 J. Ritter(hrsg.), *Historisches Wörterbuch der Philosophie*, Basel/Stuttgart, 1971, Bd 1, 921쪽 이하, "Bildung" 항목의 서술에 의존한 것임.

18) Kant, *Über Pädagogik*, in: *Werke in sechs Bänden*, Bd VI, Wiss, Buchgesellschaft, 1983, S. Darmstadt, 706쪽 이하.

필수적이며 인간은 사회구성원으로서 그 자질과 능력을 발휘해야만 인간으로서 유의미한 삶을 영위할 수 있다고 보기 때문이다. 인간의 교양적 이상이 개개인으로부터 독립된 이상적인 관념이 되는 것도 이 때문이다.

독일 이상주의 철학에 와서는 이러한 인간중심적인 교양교육 이념이 더욱 주관주의적인 경향을 띠게 된다. 피히테(J. G. Fichte, 1726-1814)는 교양이란 "스스로가 스스로를 창조하는 정신의 자기형성이요, 자아란 자아 자신의 작품"이라고 말한다. 그는 물론 객관적인 사실지식 또한 중요시하는데, 이는 "가슴과 정신과 손"의 조화가 한 인격의 총체적 완전성을 약속하기 때문이다.19)

독일에서 근대적 교육이념을 제시하고 이를 제도적으로 실현시킨 훔볼트(W. von Humboldt, 1767-1835)에 따르면 '교양(교육)'이란 단적으로 인간의 인간다움 그 자체만을 위한 주체적 자아의 형성이다. 교양(교육)에는 따라서 자기형성의 과정도 포함되고 그 결과 얻어진 상태도 포함된다. 거기엔 추구하고자 하는 자기형성의 이상이 있게 마련이고, 이에 비추어 자신을 돌아보는 자기반성적 태도, 그리고 타자 및 세계에 대한 관계가 그 내용을 이룬다.

훔볼트는 교양을 하나의 프로그램으로 구현하고자 한다. 그에 따르면 자신을 형성하고자 하는 요구는 인간의 내면에 잠재해 있는 것으로 이는 일깨워져야 되는 것이다. 따라서 누구나 교육받을 기회를 가져야 한다. 그는 누구나 자신의 능력과 그에 대한 사회적 요구에 맞게 교육받을 수 있는 다양한 구조의 학교제도를 구상하였다. 그의 교육적 이상은 언제나 인격의 완성이었지 경험적 지식이 아니었다. 이 자기형성(sich-bilden)은 물질적인 목표를 추구하기 위한 것이 아니라 그 자체의 완전성을 위하여 수행되는 것이다. 그는 이렇게 말한다: "단적으로 보편적이어야 하는 지

---

19) J. G. Fichte, *Die Bestimmung des Menschen*(1800), Hamburg: Felix Meiner Verlag, 1962, 16쪽 이하.

식이 있으며, 또 그 이상으로 누구에게나 있어야 할 심성과 성품의 교양이 있어야 한다. 사람은 모름지기 특정의 직업과 무관하게 그 자체로 선하고 모범적이고 각자의 신분에 맞게 계몽된 인간이자 시민이어야 비로소 훌륭한 기술자고 훌륭한 상인이고 훌륭한 군인이고 훌륭한 기업인이 될 수 있다. 이에 필요한 학교교육이 시행되면, 차후에 특정의 직업능력도 쉽게 갖출 수 있으며, 살다 보면 흔히 일어나는 일이지만, 한 직업에서 다른 직업으로 옮아갈 자유도 얻게 된다."20)

그러나 근대 이후에는 '교양(교육)'을 "직업활동의 세계 및 일반 사회에서 요구하는 것에 잘 부응하도록 이끌어 주는 것"으로 확대 해석하여 교양에 새로운 교육 영역이 추가되기도 하였다. 물론 여기에는 고전적인 '교양'의 이념이 너무 주관적이고 자아중심적이라는 비판과 함께 근대적 민주사회공동체의 요구에 부응하는 공동체의식을 교양의 중요 요소로 강조하는 관점이 반영된 것이다. 이런 맥락에서 파울젠(F. Paulsen, 1846-1908)은 실생활이 추구하는 시민사회적 신분과 측정 가능한 부를 위해서는 교양만으로는 충분치 않고 유용성과 이익도 추구되어야 함을 주장한다. 그에 따르면 교양도 신분의 상징이 되고 사회적 계층을 구별하는 표지가 된다.21)

이러한 역동적 총체적 교양 개념에는 정신적 문화적 그리고 현실생활적 능력과 그의 개인적 사회적 능력의 양성이 포함돼 있다. 즉, 자립적이고 자기활동적인, 그리고 문제해결의 능력을 갖춘 생에 충실한 인간을 탄생시키는, 능동적이고 복합적이고 지속적인 과정이 교양교육이다.

배울 수 있는 능력은 교양 및 교육의 기초다. 교육받는다는 것은 성

---

20) W. v. Humboldt, *Rechenschaftsbericht an den König*(1809), In: A. Flitner, K. Giel(Hrsg.), *Wilhelm von Humboldt*. Werke in fünf *Bänden*. Darmstadt/Stuttgart, 1960-1981, Band IV, 218쪽.
21) Friedrich Paulsen, *Bildung*. In: W. Rein(Hrsg.), *Encyclopädisches Handbuch der Pädagogik*. 2. Auflage, Langensalza, 1903, 658-670쪽.

인의 세계로 들어감이요, 규칙과 규범과 행동을 배우는 것이며 아울러 자립적으로 생각하고 행동함을 배우는 것이다. 자기이해란 외부세계에 대한 이해와 적응을 거쳐서 도달되는 것이다. 이렇게 볼 때 '교육'이 인격의 발달에 가하는 외적 작용이라면, '교양'은 본질적으로 개인의 주체적 활동 및 동화의 과정 및 성과라 할 수 있다. 교양이란 직업교육과 달리 경제적 목적에 직접 연계되어 있는 것이 아니다. 교양교육과 직업교육의 경쟁관계에 대해 페스탈로치(J. H. Pestalozzi, 1746-1827)는 이렇게 말한다: "인간본성의 내적 능력을 지혜로 키워 올리는 것은 모든 사람에게서 교양(교육)의 일반적 목표다. 특별한 상황이나 처지에서 이 능력과 지혜를 적용하고 연습하고 활용하는 것은 직업교육이거나 신분교육이다. 이들은 인간교육의 일반적인 목적의 하위에 놓이는 것이다. 이러한 교양의 자질이 없는 사람은 인간이 아니다."22)

헤르더(J. G. von Herder, 1744-1803)도 비슷한 주장을 한다: "우리는 전문가이기 이전에 인간이다. 우리 자신에게 가장 훌륭한 교양과 가장 유용한 교육은 우리가 인간으로서 알고 있는 것, 어려서 배운 것으로부터 온다. 잘 벼린 칼로는 뭐든지 자를 수 있다."23)

지식과 학습이 그 자체만으로 교양을 제공하는 것은 아니다. 그것은 교양을 북돋우는 보조 자료일 뿐이다. 파울젠은 이렇게 말한다: "배워 아는 지식의 양이 교양을 구성하는 것이 아니라, 현실을 파악하고 그에 대해 판단하여 그것을 자신의 것으로 소화해 내는 능력과 고유성이 교양을 구성하는 것이다. 즉 교양에 대해 결정적인 것은 자료가 아니라 형식이다."24)

이상 교양의 고전적 의미를 간략히 검토해 보았는데, 이러한 전통을

---

22) Wikipedia (deutsch), Artikel "Bildung", 'Aspekte des Bildungsbegriffes' [https://de.wikipedia.org/wiki/Bildung]
23) Wikipedia (deutsch), 같은 곳.
24) Friedrich Paulsen, 같은 책, 같은 곳.

이어 현대의 독일 교육학자들 가운데 교양(교육)에 대해 언급한 것 중 몇 몇 특징적인 것을 일별해 보자. 이들의 표현에 따르면 교양(교육)이란:

— 객관적 실질적 측면에서 보면, 사물의 세계와 정신적 현실이 인간 에게 드러나 열림이며, 주관적 형식적 측면에서 보면 인간이, 기능 적인 의미에서든 방법적인 의미에서든, 그의 현실에 개방됨을 뜻 한다.25)
— 인간의 자기형성과 교육을 통해 인간의 정신적 심성적 가치와 자 질이 발현되고 발전함을 뜻한다. 형태와 본질을 제공하는 '형 상'(Bild)을 '그려넣는'(ein-bilden) 것이요, 아주 현실적으로는 지배 계층의 사회적 유용성 사고를 중요한 것으로 존중하는 것이다.26)
— 인간이 그의 역사적 사회적 연관체계 속에서 선택하고 평가하고 자기표명을 할 수 있게끔 지식을 전수받고 체화함으로써 도덕적으 로 바람직한 견지들의 체계를 획득하는 일이다.27)
— 인격체가 스스로를 형성하는 자립성을 갖게 됨이다.28)

이상의 이념적인 지향에 비추어 볼 때 교양의 구체적 내용으로 우리 는 다음과 같은 것을 열거할 수 있을 것이다.

---

25) Wolfgang Klafki: *Neue Studien zur Bildungstheorie und Didaktik. Zeitgemäße und kritisch-konstruktive Didaktik.* Beltz, Weinheim und Basel, 1996.
26) Bernward Hoffmann: *Medienpädagogik. Eine Einführung in Theorie und Praxis.* Schöningh, Paderborn u. a., 2003.
27) Henning Kössler: *Bildung und Identität.* In: H. Kössler (Hrsg.): *Identität. Fünf Vorträge.* Erlangen, 1989.
28) Hartmut von Hentig: *Bildung. Ein Essay,* München/Wien, 1996.

[초월적 가치의 실현능력]

— 진선미의 모든 영역에 대한 개방성

— 문화적 삶, 예술과 음악에의 참여

— 창의성

[도덕적 자질]

— 인인애(隣人愛), 도우려는 자세, 정의감, 연대능력

— 타인의 신념에 대한 존중, 톨러랑스

[현실 대처능력]

— 자기통제

— 자기결정적 행동, 판단력, 비판능력, 성취능력, 성취자세, 정치적 능력

— 절충능력, 평화능력, 자연과 환경에 대한 책임의식, 생명에 대한 경외

— 작업능력, 기술 등을 포함한 다양한 일상사에 대한 능력

— 건강에 대한 식견과 신체의 관리, 스포츠 실행 능력

클라프키(W. Klafki, 1927-2016)도 교양(교육)의 목표로 함양해야 할 능력으로 다음과 같은 것을 열거하고 있다.29)

[실천적 행동능력]

— 자기결정능력

— 수공기술능력

---

29) Wolfgang Klafki, *Neue Studien zur Bildungstheorie und Didaktik. Zeitgemäße und kritisch-konstruktive Didaktik*, Weinheim und Basel: Beltz, 1996.

[인과의 관계능력]

— 공동결정능력, 협조능력

— 연대능력

— 인간관계 능력

— 윤리적 정치적 행동능력

[미적 자질]

— 미적 지각-판단-구성 능력

[사고능력]

— 자기비판을 포함한 비판능력

— 논변 자세 및 능력

— 모두에게 관련되는 보편개념을 다룰 수 있는 능력

— 유기적 총체적 사고능력

3. 교양교육의 역사적 연원과 전개: 자유교육과 일반교육

상술한 바와 같은 교육적 이념을 품는 교양교육은 고전시대에 '자유교육'의 이름 아래 시행되었다. 자유교육(liberal education)이란 문자 그대로는 '자유인'으로서의 삶의 자세를 견지할 수 있는 자질과 능력을 함양하는 교육을 일컫는다. 구체적으로 그것은 직업이나 생업과 같은 특정목적에 수단으로서 봉사하게 되는 지식이나 기술을 습득케 하는 교육이아니라, 그 자체로 본래적 가치를 갖는 품성을 도야하고 자기목적적 활동을 할 수 있는 능력을 기르는 교육이다. 이 교육이 지향하는 바는 직업적목표로부터 자유로울 뿐 아니라, 특정 사상이나 이념에도 사로잡히지 않는 데 있다. 자유교육의 지향은 따라서 자율적이면서도 개방적인 능동적주체적 인격의 도야에 있으며, 이를 통한 '인간됨'(즉 인격)의 고양에 있다. 이는 인간을 '형성 가능성'이 무한히 열려 있는 미정형의 '자유인'으로 전제하기에 가능한 것으로, 이 '자유인'은 비판적 사유를 통해 이 미정형인 자신을 '형성'시켜 나아가는 존재다.

고전시대에 이 자유교육은 자유학예교육(liberal arts education)으로 이루어져 왔다. 즉 자유교육은 곧 자유학예교육이었다. 고대 그리스에서부터 유래하는 자유교육은 본래 노동에 종사하는 노예와는 신분이 다른 '자유시민'이 지도자로 성장하는 데 요구되는 자질과 능력을 함양하는 교육이었다. 실제로 대부분이 문맹인 노예에게는 교육의 필요성도 기회도 없었고, 의미 있는 교육이란 곧 이 자유민의 교육이었는데, 그 내용은 '자유학예'였다. 자유학예란 이미 플라톤의 『국가론』 중 교육론에 등장하는데, 문법, 논리학, 수사학 외에 대수학, 기하학, 음악, 천문학이 그것이다. 이 교육내용은 면면히 이어져 중세에는 자유학예(artes liberales)란 것이 이른바 3학(trivium) 4과(quadrivium)로 구성되어 모든 고등교육의 보편적 내용으로 정착되었다.30)

이런 이념적 지향을 갖는 자유교육은 근대 시민혁명 이래 오늘날에는 일반교육(general education)을 포함하게 된다. 상층부 귀족계급의 전유물이었던 자유교육의 이념이 시민사회의 형성과 더불어 보다 광범한 시민계층의 교육수요로 확장된 것이 이 일반교육이라 할 수 있다. 이때 일반교육이란 시대상의 변화와 더불어 자유교육의 이념과는 다소 변용된 색채를 띠어 '전문교육'과 대조적이 된다. 즉, 특정 분야의 전문인으로서 활동할 수 있는 분화된 특정 능력을 길러주는 교육과는 달리, 어떤 전문분야에서 어떤 전문적인 활동을 하든 일반적으로 갖추어야 할 자질과 능력을 함양

---

30) 'tri-vium'과 'quadri-vium'은 각각 '3개의 길'과 '4개의 길'을 뜻하는 말로, 이 7개의 길들이 교육활동이 '달려가야' 할 전체 경로를 구성한다는 뜻에서 'curriculum'이라는 말이 오늘의 '교육과정'을 가리키는 말이 되었다. 7개 영역의 교육이 모두 통합되어 이루어질 때 그 전체가 원숙한 교육을 구현한다고 본 것이다. 교육과정에 해당하는 영어의 '커리큘럼'(curriculum)은 라틴어의 '쿠레레'(currere)에서 온 말로서 '달린다'는 뜻이었고, 이것이 나중에 경마장의 경주로(race course)를 의미하는 말이 되었다. 경마장에서 말이 경주를 하기 위해 출발점에서 종착점까지 달려가야 하는 일정한 코스가 커리큘럼인 것이다.

하는 교육이 곧 이 일반교육이다, 일반교육은 그러하기에 자연히 특정 직업인이기에 앞서 지(知), 정(情), 의(意) 모든 면에서 다양하고 풍부한 삶을 살아가는 전인적 인격체로서의 인간을 형성케 해주는 기본적인 교육과 상통하게 된다.

이 일반교육이 필요한 이유는 첫째, 누구나 직업적 전문인이기에 앞서 그저 '인간'이며, 이 인간으로서의 삶에는 전문인으로서의 삶에 등장하지 않는 더 다양하고 광범한 문화적 가치의 영역이 주어지기 때문이다. 따라서 이 영역에서는 '인간'이 추구하는 보편적인 문화적 가치를 이해, 향유할 수 있는 문화인으로 고양시키는 일이 교육의 중요한 과제가 아닐 수 없다. 이것이 곧 '인간형성'(Bildung)이다. 이 '인간형성' 없이는 '전문인'이라는 것이 무의미하기도 하고 또 불가능하기도 하다. 일반교육이 필요한 둘째 이유는 누구나 동일한 전문집단의 구성원이 아닌 수많은 사람들과 함께 공동체적 삶을 영위하지 않을 수 없다는 데에 있다. 공동체적 존재로서 사회적 책임을 외면한 채 삶을 영위할 수 없는 것이 인간이요, 그 책임을 다할 수 있기 위해선 공동체가 공유하는 '일반적 가치와 규범'을 인식하고 실현시킬 수 있어야 하기 때문이다.

자유교육이 일반교육으로 확장되는 이러한 변화와 더불어 근대 이후 '자유학예'의 내용은 부분적으로 일반교육의 내용으로 전이되고 그 대신 자유학예의 자리에는 인문-사회-자연 분야의 기초학문들이 자리 잡게 된다. 그렇게 되니까 오늘날에는 고전시대의 자유학예교육내용은 일반교육 영역으로 전이하여 자리 잡고 그 본래의 자유학예교육 자리에는 기초학문교육이 들어서게 된 양상으로 자유교육의 구도가 변화하게 되었다. 특히 디지털혁명으로 인해 정보와 지식의 유통이 종전과 비교할 수 없을 만큼 광범, 신속, 용이해진 21세기에 들어와 오늘의 자유교육은 다음과 같이 변모한다: (AAC&U의 서술)[31]

	20세기까지	21세기에 들어와
특성	• 지적 인격적 성장을 지향 • 행운아에게 선택적 • 비직업적	• 지적 인격적 성장을 지향 • 모든 학생에게 필수적 • 글로벌 경제에서 각성된 시민정신을 위해 필수적
교육 방법	• 문과 이과 학문의 학업과 저학년에서의 일반교육을 통해	• 중등교육과 대학교육 전체에 걸쳐 필수적인 학업을 통해
교육 기관	• 리버럴아츠칼리지 또는 대규모 대학교의 문리과대학에서	• 모든 중고등학교, 대학의 전 학업 영역에서

자유교육에 대한 정의도 이렇게 달라진다: "자유교육이란 복잡성, 다양성 및 변화를 다룰 수 있는 힘을 길러주는 교육이다. 자유교육은 (과학, 문화, 사회 등) 넓은 세계에 대한 폭넓은 지식을 제공하며, 마찬가지로 특별히 관심을 갖는 분야에 대한 깊은 연구 결과를 제공한다. 자유교육은 사회적 책임감을 길러주고 의사소통능력, 분석적 사고력 및 문제해결능력 등 지적 실천적 기량을 계발해 준다." 좀 더 분명히 말하자면 "자유교육은 여러 학문분야에서의 광범한 학업과 아울러 어떤 전공에서의 심화학업을 포함한다."(AAC&U의 서술)32)

주목해야 할 것은 오늘날 자유교육은 전 교육과정에서 보편적으로 실시되기에 이르렀다는 사실과 그중 핵심적인 자유학예교육의 내용은 결국 인문-사회-자연의 기초학문이라는 사실이다. 그런데 문제는 과연 이러한 기초학문분야의 교육이 현대사회에서 어떤 이유로 보편적으로 전 교육과정에 확산되어 실시되고 있는가 하는 점이다. 다분히 '고전적인' 교육이념인 이 자유학예교육, 즉 기초학문교육을 오늘같이 격변하는 정보사회에

---

31) https://www.aacu.org/leap/what-is-a-liberal-education
32) 같은 곳.

서, 특히 해결해야 할 급박한 여러 모순된 문제들을 안고 있는 한국사회에서 실시해야 한다면 그 이유는 무엇인지, 보다 깊은 통찰력으로 보다 넓은 시야에서 보다 멀리 내다보며 추궁(追窮)해야 할 것이다.

제3장 교양교육의 현대적 의의

    '교양'의 고전적인 의미가 그러하다면, 정보화와 세계화로 특징지어지는 21세기의 현대사회에서 교양교육은 어떤 의의를 가질까? 이에 대해 답하기 위해서는 먼저 '정보문화'로 지칭되는 이 시대의 문화적 특성부터 살펴봐야 할 것이다.

1. 21세기의 문화 지형

1.1. 정보화의 진원(震源), '디지털 혁명'

    우리가 사는 이 시대 21세기 초는 새로운 '세기'(Century)가 시작되면서 동시에 새로운 '밀레니엄'(Millenium)이 시작되는 시기로 커다란 연대기적 매듭을 드러내기도 하지만, 우연찮게도 이 연대기적 전환이 실제로 문명사적 전환과 맞아 떨어지고 있다. 20세기 말 30여 년 남짓 이어진 디지털 기술의 비약적 발전이 21세기에 들어서며 지난 수천 년의 인류사에서 찾아볼 수 없는 전혀 새로운 양태의 문명을 열어나가기 시작했다는 것이다.33)

---

33) 많은 미래학자들이 예측하는 문명의 변화들을 강선보 교수는 이렇게 정리하고 있다: 1) 지식정보의 급격한 팽창, 2) 정보통신기술을 중심으로 한 과학기술의 가속적 발달, 3) 정보 및 기술집약형 산업을 중심으로 한 3차, 4차 산업의 고도화, 4) 국가 간 문호의 개방과 '지구촌'의 실현, 5) 감성을 중시하는 사고방식의 다원화, 6) 다양한 가치를 수용하는 사회전반의 분화현상 등등. 강선보, 「21세기 대학교육의 이념과

디지털 기술의 어떤 점이 이러한 엄청난 변화를 불러온다는 것인가?

무엇보다도 획기적인 것은 사유작용과 지각작용을 기계 속에서 호환하고 융합한다는 점이다. 디지털 기술은 인공지능기술과 통신기술을 각각 획기적으로 발전시켰다. 그러나 디지털 기술의 혁명적 성격은 그것이 이 두 가지 기술을 하나로 통합시켰다는 데 있다. 디지털 기술은 신체적 제약을 벗어나는 '인공지능'에 기초한 정보기술(Information Technology)과 감각적 지각 영역을 광대하게 확장시키는 통신기술, 즉 커뮤니케이션 기술(Communication Technology)을 하나의 '정보통신기술'(ICT)로 통합했다. 그리고 이렇게 함으로써 디지털 기술은 사유와 지각의 융합(融合) 및 호환(互換)을 비생명적 물리적 공간 속에서 현실화시켰는데, 디지털 기술의 혁명적 성격은 바로 여기에 있다.34) 자연종으로서의 영장류 동물에서나 가능했던 일이 이제 다량 생산되는 '기계' 속에서 가능해진 것이다.

또 다른 혁명적 요인은 이 디지털 기술이 인간의 문화적 활동에서 시간적 공간적 제약을 최대한 제거해 준다는 데에 있다. 시간적 공간적 제약이 거의 없는 세계가 인간의 생활세계에 등장한 것이다. '유비쿼터스 커뮤니케이션'(Ubiquitous Communication)과 가상현실(Virtual Realty)이 이를 말해 주고 있다. 이 새로운 세계는 물리적 공간의 핵심적 원리인 공간 관계의 배타성(排他性)이 더 이상 작동되지 않음으로써 연장성(延長性) 즉 거리(距離)가 사라지고, 그 당연한 결과로 이 공간 안에서의 사건들은 역시 자연적인 실제 시간의 흐름, 즉 시간의 순차성(順次性)에서 벗어난다.

방향」, 김호진 편, 『지식혁명시대의 교육과 대학』, 박영사, 2001, 112쪽 이하 참조. 그런데 필자가 보기엔 이 모든 변화가 '디지털 혁명'을 그 진원지로 하고 있다.

그런가 하면 최근 '4차 산업혁명'이 운위된 이래 디지털 기술의 폭발적 발전에 기인한 새로운 문명적 변화에 대해 다음과 같은 현상을 지적하기도 한다: 1) 지식과 기술이 기하급수적으로 변하고 있다는 초가속화, 2) 모든 사물이 점점 스마트해지고 있다는 초지능화, 3) 세상의 모든 것이 연결되고 있다는 초연결화, 4) 전 분야에서 융합이 이루어지고 있다는 초융합화. 김영식, 『4차 산업혁명시대 교육의 미래』, 학지사, 2018.

34) 졸고, 「정보의 존재론적 구조와 특성」, 『철학연구』 43집, 1999 참조.

인간이 자연의 일부인 자연존재로서 자연적 현실 속에서 삶을 영위하는 한, 인간의 모든 행동은 이 두 원리를 엄격히 따를 수밖에 없다. 모든 사태에서 원인-결과의 고리를 찾으려는 인간의 인과적 사유는 시간의 순차성에 대응하는 생존의 한 방식이라 할 수 있고, 모순을 허용하지 않는 인간의 논리적 사유도 궁극적으로는 물리적 세계의 공간적 배타성에 적응하려는 노력의 결과로 얻어진 것이라고 볼 수 있다.

그런데 '유비쿼터스 커뮤니케이션'에서는 시간적 순차성과 공간적 배타성이 더 이상 극복 불가능한 인간의 한계로 작용하지 않는다. 더욱이 '가상현실'이란 시간경험에서 순차성 대신 동시성 및 즉시성이, 그리고 공간경험에서 매개성(간접성) 대신 무매개성(직접성)이 구현되는 곳이므로 자연현실에서의 시공적 원리가 더 이상 경험의 원리로 작동하지 않는다.

삶의 근본적 토대가 되는 시공체험의 방식에 이런 획기적인 변화가 찾아오는데, 세계를 향한 인간의 욕구와 이의 충족을 위한 행동의 방식에 아무런 변화가 없다는 것은 있을 수 없는 일이다. 인간의 생존조건인 동시에 한계이던 시간적 순차성과 공간적 배타성이 무력해짐으로써 인간의 욕구 자체가 동시성과 직접성을 추구하는 방향으로 확장되고, 그 충족의 방식 또한 동시적 직접적인 것으로 변모하게 되었다. 이와 병행해 여러 가지 욕구의 동시적 충족에 대한 기대 또한 일상화되었다. 즉 장소의 이동을 통해서만, 혹은 시간적 지속이나 대기를 통해서만 가능하던 욕구충족이 이러한 종래의 전통적 행동방식을 넘어서서 가능해지게 된 것이다. 한편으로는 한 가지 욕구의 즉시적 무매개적 충족 가능성을, 다른 한편으로는 여러 가지 상이한 욕구들의 총체적 동시적 충족 가능성을 기대하게 된다. 이를테면 시각적 청각적 의사소통이 동시에 이루어지는 상황에서 시각적 청각적 욕구의 동시적 충족 가능성은 당연한 것으로 기대된다.

새로운 욕구충족의 기대는 이를 충족시키는 새로운 방식을 가능케 하는 기술의 개발을 촉진한다. 그리하여 복수의 여러 '기술들'이 통합하게 되고 이로부터 새로운 융합기술이 등장하게 된다. 기술 간의 경계가 약화되어 고유 영역이 붕괴되고 그 기술들이 새로운 형태로 융복합화한다는 것이다. 근래 어떤 기술 분야에서든지 정보통신기술을 이용하지 않고 이와 연계되지 않는 기술개발이란 생각하기 어렵게 된 사정이 이를 말해 주고 있다. 기계공학기술, 전자공학기술, 재료공학기술, 화학공학기술, 광학기술 등이 융합되어 나온 휴대전화 제조기술은 그 대표적인 예다. 통신기능뿐 아니라 정보 검색-처리-관리기능, 카메라기능, 게임기능 등을 함께 수행하는 휴대전화의 제조는 어느 한 가지의 기술만으로는 불가능하다.

기술의 융복합은 자연히 산업의 융복합 현상으로 이어진다. 휴대전화의 제조산업에는 이제 통신산업만이 아니라 정보산업, 카메라산업, 게임산업, 금융산업 (그리고 조만간 운수산업, 유통산업) 등이 한데 어우러져 융복합 현상을 일으키고 있다. 방송산업과 통신산업의 융복합; 보험산업, 금융산업과 정보통신산업의 융복합; 전력, 가스, 석유, 석탄산업 등 에너지산업의 융복합; 자동차, 철도, 항공, 선박 등 수송 및 운수 산업의 융복합이 이미 이루어지기 시작했다. 조만간 이 모든 산업들이 총체적으로 융복합하는 시대가 와서 '산업종합적'인 기업의 출현도 기대할 수 있을 것이다.

기업은 소비자의 물질적 욕구를 충족시키는 산업을 추구한다. 정보시대의 현대인이 융복합적 욕구충족을 요구한다면, 그리고 이에 부응할 수 있는 융복합적 기술이 개발된다면, 산업형태도 이에 걸맞은 변화를 겪는 것이 당연하다.

아무튼 이러한 혁명적 변화는 인간의 문명적 삶에도 다음과 같은 근본적인 변화를 야기해 왔다.

첫째, 사유와 감각의 융합과 호환을 수행하는 이 디지털 기술은 사유 대상을 감각 대상으로 변환시킴으로써 사람들로 하여금 '선형적'(線形的) 사유를 위한 긴장(緊張)을 피하고 '모자이크적' 지각의 이완(弛緩)을 즐기게 한다.35) 그 결과 논리적 합리적 사고를 기피하고 감각적 지각을 선호하는 문화생활이 널리 확산된다. 감각적 지각내용을 철저히 양적으로 분절하여 수학적으로 연산 처리할 수 있는 과정을 개발함으로써 거꾸로 논리적 사유의 성과를 감각적으로 지각하게 하는 '알고리즘'(algorithm)을 개발한다.

둘째, 자연적 물리적 세계의 시공적 제약을 극복하는 이 디지털 기술은 거리(距離)의 소멸과 시간의 증발을 결과로 가져옴으로써,36) 사람들로 하여금 욕구충족 과정의 순차성과 단계성을 뛰어넘어 동시적 총체적 욕구충족의 가능성을 기대하고 이를 추구하게 만든다. 기술의 융복합과 이에 기초한 산업의 융복합 현상은 이러한 욕구 및 욕구충족의 변화에 부응하기 위해 취해진 현상이다. 흔히 '정보화'라 일컫는 시대적 변화는 근본적으로 바로 이 두 가지에서 연원하는 것이다.

셋째로 결과적으로 디지털 기술은 공동체의 삶을 '유목화'시킨다. 정보화로 통칭되는 이 전례 없는 변화가 인간의 사회적 관계와 공동체적 삶의 방식까지도 변화시키는 것은 당연한 일이다. 세계체험의 근본이 되는 시공체험 양식이 변모함으로써 무엇보다도 공동체를 구성하고 운영하는 방식이 그에 따라서 변모한다. 사회조직은 거대하고 강고한 고정적 피라미드형 체계에서 작고 유연한 유동적 네트워크로 변화한다. 자연히 그 폐쇄적 독자성이 와해되는 가운데 개방적 관계가 지배적인 것이 되고, 그 결과 사회적 활동 영역의 경계가 흐려진다. 이를 사회조직의 '탈중심화', '탈영토화'라 일컫기도 한다. 그리고 이런 와중에서 개인 간의 직접적인 인격적 사적 관계는 축소, 약화, 피상화된다. 혈연적 지역적 연고에 의한 공동체적 유대도 약화, 와해한다. 사회 구성원의 개체화가 강화되고 개인

---

35) M. McLuhan의 용어 'linear communicaton', 'mosaic communication'을 원용. 마샬 맥루한(김성기/이한우 역), 『미디어의 이해』, 민음사, 2007 참조.
36) 프랜시스 케언크로스(홍석기 역), 『거리의 소멸』, 세종서적, 1999 참조.

의 고립화 현상이 심화된다. 계층이 다원화, 분산화된다. 이것이 곧 삶의 '유목화' 현상이다.37) 이 유목화 현상이 가장 넓은 영역에서, 최대 규모로 전개된 것이 곧 '세계화'다.

1.2. 세계화의 파장: 문화의 획일화 및 단층화

세계화 현상은 정보화의 결과로 온 것이요, 정보화는 세계화의 기술적 인프라인 셈이다. '세계화'를 문제 삼을 때, 우리가 '정보화'를 동시에 문제 삼아야 하는 이유가 여기에 있다. 이 두 가지 메가트렌드는 이렇듯 서로 긴밀히 연계되어 있으며, 이 점이 새로이 등장하는 신문명을 특징짓기도 한다. 즉 정보화가 세계화를 불러왔고, 세계화는 정보화를 더욱 촉진시키고 있다는 것이다.

역사철학적으로 볼 때, '세계화'의 이념은 본래 보편이성을 기초로 한 인류문화의 대종합을 추구하는 역사의식에서 나온 것이다. 국가 간의 분쟁을 극복하고 영구한 세계평화를 실현하기 위해서는 이성적 존재로서의 인간에 내재해 있는 보편적인 세계윤리가 확립되어야 한다는 칸트류의 사상이 그 고전적 형태라 할 수 있다. 물론 이러한 이상적인 문화종합의 실현은 각 문화의 고유한 특수성을 말살하는 데서 이루어지는 것이 아니라, 오히려 각기 상이한 특수문화가 그 고유성을 지니고 실현시킬 때 달성되는 것이다. 이런 점을 성찰한 끝에 나온 교정 이념이 바로 '글로컬화'(Glocalization), '글로컬리즘'(Glocalism)38)이라고 본다.

그러나 오늘날 우리가 맞고 있는 세계화의 추세는 지역적 특수성을 염두에 두지 않을 뿐 아니라, 문화의 다양한 성층구조39)도 고려하지 않

---

37) 질 들뢰즈/펠릭스 가타리(최명관 역), 『앙티 오이디푸스』, 민음사, 2000 참조.
38) 이 개념은 본래 일본에서 "local-regional-national-global"의 단계적 확장을 뜻하는 '토착화'(土着化)라는 말을 'Glocalization'이라고 번역함으로써 퍼져 나가기 시작했다고 한다. 1990년대에 영국 사회학자 Roland Robertson, 캐나다 사회학자 Keith Hampton, Barry Wellman 등이 이에 기여했다고 한다.

은 채 문화를 단층화시키는 현상을 보이고 있다. 문화종합이 문화획일화나 문화단층화로 왜곡되어서는 아니 되지만, 디지털 기술의 몰가치적 추동력은 이를 현실로 만들고 있는데, 이는 모든 질적 내용을 철저히 양화시키는 디지털 기술의 본성상 불가피한 측면이기도 하다.

2008년의 국제금융위기 이래 그간 신봉해 왔던 신자유주의에 대해 비판이 거세진 것은 사실이지만, 경제를 '자유시장의 원리'에 따라 운영해야 한다는 '시장주의'는 여전히 세계경제를 지배하는 원리로 타당시되고 있다. 시장에서 사고파는 것은 그저 물건이 아니라 '상품'이다. 추상의 극치를 구현하는 화폐가 매개체가 되어 모든 종류의 욕구충족 가능성이 획일적으로 동질화, 추상화되어 압축된 '상품'이 '거래'되는 곳이 시장이다. 문화의 성층구조에서 드러나는 이질적 영역들이 여기선 화폐를 매개로 획일화, 단층화된다. 그래서 시장이 요구하는 행동방식은 오직 합리적 이기심이다. 여기서 합리성이란 물론 철저히 '도구적 합리성'이다. 공동체가 요구하는 일반적인 도덕적 규범도 여기서는 유보된다. '시장'의 본성이 이러하다 보니, 그것은 국경을 넘어 전세계로 확장되어 나아갈 수 있는 것이요, 이 현상이 곧 '세계화'다.40)

그런데 세계화가 전개되는 정보사회는 인간의 모든 활동이 정보통신기술이 제공하는 서비스의 지원을 받아 이루어지는 사회다. 부가가치의 창출을 목적으로 하는 경제활동에서 이는 더욱 뚜렷하다. 생산성 증대에 핵심적으로 기여하는 것은 이제 더 이상 기계적 기술이 아니라 정보를 생산, 유통, 소비하는 '지적' 기술이요, 따라서 실제로는 '정보'가 핵심적인

---

39) 인간의 문화를 1) 과학, 기술을 발달시키고 이를 토대로 산업을 일으키는 물질적 경제생활, 2) 가족제도, 언어, 습속, 도덕처럼 자연적으로 이루어지는 사회적 교섭관계, 3) 법체계, 정치제도, 사회제도, 교육제도처럼 의도적으로 기획함으로써 구성해 내는 사회적 교섭관계, 4) 철학, 종교와 예술 등, 주어진 사실을 넘어서서 가치 내지 이념을 지향하는 활동 등으로 성층화해 본다. 졸고, "Zur Weltstrultur des koreanischen Gesellschaftslebens in der Gegenwart", *Essays in Celebration of the Founding of the OPO,* http://www.o-p-o.net 참조.

40) 이정전, 『시장은 정말 우리를 행복하게 하는가』, 한길사, 2002, 341쪽 이하 참조.

경제적 자원의 자리를 차지한다. '지식기반사회'니 '지식산업사회'니 하는 말이 가리키는 바가 바로 이것이다. 그런데 이때 '지식'이란 수학적 연산과 공학적 처리가 가능한 "정보량으로 번역될 수 있을 때에만 새로운 회로로 들어가 활용될 수"[41] 있으므로 더더욱 탈규범적-몰가치적이고 추상적인 상품이 된다. '지식'의 획득은 정신활동의 산물이면서도 정신의 도야나 인격의 도야와는 일단 무관하다. "지식은 자신의 본래적인 고유목적을 포기한 채, 사용가치를 상실하고 교환되기 위해 생산될 뿐이어서, 지식의 공급자 및 사용자가 지식에 대해 갖는 관계는 상품의 생산자 및 소비자가 상품에 대해 갖는 관계와 다를 바가 없이 되었다."[42]

2. 지식사회의 지형 변화

정보화와 세계화의 문화적 파장이 미시적으로나 거시적으로나 이렇듯 문명생활의 근본 양식을 바꿔놓고 있는 마당에, 지식사회가 변화하지 않고 종전대로 유지된다는 것은 생각할 수 없는 일이다. 그렇다면 지식사회에는 어떤 변화가 일고 있을까? 지식사회의 지형과 관련해 주목해야 할 것은 이런 것들이다:

1) 지식이 장기간에 걸쳐 어렵게 창출, 전수, 활용되던 과거와 달리 매우 용이하게 산출, 복제, 유통, 소비된다.

2) 산출되는 정보의 양은 천문학적으로 급증하며, 이렇게 생산되는 정보의 유통에는 시간적 공간적 제약이 거의 없다.

3) 문맥적 역사가 은폐된다는 의미에서 '기원(起源)이 소실(消失)된', 파편화된 정보들이 범람하여 ('con-text'는 고사하고 'text'마저도 충실히 수용

---

41) J. F. 료타르(이현복 역), 『포스트 모던적 조건』, 서광사, 1992, 20쪽.
42) J. F. 료타르, 같은 책, 같은 곳.

하지 않고 'hyper-text'에 만족하는 지적활동이 보편화되어) 삶의 질을 고양시키는 정보를 취사선택하는 일이 어렵다.

4) 정보의 효용기간, 즉 유효-수명이 급속히 단축된다.

5) 감각적 지각작용이 논리적 사유활동보다 우세해져 문해적(literate) 의사소통을 문맹적(illiterate) 의사소통이 대체하는 현상이 확산된다.

이 현상들은 지식사회가 고정된 지식의 비축과 독점에 머물지 않고 유동적 정보의 유통과 공유를 향해 개방된다는 전향적 함의도 갖지만, 그보다도 그 다원화 및 다양화에 대한 대가로 지식이 인간의 실천적 행동에서 선도적(先導的)인 역할을 하지 못하고 오히려 방향감각을 상실케 함을 뜻하기도 한다.

인간의 지적 활동 및 그 성취물을 4개 층위, 즉 자료-정보-지식-지혜로 구성되는 위계적 체계로 이해하는 이른바 '지식의 층위'(Hierarchy of Knowledge) 이론43)에 비추어 보자면, 정보사회에서의 지적 활동은 문자 그대로 '정보'의 차원에 머물러 있다고 볼 수 있다. 이때 정보는 우리의

---

43) 이 이론은 '조직화 이론'(organizational theory), 혹은 '체계이론'(general systems theory) 분야에서 일반적으로 수용되고 있는데, 그 최초의 전거는 불분명하다. 그 아이디어의 단초는 T. S. Eliot의 시, "Choruses from 'The Rock'"에 나오는 다음의 행들에서 유래한다고 한다.

Where is the life we have lost in living?
Where is the wisdom we have lost in knowledge?
Where is the knowledge we have lost in information?

이 이론에 따르면 인간의 지적활동은 4가지 층위에서 전개되며 그 성취물 또한 피라미드적인 4가지 층위를 이루는데, 자료—정보—지식—지혜(DIKW: Data—Information—Knowledge—Wisdom)가 그것이다: 자료란 가공되지 않은 단순히 수집된 사실이다. 정보는 자료들이 모여 하나의 관계 속에서 의미를 갖게 된 것이다. 정보의 효용성은 특정 목적을 달성하기 위한 행동의 선택에 기여하는 데에 있다. 지식이란 동종의 정보가 집적되어 일반화된 것으로, 특정 목적의 달성에 유용한 추상화되고 일반화된 정보라 할 수 있다. 이 일반화에 필요한 것이 원리적 통일적으로 조직되어 객관적 타당성을 갖추는 일이다. 그러나 지식이 어디까지나 대상에 관한 앎임에 반해, 지혜란 인간존재의 목적 그 자체에 대한 앎, 규범적 이상적 가치에 대한 앎을 가리키는 것이다. 현실적으로 지혜란 삶의 맥락에 합당하게 지식을 활용할 수 있는 통찰을 가리킨다. http://en.wikipedia.org/wiki/DIKW 참조.

잠정적이고 단편적인 행동에 유용성의 지침을 제공하긴 하나, 그것이 원리적이고 체계적으로 정당화되어 객관적 타당성을 갖는 것은 아니다. 개인적 일시적 파편적인 행동에 기껏해야 도구적 합리성만을 제공할 뿐 우리의 삶 전체의 목적이나 가치에 관계하는 규범적 의미를 추구하는 것은 아니다. 따라서 이러한 '탈맥락적' 정보의 범람이 행동의 '방향상실'을 야기하는 것은 불가피해 보인다.

바로 이러한 현상 때문에, 아니 이러한 트렌드가 가져오는 부정적 작용을 극복하기 위해서는 역설적으로,

6) 융복합적 지식에 대한 수요가 급증한다. 기술과 산업에서 활발하게 일어나는 융복합 현상은 이를 반증해 주는 것이라고 볼 수 있다.

3. 새로운 교육 수요: 교양교육

지적 지형이 저렇게 변화하고 그에 따라 지적 탐구의 지향과 양상에도 저러한 변화가 찾아왔다면, 이러한 새로운 상황에 대비할 수 있는 지적 능력 내지 정신적 자질이란 어떤 것이 되어야 할까?

첫째, 지식을 습득하고, 응용하고, 적용할 수 있는 기초적 사고능력이다. 우선 엄청난 양의 정보 가운데서 적실성 있는 유용한 정보를 선별할 수 있는 비판적 사고의 능력이 요구된다. 비판적 사고능력의 기본은 복잡한 사태를 단순한 요소들로 분해하는 분석능력에 있다. 그 분석능력의 극단에 수리적 사고능력이 자리한다. 지식의 응용과 적용에는 현실을 다각적으로 파악하는 사고의 유연성이 요구된다.

둘째, 새로운 정보를 산출할 수 있는 창의적 사고의 능력이 요구된다. 창의적 사고능력은 다양한 이질적 지식의 혼합에서 기대할 수 있는 능력이다. 모든 새로운 것은 이제까지 전혀 없던 것의 등장이 아니라 이미 있

는 것들의 새로운 조합에서 빚어지는 것이기 때문이다.

셋째, 세분화된 분야들의 위상을 전체 속에서 가늠할 수 있는 통찰력이다. 정보사회에서 우리가 해결해야 할 중요문제는 대체로 여러 지식분야에 걸쳐 있는 복합적인 문제다. 이를 총체적으로 조망하는 능력이 없으면 부분에 관한 전문지식도 무력해지기 쉽다. 따라서 문제연관 전체를 조망할 수 있는 안목이 무엇보다 중요하다. 이 통찰력은 실은 여러 가지 자료를 하나의 틀 안에서 종합하는 능력에서 우러나오는 것이다. 분석적 사고능력에 대비되는 종합적 사고능력이 여기서 필요하다.

넷째, 합리적 사고를 넘어 감성적인 것을 수용하는 능력이다. 그것도 이성과 감성을 배타적으로 양자택일하는 것이 아니라, 이 양자를 함께 수용하여 넘나드는 능력이 요구된다. 디지털 방식이란 바이너리 코드를 이용해 각종의 정보를 그 질적 성격에 구애받지 않고 수학적으로 연산 처리하는 방식이다. 질적 성격이란 감각적 지각의 대상으로 우리의 감성을 움직이는 것이고, 바이너리 코드로 처리하는 수학적인 연산은 정밀한 사고활동이다. 따라서 이 두 영역을 넘나들 수 있기 위해서는 정서적 감응능력과 합리적 사고능력이 동시에 요구되며, 이 둘이 함께 협동할 수 있어야 한다.

이상의 네 가지 외에, 지적 지형을 변화시키는, 지적 영역의 외부에 있는 문명사적 변화, 즉 공동체의 유목화와 나아가 문화세계를 단층화시키는 세계화의 위협에 대한 지적 대응으로 고려해야 할 것이 다섯째로 제시해야 할 역사의식과 공동체의식이다. 어떤 사회에서든 개인과 공동체의 관계에 대해 일관성 있는 지적 태도는 공동체 구성원으로서 필수적으로 갖춰야 할 것이거니와, 특히 공동체의 삶이 '유목화'라는 격변의 와중에 있는 오늘날 이는 필수적인 것이다. 그런가 하면 이러한 문명사적인 전환기에 처해 과거의 '기억'과 미래의 '예상'을 현재의 행동에 매개시킬 수 있는 역사의식 또한 격변의 와중에서 자신의 문화적 정체성을 확립, 유지하는 데에 반드시 요구되는 것이다. 역사성과 사회성은 문화생활의 씨줄과 날줄을 구성하는 불가결한 요소이기 때문이다.

대학의 고등교육이 지향하는 바에 대한 원론적인 고찰은 차치하고라도, 격변하는 현실에 절실하게 다가오는 문명사적인 변화 요인만을 생각해 보아도 대학교육이 직면하고 있는 새로운 교육수요는 이상과 같은 능력의 함양에 있음을 어렵지 않게 알 수 있다.

이러한 사정을 대학의 고등교육에 연관시켜 보자. 그동안 한국의 대학들은 현실적으로 전공교육, 즉 '특화된 전문 직업교육'에만 열중해 왔지, 교양교육, 즉 '일반적 보편 지성교육'은 매우 등한시해 온 것이 사실이다. 직업교육의 성격이 강한 응용학문분야에서 학생들로 하여금 가능한 한 많은 시간을 전공학업에 투입하도록 요구해 온 것이 그것이다. 한국의 대학에서 이러한 편향된 교육이 널리 시행되었던 데에는 물론 한국의 경제사회적 여건이 그 배경을 이루고 있다. 강도 높은 산업화를 통해 급속히 국가사회를 근대화시키기 위해서는 선진 문물을 가능케 하는 특정 전문분야의 '지식과 기술'을 단기간 내에 대폭적으로 학습-수용하는 것이 절실히 요구되었던 것이다.

그러나 21세기에 접어든 한국사회는 이제 상황이 달라졌다. 한국도 산업화에 이어 소위 '정보화'가 급속히 진행되는 '정보사회'로 이행한 것이 현실이고 보면, 산업화에서 요구되었던 '특정 분야의 기성 지식'을 학습하는 것만으로는 대학의 고등교육이 제 역할을 다할 수 없는 시대가 된 것이다. 결론부터 말하자면, 제대로 된 교양교육, 즉 포괄적인 '일반적 보편 지성교육'이 곧 '특수한 전문 직업교육'을 위해서도 필수적인 부분이 되었다.

오늘의 정보사회에서는 지식도, 기술도 융합, 종합화의 길을 가야 더 큰 탐구적 성과를 거두고, 산업도 분화, 전문화보다는 융합, 종합화의 길을 가야 더 큰 산업적 성과를 가져온다. 각 전문분야들의 지식도 하나의 문제 앞에서 서로 결합되지 않는다면, 문제의 해결에 도움을 주지 못하는 무력한 것이 되기 쉽다. 오늘의 문화사회적 상황은 여러 문제들이 서로 결합되어 우리의 해결을 기다리기 때문이요, 이는 또 문화사회적 삶이 영역별로 분립되어 있지 않고 서로 융합되어 통합되기 때문이다. 정치와 경제가 융합됨은 물론, 산업과 문화가 융합되고 예술과 공학이 융합된다.

해결해야 할 문제들이 총체적 맥락 속에서 그 맥락과 더불어 한꺼번에 다가온다면, 문제해결의 방식도 총합적일 수밖에 없다. 각 전문분야들의 지식을 폭넓고 깊이 있는 안목 아래서 조망하고 연결시켜 주는 '지적 연결지평'이 요구되는 것이다. 교양교육은 이에 기여하는 것으로, 본래 융합교육의 성격을 갖는 교양교육이 바람직한 전문 직업교육을 위해서도 필요한 이유가 여기에 있다.

대학교육이 산업적 요구를 외면할 수 없는 한, 대학교육도 세분화된 각 학문분야의 내부에서만 이루어져서는 안 되며, 보다 개방적으로 여러 학문분야를 가로지르는 방식으로 시행되어야 한다. 특수한 전문 학문분야의 특수과는 무관한, 모든 학문분야에 걸쳐 범용적으로 요구되는 기초능력의 교육을 강화해야 하고, 전체를 조망하는 통찰력의 함양을 위해 다학문적 학제적 융복합교육을 적극적으로 시도해야 한다. 이러한 새로운 정향의 교육은 본래 교양교육이 추구하는 바와 궤를 함께하는 것으로, 이 점이 바로 대학교육 전반에서 교양교육이 새로이 강조되는 배경이기도 하다.

요약건대, 대학 교양교육의 의의는 오늘의 현실에서 볼 때 대체로 다음과 같이 정리된다고 본다:

[광범한 고전적 의의]
— 세계관, 인간관, 가치관의 정립
— 전인적 인격교육

[지적 영역의 현대적 의의]

— 지식의 파편화에 대응

— 전체를 바라보는 안목/통찰력의 함양

— 융복합교육을 통한 지적 연결지평의 형성

— 평생학습능력의 함양

— 불확실한 미래에 대응할 수 있는 기초적 지력 함양

— 직업능력의 지원

제4장 대학 교양교육의 목표

교양교육의 고전적 의미와 현대적 의의를 상술한 바와 같이 살펴본 우리로서는 한국의 대학 현실에서 교양교육의 내포와 외연을 어떻게 설정하는 것이 교양교육에 대한 합당한 개념적 정의를 내리는 데에 적절할지 검토해야 할 것이다. 적절한 정의가 내려지면 그 내포와 외연이 지시하는 바에 따라 교양교육의 구체적인 목표를 설정할 수 있을 것이다.

우선 그간 우리가 접해 온 교양교육에 대한 정의를 살펴보기로 한다:

1. 교양교육의 정의

— 대학교육협의회, '교양교육의 목표'(2001)

"교양교육의 목표는 성숙한 인격체가 지녀야 할 품성, 세계시민으로서의 소양, 정보화 사회에 요청되는 판단력과 도덕성 등을 지향해야 한다. 나아가서 교양교육은 제반 학문분야에 대한 지적인 호기심을 일깨우고 자기 표현력과 의사소통능력 등을 계발시킬 수 있어야 한다."

— 카네기재단, 『대학교육과정의 사명』[44]

1) 고등 연구나 평생학습을 위한 기술의 습득 (고급 학습기술의 습득)
2) 인문학, 과학, 사회과학, 예술 등의 주요 사조나 해석에 접할 수

---

44) 카네기재단(주영숙 외 역), 덕성여대 출판부, 연도미상, 163쪽 이하.

있는 학습 (영역 분산 이수)

3) 크고 복잡한 주제에 대해 성찰할 수 있는 능력 및 광범한 이해를 증진시킬 수 있는 학습 (학습 경험의 통합)

― 하버드대학교의 로소브스키(Rosovsky) 교수[45]

1) 교양인은 비판적으로 사고하고 그것을 글로 표현할 줄 알아야 한다.

2) 교양인은 우주, 사회 및 인간 자신에 대한 지식을 얻는 방법에 대해 비판적 안목을 가져야 한다.

3) 교양인은 자신의 삶의 경험을 폭넓은 맥락에서 보려 하며, 그리하여 다른 문화, 다른 시대에 대해 편협한 사람이 아니다.

4) 교양인은 당연히 윤리 도덕적인 문제에 대한 이해를 갖고, 기로에 섰을 때 도덕적 판단을 통해 선택을 하는 사람이다.

5) 교양인은 특정 학문분야에 대해 깊은 이해를 가지고 있어야 한다.

― 한국교양기초교육원[46]

교양교육이란 "올바른 세계관과 건전한 가치관을 바탕으로 세계화된 새로운 정보사회에서 비판적 창의적 사고와 원활하고 개방적인 의사소통을 통해 공동체적 문화적 삶을 자율적으로 주도할 수 있는 주체적인 지도자로서의 자질을 함양하기 위한 것으로서, 학업분야의 다양성을 넘어서서 모든 학생들에게 동질적인 내용을 교수하는 교육"이다.

― 미국 대학연합(Association of American Colleges & Universities)[47]

이 기구에서는 자유교육(liberal education)과 일반교육(general education)을 구분하되 그 포섭관계를 이렇게 밝힌다.

---

45) H. Rosovsky(이형행 역), 『대학, 갈등과 선택』, 삼성경제연구소, 1990, 161쪽 이하.
46) 한국교양기초교육원(교기원) 홈페이지 참조. [http://www.konige.kr/]
47) https://www.aacu.org/leap/what-is-a-liberal-education

"자유교육이란 학생들이 복합하고 다양한, 변화하는 현실을 잘 다룰 수 있도록 준비시키는 교육이다. 자유교육은 학생들에게 (과학, 문화, 사회 등) 보다 넓은 세계에 대한 폭넓은 지식을 제공해 주며, 그러면서도 관심 있는 어떤 특수 분야에 대한 깊은 탐구를 하게 하는 교육이다. 자유교육은 사회적 책임감을 갖게 하는 교육이며, 의사소통, 분석적 사고, 문제해결 기법 같은 유용하고 응용 가능한 지적 실천적 기법을 계발시키는 교육이며, 아울러 지식과 기법을 실제의 현실세계에 적용시키는 능력을 계발해 주는 교육이다."

"자유교육의 광범한 목표는 자유교육을 내용으로 하는 강좌나 프로그램이 여러 해 전부터 변해 왔는데도 여전히 견지되고 있다. 오늘날 자유교육은 보통 어떤 주전공에서의 깊은 탐구와 더불어 폭넓은 다학문적 학업을 제공하는 일반교육 커리큘럼을 포함하고 있다."

"일반교육은 모든 학생이 공유하는 자유교육의 한 부분이다. 일반교육은 다양한 복수의 학문에 광범하게 접하도록 하며, 필수적인 지적 사회적 실천적 능력을 계발하는 데 필요한 토대를 형성해 준다. 일반교육은 여러 가지 형태를 띨 수 있지만, 점점 입문적인 학습, 더 높은 수준의 학습, 그리고 총합적인 학습의 형태를 포함하게 된다."

이상에 비추어 볼 때, 오늘날 한국의 대학교육에서 현실적으로 기대되고 있는 교양교육은 대체로 다음과 같은 내용을 포함하는 것으로 정의된다고 본다:

[대학교양교육의 내포와 외연]
— 세계관, 인간관, 가치관 수립을 지향하는 위한 교육(고전적 의미)
— 당대의 사회적 역사적 현실(시대상)과 그에 담긴 시대정신을 이해하는 '현재적'(hic et nunc) 사고를 함양하는 교육

Global Mind를 함양하는 교육

― 비판적 사고능력, 합리적 의사소통능력, 창의적 문제해결능력을 함
양하는 교육

― 공동체의식과 공공정신을 함양하는 교육

― 주체적 자율적 실천을 통해 가치를 실현하는 의지와 능력을 기르
는 교육

― 정서적 도덕적 공감능력을 길러주는 교육

2. 교양기초교육의 목표[48]

상기한 점들을 고려하면서 교양교육에 대한 개념적 정의를 다음과 같
이 잠정적으로 정리해 보고, 이에 따라 교양교육의 목표를 아래와 같이
구체적으로 설정해 본다:

[정의] 교양기초교육이란 대학교육 전반에 요구되는 기본적 지식 및
자율적 학구능력의 함양을 포함하여 인간, 사회, 자연에 대한 폭넓은
이해를 바탕으로 올바른 세계관과 건전한 가치관을 확립하는 데 기여
하는 교육으로, 학업분야의 다양한 전문성을 넘어서서 모든 학생들에
게 요구되는 보편적 교육이다. 특히 글로벌 정보사회라는 새로운 시
대상을 맞아 비판적 창의적 사고와 원활하고 개방적인 의사소통을 통
해 공동체의 문화적 삶을 자율적으로 주도할 수 있는 자질을 함양하
는 교육이다.

---

48) 이하의 기술은 필자가 원장 재임 시 기초하고 관련 위원회가 검토하여 한국교양기
초교육원에서 제시하게 된 교양교육의 표준안에 담겨 있는 내용임.
http://konige.kr/sub02_08.php 참조.

[목표] 따라서 교양기초교육은 다음과 같은 능력과 자질의 함양을 그 목표로 삼는다:

1) 다양한 문해(文解, Literacy)능력: (고전적인 의미) 문자로 서술된 지식 내용을 독해하며, 또한 자신의 사유내용을 문자로 서술하는 능력. (현대적 관점) 문자 기록의 영역을 넘어 광범한 영역에서 모든 사유의 표현을 독해하고 또 자신의 사유내용을 표현하는 능력, 특히 디지털 기술에 의거해 산출된 정보를 독해하고 또 이 기술을 이용해 자신의 사유를 표출하는 능력, 즉 정보문해능력

2) 정보수용능력: 지식을 습득하고, 응용하고, 적용할 수 있는 기초적 사고능력, 엄청난 양의 정보 가운데서 적실성 있는 유용한 정보를 선별할 수 있는 비판적 사고의 능력, 복잡한 사태를 단순한 요소들로 분해하는 분석능력 + 현실을 다각적으로 파악하는 사고의 유연성

3) 총체적 조망능력: 세분화된 분야들의 위상을 전체 속에서 가늠할 수 있는 통찰력. 여러 지식분야에 걸쳐 있는 복합적인 문제를 총체적으로 조망하는 능력, 여러 가지 자료를 하나의 틀 안에서 종합하는 능력, 현 시대를 과거의 역사와 미래창조의 틀에서 파악하는 능력, 개인의 이해관계를 공동체의 관점에서 판단할 수 있는 능력, 지역의 문제를 글로벌 시각에서 이해할 수 있는 능력, 분석적 사고능력에 대비되는 종합적 사고능력

4) 지식창출능력: 다양한 이질적 지식을 융합하여 새로운 지식을 산출할 수 있는 창의적 사고의 능력, 곧 '새로운' 문제를 해결하는 창의적 '문제해결능력'

5) 소통과 공감 및 협동능력: 자신의 생각을 다른 공동체 성원과 공유할 수 있는 '합리적 의사소통능력' 및 이를 토대로 한 공감과 협동능력

6) 합리적 사고와 감성적 정서를 통합하는 능력: 합리적 사고를 넘어서서 이를 정서적 감응과 통합할 수 있는 능력, 합리적인 과학적 수학적

사유능력과 더불어 예술적 감수성, 인문학적 직관, 도덕적 성찰력 등

※ 보충 해설

1) 학문탐구를 위한 보편적 문해능력 함양: 대학 수학의 근본 목적인 학문적 탐구활동을 위해서는 인간, 사회, 자연에 관한 기초지식을 습득하고, 나아가 이들을 전하는 문헌을 스스로 독해할 수 있는 보편적 능력이 요구된다. 문헌뿐 아니라 개인적 사회적 삶의 현실, 자연과 기술문명에 관련된 자료나 정보를 해석할 수 있는 능력이 요구된다. 문헌의 이해에는 한국어와 외국어 교육이, 삶의 현실과 자연 및 기술문명의 이해에는 소프트웨어 교육을 포함한 수리 통계적 해석 교육 및 과학교육이 필요하다.

2) 비판적 사고능력, 합리적 의사소통능력 함양: 비판적 사고력과 합리적 의사소통능력은 대학에서 학업을 수행하기 위한 기초능력이며 나아가 정보사회에서 건전한 민주시민이 갖추어야 할 필수 덕목이다. 비판적 사고능력은 다양한 관점에서 지식과 정보를 분석하고 비판하고 종합하여 통합적으로 추론할 수 있는 능력으로서 독립적이고 체계적으로 학술활동, 직업활동, 사회활동을 할 수 있는 사고력을 가리킨다. 합리적 의사소통능력은 기본적인 문해력(읽기, 듣기, 쓰기, 말하기)을 바탕으로 타인의 생각과 의견을 효과적으로 읽고 듣고 그에 대해 질문할 수 있으며, 말과 글, 그리고 시청각적 의사소통 수단이나 기술을 활용해서 자신의 생각이나 의견을 적절히 표현하고 전달하고 설득할 수 있는 능력을 말한다.

3) 인간과 세계에 대한 바람직한 가치관 정립: 인간이 '훌륭한 사람'이 되어 자신의 삶을 기획하고 성공적으로 영위하기 위해서는 (1) 세계의 존재 그 자체에 대한 객관적 이해를 바탕으로 (2) 인간존재의 세계 내 위상을 알고, 이를 토대로 자신의 인격적 자기정체성을 확립하며, (3) 나아가 인간이 보편적으로 희망하는 바람직한 세계, 즉 가치의 세계를 지향할 수 있어야 한다. 이것이 곧 세계관, 인간관, 가치관의 확립을 가리키는 것

이다. 현실 속의 어떤 특정한 이해관계를 떠나 세계를 그 자체로 인식하는 일, 인간으로서의 자신에 대한 총체적 반성을 수행하는 일, 실현되어야 할 가능적 세계, 즉 가치의 세계가 우리의 삶을 이끌게 하는 태도와 식견을 갖추는 일, 이 교육적 과제의 수행에 최선의 자양을 제공할 지적 자산은 기초학문의 탐구성과에 있다.

4) 융합적 창의적 문제해결능력 함양: 오늘날 대학 교양기초교육에서 강조되는 것이 지식융합능력과 창의적 문제해결능력 함양이다. 지식융합능력은 하나의 개별 학문에서의 전문적인 지식 획득이 아니라, 다양한 기초학문분야의 기반지식들을 균형감 있게 습득하고, 그 저변성과 연관성에 대한 이해를 통해 지식들을 융합하여 새로운 지식을 창출하는 것을 말한다. 창의적 문제해결능력은 지식이 한갓 지식으로만 머무는 것이 아니라, 다양한 맥락 속의 현실 문제를 진단하고 지식융합을 통해 현실 문제를 창의적으로 해결하는 지식활용능력을 의미한다.

5) 공동체의식과 시민정신 함양: 모든 인간은 공동체의 일원으로 태어나 이에 속하는 '사회적 존재'로서 그 공동체를 존속, 발전시켜야 한다는 소속감과 의무감을 가져야 한다. 교양기초교육은 학생들이 공동체 구성원으로서의 연대감을 바탕으로, 중요 사회적 이슈들에 대한 통합적 이해의 바탕에서 공동의 문제를 해결해 나갈 수 있는 소통과 협업 능력을 습득하도록 하는 것이다. 이는 궁극적으로 배려와 협동, 인권과 평화, 정의와 공정 등의 보편적 가치를 존중하고, 안전하며 포용적이고 지속가능한 사회를 만드는 데 기여하는 역량을 증진시키기 위한 것이다.

6) 심미적 공감능력 함양: '이성과 감성을 넘나드는' 능력을 기르는 것은 정보화 시대에 새로이 요구되는 교양교육 영역에 필수적이라 할 수 있다. 다시 말해 합리적 사고능력과 아울러 정서적 감응능력을 함양하는 교육은 중요하다. 사유와 감각의 호환성, 즉 감각내용의 논리화와 더불어 사유내용의 감각화가 강조될 수 있다. 이를 고려해 볼 때 인간의 감성을

움직이고 정서적 심미를 일깨우는 예술의 이해와 감상을 위한 교양교육이 중요한 의미를 갖는다.

3. 한국 대학의 교양교육 목표 현황

그렇다면 현재 각 대학에서 교양기초교육의 목표로 설정하고 있는 것은 과연 이상에서 논한 교양기초교육의 목적 및 내용에 얼마나 부합하고 있을까? 우리는 여기서 전국의 4년제 대학교 전체의 교양기초교육내용을 모두 다 살펴볼 필요는 없다고 보아 임의로 대규모-연구/교육 병진대학 13개 대학과 소규모 교육역점대학 11개 대학의 경우만을 점검해 본다.[49] 이들 대학들에서 교양기초교육의 목표로서 설정한 것들, 즉 함양해야 할 능력이나 자세, 품성으로 제시한 것들을 간추려 그 핵심 요소를 무작위로 열거해 보면 다음과 같다:

— 세계에 대한 보다 깊은 이해
— 전공영역의 교육, 직업준비교육, 창의적인 지식의 창출
— 분석적이고 조직적인 사고능력과 이를 개념화할 수 있는 능력
— 상황을 총체적으로 파악할 수 있는 능력
— 복잡한 것을 명료하게 환원시키는 능력
— 반성적 사고를 하며, 이를 정연하게 표현하는 능력
— 도덕적 판단력
— 대안적 사고를 할 수 있는 능력
— 이제껏 인식하지 못했던 측면을 발견하는 능력
— 새로운 상황을 이해하고, 설명하고, 제어할 수 있는 능력

---

49) 그 내역은 권말 [부록 1]에 정리되어 있음.

— 사태의 이해로부터 미래를 예견할 수 있는 능력

— 문제를 발견하고 이를 해결하며 새로운 결과를 공유할 수 있는 능력

— 학문간 융합을 통한 통찰력

— 기독교 정신에 기반한 섬김의 리더십

— 지역, 국가, 세계의 변화에 능동적으로 대응하는 능력

— 논리적 분석적 과학적 판단능력

— 표현능력

— 핵심적인 지식

— 기본적인 지식

— 지도자적 역량

— 학문분야 간의 연계성과 학제성

— 문제들을 적절하게 설정, 해결할 수 있는(general problems setting and solving) 능력

— 실용적인 대응능력(언어, 논리, 추론 능력)

— 기초 수학능력의 향상

— 인의예지의 품성

— 신언서판(身言書判)의 능력

— 창의적 사고와 도전정신

— 창의적인 사고력, 비판적인 통찰력

— 학문의 기초지식

— 창의적이고 유연한 사고능력

— 창의적이고 비판적인 사고능력

— 자신의 새로운 생각을 주변과 공유할 수 있는 의사소통능력

— 사물에 대한 안목

— 합리성, 책임성, 도덕성을 겸비한 인성

— 비판적 사고에 기초한 의사소통능력

— 지도적 자질의 필수 요건인 공동체 정신

— 종합적이고 창의적인 판단능력

— 글로벌 환경과 다원적 문화현실에 능동적으로 대처할 수 있는 능력

— 다양한 학문적 요소를 포함하는 학제적 지식

— 기초지식과 기초학업능력

— 삶의 불확실성 앞에서 자기 생애를 이끌어 나갈 내적 견고성 함양

— 인문학, 사회과학, 자연과학을 포함한 여러 학문분야들의 관심대상, 접근법, 사유원칙들을 기본의 수준에서 이해

— 비판적 사고력을 통해 자유롭고 창조적인 탐구활동과 정신 가꾸기를 지속할 수 있는 능력

— 온갖 정보와 지식, 상충하는 진리 주장들, 상이한 가치관, 경쟁적 주장과 의견 등을 이성적으로 검토하여 오류와 편견을 가려내고 옳고 그름을 판단할 능력

— 의미 있는 질문을 던지고 중요한 문제들을 찾아내며 합리적 설명, 타당한 주장, 설득력 있는 해석을 추구할 능력

— 과학적 사고습관

— 성찰의 능력과 습관

— 평등의 가치를 존중

— 타자에 대한 윤리적 책임

— 사적 이익과 공적 이익을 분별할 힘

— 사회의 민주적 원칙들을 지키고 발전시킬 시민적 역량

— 계층과 신분, 종교, 지역, 성차 등의 벽을 넘어 타자의 이야기를 경청하고 이해하는 능력

— 선의와 배려와 공감의 공동체적 가치들의 체득

— 봉사정신

— 유연한 상상력, 열린 정신, 지구사회적 마음가짐

— 변화와 위기에 대응하고 문제를 선도적으로 해결할 힘
— 세계의 정치적 사회적 문화적 다양성과 역사적 경험들에 대한 이해
— 인류 공통의 관심사를 인지
— 국적, 인종, 집단의 울타리를 넘어 지구사회 공통의 문제들을 풀어
  갈 세계시민적 역량
— 사건, 현상, 상징, 텍스트를 정확히 읽고 의미와 해석을 구성해 내
  는 능력
— 문서 생산력
— 아름다운 것을 인지하고 평가하는 심미적 교감과 표현의 능력
— 예술을 이해하고 사랑하며 예술적 창조성을 존중하는 능력
— 기억할 것을 기억하고 사회의 역사적 경험들을 공유하게 하며 좋
  은 이야기의 사회적 유통을 촉진할 소통, 전달, 표현의 능력
— 새로운 기술매체들을 유효하게 사용할 문화적 능력
— 새로운 가치창조를 위한 융복합적 지식 창출의 역량
— 글로컬 소통능력
— 주체성을 가진 세계인
— 폭넓은 교양을 지닌 전문인
— 문화의 시대에 부응하는 문화인
— 공동체와 함께 하는 협동인
— 도전적 창조인
— 전인적인 인성
— 풍부한 정서
— 과학적 사고능력과 합리적 표현능력
— 세계 민주시민의식
— 국제적 경쟁력
— 의사소통능력

— 분석능력

— 비판적 사고능력

— 다양한 학문 및 문화에 대한 이해력

— 자기개발능력

— 공동체의식

— 효과적으로 의사소통할 수 있는 언어구사능력

— 논리적 수학적 과학적 지식과 사고능력

— 대학교육을 이수하는 데 필요한 공통지식, 학문탐구방법, 학문하는
태도에 관한 지식

— 이를 학제적 관점에서 통합할 수 있는 비판적 통합적 사유능력

— 다양한 학문영역의 지식에 대한 이해

— 새로운 지식과 정보를 습득할 수 있는 능력

— 지역과 세계의 문화 및 사회에 대한 이해

— 책임감과 시민의식

— 미래의 직업과 진로 준비에 필요한 실질적인 능력

— 전공지식에 앞서는 균형 잡힌 교양

— 국제화시대에 필요한 외국어 능력

— 정보화시대가 요구하는 컴퓨터 활용능력

— 전공학문을 향한 진지한 자세

— 인간적 가치에 대한 비판적 성찰능력

— 세계와 사회의 본질에 대한 탐구와 이해능력

— 합리적 사유능력과 명석한 표현능력

— 독립적 자율적 사고 및 다변화된 의사소통능력

— 융복합적 사고력과 문제해결능력

— 인문, 사회, 자연, 예술의 주제들에 대한 균형적 안목

— 다양한 학문분야를 넘나드는 통합적 안목

— 외국어 의사소통능력
— 글로벌 사회의 이해와 리더십
— 창의성 개발과 전공심화를 위한 기초사유능력
— 인간애
— 성숙한 시민의식
— 심화학습을 위한 기초지식
— 변화에 대처하는 능력
— 다원화 시대의 여러 관점을 이해할 수 있는 통합적 시각
— 문화예술에 대한 통찰력
— 문화시민으로서 기본 소양
— 글로벌 리더로서 필수적인 의사소통능력
— 명확한 표현능력
— 올바른 가치판단능력
— 다문화 이해능력
— 심미적 능력
— 지적 능력과 올바른 가치관
— 학제적 교육을 통한 전공기초역량
— 능동적 커뮤니케이션 능력
— 세계화를 향한 글로벌 리더십
— 삶의 가치와 세상을 바르게 살아갈 수 있는 지혜 및 더불어 사는
　데 필요한 덕목
— 기본과 원칙을 소중히 하면서도 합리적으로 사고하고 창의적으로
　생각하며, 이를 효율적으로 표현하고 전달하는 방법의 습득
— 지식을 얻고 이를 효과적으로 활용할 수 있는 방법의 터득
— 문화와 사고의 다양성을 인정하고, 자신의 의사를 분명하게 표현
　하고 상대방의 의사를 정확하게 읽을 수 있는 커뮤니케이션 능력

— 지적 통찰력과 문화적 감수성

— 윤리의식

— 지도자적 인격과 성숙한 품성

— 인문학적 지식에 바탕한 창의적이고 비판적인 사고능력

— 전공을 위한 기초지식과 그 활용능력

— 전문 진로에 성공적으로 나아갈 수 있는 기반

— 원활한 의사소통능력과 문제해결능력

— 인문-사회-자연 분야의 기초지식 및 이를 넘나드는 종합적 시각과
통합적 마인드

— 논리적 분석적 비판적 사고력 및 합리적 판단 능력

— 세계시민적 의식과 기본소양

— 변화에 능동적으로 대처하는 창의성

— 기독교 정신에 입각한 전인적 인성

— 전문적 기초소양

— 지식의 기본틀과 통찰능력

— 세계화 정보화에 대처할 실용지식과 국제감각

— 학문과 인격을 겸비한 지성

— 국가와 사회 발전에 이바지할 리더십

— 인류의 구원과 복지에 기여할 세계인 정신

— 학문과 사상의 자유를 존중하고 표현하는 자세

— 인간의 평등과 존엄성을 존중하는 태도

— 인간과 생명의 고귀에 대한 인식과 인륜적 도리의 실천자세

— 지식, 정보를 활용하여 문제해결을 할 수 있는 컴퓨터 기반 능력

— 학문탐구와 교류협력이 가능한 수준의 외국어 능력

— 다양한 세계 문화와 인종 및 종교에 대한 이해

— 민족동질성 회복을 위한 기초지식

— 자발적인 봉사활동과 자연보호 자세

— 자기주도적 학습능력

— 맡은 일에서 최선을 다하는 적극적인 태도

— 현실을 새롭게 변화, 향상시키기 위한 바람직한 역사적 안목

— 세계와 사회와 사물에 대한 올바른 인식능력과 비판정신

— 인류와 우리 문화에 대한 종합적 이해능력과 문화적 가치의 창조
    능력

— 여성의 정체성 및 가치관

— 정보화 사회, 지식기반사회의 요구에 부응하는 창의력, 비판력, 종
    합력

— 과학기술이 사회와 인간의 삶에 미치는 영향에 대한 이해 및 그
    사용을 제어할 수 있는 지성

— 사회적 갈등과 개인 간의 갈등 속에서 자유와 책임의 한계를 분명
    히 인식하고 합리적이며 책임감 있는 행동을 실천하는 시민정신

— 외국의 다양한 사회와 문화에 대한 폭넓은 이해 및 의사소통을 할
    수 있는 세계시민적 자질

— 인간, 사회, 자연에 대한 통찰력과 지적 능력

— 창의적 문제해결능력과 표현력

— 사회공동체의 일원으로서 가져야 할 헌신적 리더십

— 학문에 대한 체계적 비판능력

— 기초과학, 인문사회 및 예체능 분야의 기초지식

— 자연에 대한 지속적인 연구에 기초가 되는 필수 개념들에 대한 이해

— 과학자의 사회적 역할과 책임에 대한 인식

— 인간의 삶을 더 풍요롭고 보람 찬 것으로 향상시키기 위한 식견과
    품성

— 과학기술 분야의 전문인이면서 동시에 사회의 지도자로서 필요한

식견과 인품

이상의 항목들은 표현이 다를 뿐 동일하거나 거의 유사한 것들이 많이 중복되어 있어 그것들을 내용에 따라 유형별로 분석 정리해 보면 다음과 같다:

1) 기초지식 관련: 주요 기초학문의 기초지식, 직업기초지식, 대학수학을 위한 기초지식, 전공학업을 위한 기초지식

2) 지적 능력 관련: 분석적-조직적 사고능력, 개념화 능력, 총체적 상황파악 능력, 상황설명 능력, 환원적 명료화 사고능력, 대안적 사고능력, 새로운 것의 발견능력, 미래예견 능력, 문제 발견-해결 능력, 비판적 사고능력, 창의적 사고능력, 종합적 사고능력, 과학적 사고능력, 수리적 사고능력, 합리적 사유, 지적 통찰력

3) 언어적 의사소통 관련: 표현능력, 비판적 사고에 기초한 의사소통능력, 합리적 설명능력, 의미해석 능력, 설득적 주장 능력, 외국어 구사능력, 명석한 표현능력, 커뮤니케이션 능력

4) 세계이해-학문탐구 관련: 학제적 지식, 역사의식, 융복합적 지식, 다양한 학문 및 문화에 대한 이해, 세계와 사회의 본질에 관한 탐구 및 이해, 인문-사회-자연-예술의 주제들에 관한 균형적 안목, 다양한 학문분야를 넘어서는 통합적 안목, 인문-사회-자연과학의 기초지식, 인문-사회-자연과학의 경계를 넘나드는 통합적 시각

5) 도덕성, 인성 함양 관련: 도덕적 판단능력, 책임의식, 올바른 가치판단능력, 삶의 지혜와 가치관, 덕목, 윤리의식, 적성의 발견 및 계발 노력, 여성으로서의 정체성

6) 의지적-사회적 실천 관련: 리더십, 글로벌 리더십, 인류애, 봉사정신, 공공의식, 공동체의식, 협동정신, 올바른 세계관 및 가치관

7) 정서적-심미적 성숙 관련: 심미적 교감 및 표현 능력, 문화예술에 대한 통찰력, 문화적 감수성

8) 현대의 시대적-문화사회적 상황 관련: 글로벌-문화다원성 환경에 대처하는 능력, 글로벌 사회의 이해, 다문화 이해능력, 세계시민의식 및 자질

9) 실용적 지식-기술 관련: 컴퓨터 활용능력

10) 종교적 신앙 관련: 기독교 정신, 기독교 신앙의 핵심내용, 인류애

상기 내용은 한국교양기초교육원에서 제시한 교양기초교육의 영역 구분과 대부분 합치하는 것들로 이 양자를 대비해 보면 다음과 같다:

대영역	한국교양기초교육원 영역 분류	상기 내용의 번호
가. 기초교육 영역	1. 사고교육 (논리학/수리적 사고/ 통계적 사고/비판적 사고 등)	2) 지적 능력 관련
	2. 정보문해교육 (SW문해교육 등)	9) 실용적 지식-기술 관련
	3. 어문교육(1): 한국어 의사소통교 육 (읽기/글쓰기/말하기 등)	3) 언어적 의사소통 관련
	4. 어문교육(2): 국제어 의사소통 교육(A) 영어 (읽기/글쓰기/말 하기 등)	3) 언어적 의사소통 관련
	5. 어문교육(3): 국제어 의사소통 교육(B) 기타 외국어 (읽기/글 쓰기/말하기 등)	3) 언어적 의사소통 관련
	6. 수학 및 과학교육 (수학/물리학 /화학/생명과학 등)	1) 기초지식 관련

나. 심화교양 교육 영역	1. 자연 및 과학에 관한 탐구	4) 세계이해-학문탐구 관련
	2. 기술의 본성 및 성과 탐구	
	3. 인간의 본성과 조건 탐구	4) 세계이해-학문탐구 관련 10) 종교적 신앙 관련
	4. 문화현상과 현대문명의 탐구	8) 현대의 시대적-문화사회 적 상황 관련
	5. 사회적 현실의 탐구	4) 세계이해-학문탐구 관련
	6. 역사적 현실의 탐구	4) 세계이해-학문탐구 관련
	7. 인륜성의 탐구와 도덕적 추론	5) 도덕성, 인성 함양 관련
	8. 종교적 가치의 탐구	10) 종교적 신앙 관련
	9. 미적 가치의 탐구	7) 정서적-심미적 성숙 관련
다. 비학술적 체험교육 영역	1. 신체적 체험교육	
	2. 정서적 체험교육	7) 정서적-심미적 성숙 관련
	3. 사회적 체험교육	6) 의지적-사회적 실천 관련

제2부

교양교육 내용론

<**〈일반론〉**>

〈일반론〉
제5장 교양교육 내용의 근본요건

1. 자유학예교육으로서의 교양교육

　앞서 살펴보았듯, 교양교육의 목표를 제시하는 일은 실제로는 교양교육을 통해 함양해야 할 능력이나 자질을 밝히는 일과 내용적으로 다를 바가 없다. 그리고 이는 결국 교양교육의 내용을 밝히는 일로 통하게 마련이다. 그렇다면 앞서 드러난 교양교육의 목표를 달성하기 위해 교양교육에서는 어떤 내용이 교수 학습되어야 할까?

　앞서 우리는 이래 고전시대의 자유학예교육 내용, 즉 3학(trivium: 문법, 논리학, 수사학) 4과(quadrivium: 대수학, 기하학, 음악, 천문학)가 근대 이후 일반교육 영역으로 전이하여 자리잡고 그 본래의 자유학예교육 자리에는 기초학문교육이 들어서게 된 양상으로 자유교육의 구도가 변화하게 되었음을 지적한 바 있다(제2장 3절). 우리의 지적이 타당한 것이라면, 오늘 우리가 교양교육이라 부르는 것의 전부였던 '자유학예교육'(liberal arts education)의 외연에 변화가 생겨, '자유학예'의 내용이었던 고대 3학 4과는 근대 이후 '일반교육'(general education)의 내용으로 옮겨 앉고, 그 자리에는 인문학, 기초사회과학 및 기초자연과학 등 기초학문이 자리 잡게 된 배경, 즉 '자유학예'의 내용이 고대 3학 4과에서 인문학, 기초사회과학 및 기초자연과학으로 변모하게 된 배경은 무엇일지, 해명이 있어야 할 것이다. 우리는 이 문제를 두 가지 관점에서 설명하고자 한다. 하나는 학문의 발전사에 주목하는 관점이고, 다른 하나는 기초학문의 성격에 주목하는 관점이다.

그리스에서 연원해 중세 말에 이르기까지 이어져 온 '고전시대'의 지적 탐구는 대체로 인간과 세계에 대해 가능한 한 총체적으로 탐구하는 경향이 강했지 탐구영역들을 낱낱이 분리하고 그 각각의 탐구내용과 활동을 독자적인 학문으로 분립시키는 일은 주조(主潮)가 아니었다. 고전시대의 교양교육 내용인 3학은 언어적 활동과 관련된 탐구이고 4학은 수량적 관계와 관련된 탐구로 모든 탐구의 기초적인 밑그림에 해당하는 것이었지, 그 자체가 더 이상 확장이나 융합이 불가능하거나 불필요한 완결된 학문은 아니었다. 아주 거시적으로 보면, 탐구대상의 구분에도 불구하고 모든 탐구가 '철학'이라는 하나의 이름 아래 유기적 관계를 이루며 진행되었던 것이다. 탐구의 성과가 풍부하여 사실세계에 대한 지식의 양이 엄청나게 증대하는 일도 없었기에, 굳이 분립-분화의 과정을 거쳐 독자적 학문으로 독립하려는 탐구는 당대의 시대정신이 아니었다.

그러나 근대 이래 사정은 달라졌다. 형이상학적-신학적 세계관의 전면적 지배에서 벗어나 사변적 탐구와 병행해 경험과학적 탐구의 길이 열린 것이다. 여기서 엄청난 새로운 지식이 얻어지고 누적되면서 인간의 사적 사회적 삶의 현실에 크게 기여하는 지성사적 전환이 일어난 것이다. 새로이 탐색하기 시작한 경험의 세계는 인간의 욕망만큼이나 다양하고 광범하여 이에 대한 탐구 역시 광범한 영역으로 확장되며 다양해졌다. 탐구의 결과는 현실에 심대한 영향을 주는 새로운 지식의 폭증을 불러왔고, 이와 더불어 자연스럽게 학문의 분화가 일어난 것이다.

인문학, 사회과학, 자연과학의 구분은 매우 자연스러운 것이 되었고 이들 신학문들이 3학 4과를 대신해 자유교육, 즉 자유학예교육의 내용이 된 것은 자연스러운 일이었다. 그렇다 해도 이들 가운데서도 응용학문분야가 아닌 순수한 기초학문분야가 교양교육의 본령인 '자유학예'(liberal arts)의 내용을 채우게 된 것은 무슨 이유에서일까? 유독 순수한 기초학문 분야가 교양교육의 본령을 차지해야 하는 이유에 대해 숙고해 본다. 이는 물론 기초학문의 특성에서 기인한다.

2. 교양의 정체성과 기초학문의 성격

교양이란 무엇보다도 '사람다운 삶'에 대한 식견과 태도를 일컫는다. 인간의 인간적인 삶 자체를 총체적으로 성찰하는 지적 능력과 그 성찰의 내용을 실천에 옮기려는 의지적 자세가 교양의 토대를 이룬다. 앞서 살펴 본 교양의 특성을 되짚어 보고 교양교육의 내용을 생각해 보자.[50)]

교양은 첫째로 항상 주체적 자아와 관련된다. 따라서 자기형성 및 자 기결정의 활동을 위한 능력의 함양이 교양교육의 내용을 이룬다.

둘째로 교양은 어떻게든 실천적 행위를 위한 가치관을 포함한다. 따 라서 교양교육의 핵심은 가치관 교육에 있다.

또한 교양은 셋째로 주체적 자아의 자유로운 행동과 이를 위한 가치 판단을 감당하는 것이기 때문에 항상 주어진 정보를 총체적으로 참조하는 종합적 사유의 능력을 포함한다. 따라서 교양교육은 세분화된 분야들의 위상을 전체 속에서 조망할 수 있는 안목을 기르는 교육이다.

넷째, 교양은 종합적 사유의 토대가 되는 비판적이고 창의적인 사고 를 요구한다. 따라서 교양교육은 사고교육을 포함한다.

다섯째, 교양에는 또한 정서적(情緒的) 의지적(意志的) 요소가 중요한 것 으로 포함되어 있다. 따라서 교양교육은 정의(情意)를 토대로 한 정서교육

---

50) 제1장 5절에서 기술한 내용을 논변의 맥락을 위해 되풀이함.

과 도덕교육을 포함한다.

교양이 이런 것이라면 이를 함양하는 교양교육은 그 핵심적 내용이 일차적으로 학문적 가치의 근원성과 보편성을 고려해 인문학, 기초사회과학, 기초자연과학 등 기초학문분야의 연구성과로 구성되어야 할 것이다. 특정 전문분야의 직업적 활동에 소용되는 실용적 지식이나 기술을 개발하려는 응용학문분야의 내용은 여기서 일단 배제되는 것이 합당하다. 왜 그럴까?

교양교육은 그 핵심에 있어 1) 세계에 대한 일관되고 정합적인 이해의 틀로서 세계관 혹은 세계상을 갖게 하고, 2) 그 안에 살고 있는 인간에 대한 보편적인 자기인식으로서 인간관을 수립케 하며, 3) 보다 나은 세계, 보다 나은 삶을 지향할 때 그 지향점을 결정하는 가치 일반에 대한 의식을 공유케 하는 교육이라 할 수 있다. 그렇다면, 이를 성취하기 위해 교양교육의 내용은 과연 어떤 것으로 채워져야 할까?

1) 먼저 세계관의 수립에 관해 생각해 보자. 인간의 삶의 터전인 세계를 그 자체로서 객관적으로 파악하는 일은 인간이 자신의 삶을 기획하고 성공적으로 영위하기 위해 필수적인 것이다. 세계의 존재 그 자체에 대한 객관적 이해는 현실 속의 어떤 특정한 이해관계를 떠날 때에만 가능한 것이므로 이는 순수한 기초학문의 탐구에서 가능한 것이다. 존재의 원리를 포함한 존재하는 세계 전체에 대한 포괄적 이해는 세계를 대상으로 하는 다양한 과학적 탐구의 성과를 토대로 한 철학적 논구를 통해 이루어진다.

2) 다음으로, 인간존재에 대한 이해, 즉 인간관에 관해서도 마찬가지다. 인간의 자기이해와 이를 토대로 한 개개인의 인격적 자기정체성의 확립은 의미 있는 반성적 삶의 전제조건이다. 인간 자신에 대한 반성적 성찰은 모든 인문학적 탐구의 과제인바, 인간관의 확립은 문학, 역사, 철학의 탐구성과를 토대로 가능한 일이다. 주제적으로 인간을 다루는 인간학, 특히 철학적 인간학은 이를 위한 명시적 탐구라 할 수 있다.

3) 가치관의 확립과 관련해서는 어떨까? 인간의 삶은 주어진 사실의 세계 안에서만 이루어지는 것이 아니다. 장차 사실의 세계로 실현될 가능적 세계, 즉 가치의 세계가 오히려 인간의 삶을 이끄는 더 큰 힘이 될 수 있다. 사실의 세계가 인간을 압박하는 세계라면 가치의 세계는 인간을 유혹하는 세계라 할 수 있다. 어떤 가치가 더 우위에 놓이는 가치로 우선시되어야 할지, 이 문제는 따라서 인간의 삶에서 그 방향을 결정하는 핵심 사항이다. 가치관의 확립이란 이러한 가치 간의 서열 내지는 우선순위에 대한 지속적이고 확고한 믿음을 갖게 되는 것을 말한다. 가치관의 확립도 기초학문, 특히 인문학의 교육을 통해 달성될 수 있는 교양교육의 목적이라고 하겠다.

응용학문이 현실 속에서 특정한 실용적 목적을 갖는 데 반해 기초학문은 실용적 이해득실을 떠나 인간과 세계의 탐구 그 자체를 위해 탐구한다. 이런 의미에서 소위 '순수학문'이다. 이 때문에 기초학문의 탐구범위와 그 성과의 타당 범위는 응용학문의 그것에 비해 매우 광범하다. 이것이 가능한 것은 기초학문이 그 학문의 기초를 다른 학문에서 찾지 않고 스스로 구축하기 때문이다. 응용학문이란 바로 이 기초학문에서 그 탐구의 기초를 찾는 학문이다.

탐구영역의 광범성, 탐구내용의 보편성 및 근원성은 많은 다양한 특수문제들을 다루는 데 있어 그 적용 가능성의 무제약성을 담보해 주는 것이다. 그 어떤 특정한 직업적 요구나 특정 집단이나 상황의 요청에 매이지 않고 단지 인간으로서 훌륭한 삶을 영위하기 위한 지혜와 능력과 자질과 품성을 함양하는 것을 목적으로 하는 교양교육이 날로 더 복잡하고 광범해지는 문제 복합체에 대응해 융복합적 식견을 함양하기 위해서 기초학문의 탐구성과를 그 중심 내용으로 하는 것은 당연한 일이다.

보다 현실적인 우리의 사회상을 고려해 봐도 이는 타당하다. 산업화 과정을 일정 수준 성공적으로 수행한 한국사회는 이제 선진국의 지식과 기술을 '복사'해다가 이를 활용함으로써 번영과 발전을 기대할 수 있는 단계를 벗어나고 있다. 경제적인 가치창출의 관점에서만 보더라도, 한국 사회는 스스로 새로운 지식을 창출해야만 하는 상황에 처하게 됐고, 여기서 필요한 것이 특정 목적을 염두에 둔 응용의 방법이 아닌 원리 자체에 대한 순수한 탐구의 노력이다. 즉 기초학문의 '토대연구'이다. 특정의 실용적 목적을 염두에 둔다기보다는 그러한 다양한 실용적 지식의 창출을 취한 기본적인 지적 능력의 함양을 목적으로 하는 것이 교양교육이라면 교양교육이 토대연구의 성과를 내용으로 하는 기초학문분야의 교육이 되어야 함은 당연하다.

3. 기초학문교육으로서 교양교육의 현실적 의의

교양교육의 내용을 기초학문의 탐구성과로 채우는 일은 교양교육이 그 본래의 교육적 이념을 충실히 구현한다는 점에서 일차적 의의를 갖지만, 한국 대학의 현실에 비추어 보면 이는 나아가 학술 진흥의 측면에서도 또 다른 큰 의의를 갖는다. 한국의 대학에서 학문탐구와 고등교육 사이의 유기적 연관이 어그러진 현실을 직시하고, 보다 넓게 대국적으로 숙고해 보자. 직시해야 할 현실은 크게 두 가지다.

그 첫째는 대학생 수의 급증과 관련된 대학교육의 성격 변화다. 주지하다시피 한국이 산업화의 궤도에 들어선 1970년대 초 고교 졸업생의 대학 진학률이 15% 내외이던 것이 산업화가 일정 수준 성공하고 드디어 정보화를 동반한 후기산업사회로 진입한 21세기 오늘에 와서는 80%에 육박한다고 한다. 대학은 이제 엘리트 양성 교육이 중심과제인 학문의 전당으로만 머물지 않고, 문자 그대로 대중교육기관이 되었다. 대다수의 대학생은 학문탐구보다는 직업적 실무 능력의 배양에 관심이 있고, 이에 따라

대학교육도 큰 부분이 직업교육의 성격을 띠게 된 것을 부인할 수 없다.

둘째는 이러한 변화에도 불구하고 고착돼 있는 '전공학과' 중심의 대학운영 행태다. '학과' 중심의 전공교육이 대학교육의 주관심사가 되고 대학의 운영 또한 이러한 정향의 '학과' 중심으로 이루어지다 보니, 직업적 전망이 어두운 기초학문분야의 '학과'는 환영받지 못하는 학과가 되어 폐과되기 일쑤다. 문제는 이 기초학문 학과의 폐쇄와 더불어 기초학문분야의 교육도 함께 퇴조하는 현상이다. 기초학문분야의 교육 없이 직업교육 중심의 응용학문분야만 대학에 남는다면, 그것은 진정한 의미에서 '대학'(University)이라 할 수 없을 것이다. 어느 대학이 실질적으로 고등직업학교로 변신한다 해도 당해 대학으로서는 크게 문제될 것이 없을지 모르겠다. 하지만 문제는 이렇게 기초학문교육이 대학에서 위축되고 퇴조하면서 기초학문분야에서 연구와 교육에 종사할 인력도 함께 감축되고 퇴출된다는 점이다.

기초학문분야의 학과가 폐과된다는 것은 현재의 한국 대학 현실에서는 기초학문분야의 교과목이 커리큘럼에서 거의 사라진다는 것을 뜻하며, 이는 동시에 그 분야의 교강사진이 감축되고 퇴출된다는 것을 뜻한다. 이런 현상은 장기적으로는 이 분야에서 연구와 교육에 종사하고자 하는 젊은 '학문후속세대'가 점점 더 위축되고 빈약해져서 급기야는 단절되고 마는 지경에 이르게 되는데, 이는 학문의 융성이 국가발전과 직결된다는 점에서 국가적 차원에서도 심각한 문제가 아닐 수 없다.

바로 이 지점에서 대학의 교양교육을 기초학문교육으로 내실화하는 일이 얼마나 큰 현실적 의의를 갖는지 알 수 있게 된다. 교양교육은 모든 학생들이 받는 보편적인 교육이다. 전공분야에 따라 차별점을 두는 경우가 있긴 하지만, 대체로 어느 전공학과 학생이든 일단 그 전공학업과는 무관하게 받는 교육이 교양교육이다. 따라서 교양교육을 기초학문교육으로 내실화시키면, 비록 기초학문분야의 학과가 폐쇄되어 그 해당 기초학문을 '전공'으로 수학하는 학생이 없어진다 하더라도 기초학문교육은 교양교육과정에서 전교생을 대상으로 실시되기 마련이고 교양교육과정 안에 기초학문분야의 교과목은 널리 설강될 것이다. 그러면, 기초학문분야의 교강사진은 여전히 지속적으로 필요하게 될 것이므로, 기초학문분야에서 연구와 교육에 종사하고자 하는 젊은 예비 학자군도 지속적으로 등장할 것이다. 이렇게 보면, 교양교육의 내용을 기초학문의 탐구성과로 채움으로써 교양교육을 기초학문교육으로 시행하는 일은 교양교육의 질을 제고시킬 뿐 아니라 기초학문분야의 '학문후속세대'를 지속적으로 양성하는 일에도 현실적으로 가시적인 기여를 하게 된다.

학문 인구를 확보하는 일이 국가발전과 직결되는 것임을 시인하는 한, 대학원에서 학업을 계속하여 학문의 길로 들어서려는 젊은 예비학자들을 지원하는 일은 국가 차원에서 반드시 해야 할 일이다. 그러나 이를 위한 가장 확실하고 효과적인 정책은 (현재도 정부에서 HK+ 사업이라는 이름으로 추진하고 있듯이) 그들에게 학자금이나 장학금을 제공해 주는 것보다는, 그들의 미래 일자리를 확보해 주는 일일 것이다. 연구활동에 적성과 자질이 있는 젊은이들이라 하더라도 미래가 불투명하여 일자리를 얻기가 어렵다면, 학업과정에서 금전적 지원을 받는 것만으로는 그 학문의 길로 들어서려는 결심을 하기가 어려울 것이다. 특히 산업계와의 연계가 드문 인문학이나 기초사회과학 분야에서는 교육계, 특히 대학에서의 교수 활동이 직업적 전망의 대부분이 될 것이므로 기초학문 교과목이 대학의 교양교육과정에서 널리 전폭적으로 설강되는 것이 이 분야에서 '학문후속세대'를 양성하는 가장 효과적인 방책이 될 것이다. 이렇게 생각해 볼 때, 대학의 교양교육과정을 전폭 기초학문교육으로 시행하는 일은 다만 교양교육, 나아가 대학교육 전반의 질을 제고하는 데에 그치지 않고, 거듭 강조하거니와 종국적으로는 연구 인력의 확충을 통해 국가경쟁력을 제고하는 데에도 결정적 기여를 하게 된다.

〈교양교육 내용 관련 주요 이슈 1〉
제6장 의사소통교육론

논제 Ⅰ. '레토리케' 교육의 문화학적 의의[51]

글쓰기를 비롯한 의사소통교육, 고전적으로 표현해 '레토리케' 교육은 흔히 도구적 능력을 기르는 교육으로 인식되어 있다. 이 교육은 교육과정에서 훈련, 연습을 통해 '학업 기술'(Academic Skills)을 익히는 이른바 '도구과목'으로 등장하는 것이 상례다. 이는 틀린 생각이 아니다. 그러나 과연 이 '레토리케' 교육이 그런 의미에서 학업 수단으로서의 '기술' 혹은 '도구'를 단련시키는 데서 멈추는 교육일까? '레토리케' 교육은 그 본래의 고전적 이념을 충실히 구현한다면, 이에서 더 나아가 교양교육의 일반적 이념을 구현하는 데 충실한 기여를 할 수 있는 교육이 되고도 남는다. 그 내적 맥락을 밝혀보도록 하자.

1. 교양교육의 고전적 이념과 일반교육

근대 이후 '교양교육'의 영역 안에는 고전적인 '자유교육'(liberal education)과 더불어 새로운 양상으로 등장한 '일반교육'(general education)

---

51) 이 글은 제17차 전국대학교양교육협의회/제7회 한국교양교육학회 심포지엄(2010. 5.29. 성균관대학교)에서 발표한 것을 수정 보완한 것임.

이 자리잡고 있다. 일반교육이란 자유교육의 실질적 내용이었던 '자유학예'(liberal arts) 교육, 즉 3학(trivium) 4과(quadrivium) 교육이 일반 시민에게 보편화됨으로써 이를 지칭하는 새로운 명칭으로 등장한 것이고, 이는 실은 고전적인 자유교육이 그 외연을 기초학문분야 교육까지 확대한 데 따라 찾아온 변화라 할 수 있다.

전공교육이 특정 분야의 전문인으로서 활동할 수 있는 특수한 전문능력을 길러주는 교육이라면, 일반교육(general education)이란 이러한 특수 분야의 전문 직업능력의 토대가 되는 일반적 능력, 즉 어느 분야에서든 주어진 문제를 창의적으로 해결할 수 있는 기초적이고도 일반적인 지적 정의적(情意的) 사회적 능력을 길러주는 교육이라고 하겠다. 물론 이는 다양하고 풍부한 삶을 살아가는 전인적 인격체로서의 인간을 형성케 해주는 교육이 되기도 한다.

오늘날 전문교육에 앞서 이 일반교육이 더 필요해진 가장 중요한 현실적인 이유는 정보통신기술의 획기적인 발달로 인해 산업구조와 직업세계가 크게 변화하고 그에 따라 지적 수요의 지형 또한 광범하고 급속하게 변모하고 있다는 데 있다. 주어지는 문제 영역이 종전대로 분리되어 고정되어 있지 않고 그 내용 또한 급속히 변화하기 때문에, 분야별로 특성화된 기성의 전문지식을 습득하는 전문교육만으로는 새로운 세계에 대처하기 힘들게 된 것이다. 따라서 어떤 분야에서 일하든, 어떤 새로운 문제에 직면해서든, 그 가변적 현실에 성공적으로 대처하기 위해서는 인간과 세계에 대한 기본적인 안목, 다양하고 급변하는 현실에 대한 넓은 시야, 그리고 주어지는 문제를 해결할 수 있는 비판적이고 창의적인 사고능력, 의사소통능력 등 일반적인 능력이 절실히 요구된다. 이런 일반적 능력의 함양을 목적으로 하는 것이 곧 일반교육이다.

물론 이러한 일반교육은 인격함양이라는 보다 폭넓은 교양교육의 목적과도 통하는 것이다. 이런 관점에서 보자면, 일반교육이 필요한 이유는 달리 설명되기도 한다. 즉, 누구나 직업적 전문인이기에 앞서 그저 '인간'이며, 이 인간으로서의 삶에는 전문인으로서의 삶에 등장하지 않는 더 다양하고 광범한 문화적 가치의 영역이 주어지기 때문이라는 것이다. 따라서 모든 영역에서 '인간'이 추구하는 보편적인 문화적 가치를 이해, 향유할 수 있는 문화인으로 고양시키는 일이 교육의 중요한 과제인 이상 일반교육은 불가결한 교육이다. '인간다운 인간'이 전제되지 않는다면, '전문인'이라는 것은 무의미하고 또 불가능하기도 하다.

일반교육이 필요한 이유는 인간이 사회적 존재라는 데서도 드러난다. 인간은 동일한 전문집단의 구성원이 아닌 수많은 사람들과 함께 사회생활을 영위하지 않을 수 없는데, 사회적 존재로서 사회적 책임을 다할 수 있기 위해선 공동체가 공유하는 '일반적 가치와 규범'을 인식하고 실현시킬 수 있어야 한다. 이러한 자질과 능력을 기르는 것이 또한 일반교육이 지향하는 바이다.

이 일반교육은 한마디로 말해 인간교육, 전인적인 인격을 기르는 교육이며, 균형 잡힌 일반적인 지식을 가르침으로써 사물을 종합적으로 판단할 수 있는 인간을 육성하려는 교육이다.

현대사회에서 이러한 의미의 일반교육, 즉 전체에 관한 종합적인 안목을 기르는 교육이 어떤 의미를 갖는지 현실 속에서 찾아보자. 일본의 비평가 다치바나 다카시(立花隆, 1940-)는 전문교육이 겨냥하는 인재를 '스페셜리스트'로, 일반교육이 지향하는 인재를 '제너럴리스트'로 표현하면서 이렇게 쓰고 있다:52)

모든 거대조직의 매니지먼트를 담당하는 사람, 정책을 기획하는 사람, 의사결정을 하는 사람, 집행 부문의 상층부에 있는 기업의 운영자 등은 모두 '제너럴리스트'다. 기술 부문 출신의 대기업 사장이나 관청의

---

52) 다치바나 다카시, 『도쿄대생은 바보가 되었는가』, 청어람미디어, 2002, 45-46쪽.

수장에 기술관료들도 있지만, 그들은 결코 스페셜리스트로서 최고의 자리에 앉은 것이 아니다. 기술자이지만 경영에 대해서, 영업을 전개하는 전략에 대해서, 정치나 사회의 동향에 대해서 이해하는 사람이 아니면 결코 조직의 최고의 자리에 앉을 수 없다. 반면 사무 부문 출신이라도 기술을 이해하지 못한다면, 기업에서든 공공기관에서든 최고 수준에는 오를 수 없다.

한마디로 말해 전체를 조망하는 능력이 최고 책임자가 갖추어야 할 필수 요건이라는 말이다. 다카시는 이렇게 계속한다:53)

일반교양교육의 중요한 포인트는 그 일반성에 있다. 특정 영역의 지적 능력을 높이려 하는 것이 아니라, 지적 능력을 전반적으로 향상시키려는 것이 제너럴 에듀케이션의 본래의 의의다. 영어에서 '제너럴'은 '대장', '장군'을 가리킨다. 하급 지휘관은 자신이 지휘하는 부대만을 바라보면 되지만, 장군이 되면 군 전체를 바라보아야 하기 때문에 제너럴인 것이다. 장군은 제너럴에 해당하는 군사지식을 갖추어야 한다. 마찬가지로 다음 세대에서 고등 직업인으로서 이 사회를 담당하게 될 젊은이는 제너럴한 지식을 가져야 한다. 그런 지식을 갖추기 위해 필요한 것이 제너럴 에듀케이션이다. 이것은 특수한 전문분야의 지식보다 당연히 상위에 놓여야 한다.

고전적 의미의 '교양교육'에 포함되는 요소를 간추려 보자면 대략 다음과 같은 능력이나 자질이지만,54) 이들도 대개 이 '일반교육'을 구현하는 요소로 보아야 할 것이다.

— 사고능력: 자기비판을 포함한 비판적 사고능력, 모두에게 관련되는

---

53) 다치바나 다카시, 같은 책, 242쪽.
54) 졸고, 「교양교육의 새로운 위상과 그 강화 방책」, 『교양교육연구』 3권 2호, 2010 참조.

보편개념을 다룰 수 있는 능력, 유기적 총체적 사고능력, 창의적 사고능력, 판단력, 논변능력

— 정서능력: 미적 지각-판단-구성 능력(예술적 감응 및 창작 능력)

— 실천적 현실대처능력: 자기결정-통제 능력, 신체관리 및 스포츠 실행능력, 수공적 작업기술능력, 성취능력

— 공동생활능력: 의사소통능력, 공동결정능력, 협조능력, 연대능력, 인간관계능력, 절충능력, 평화능력, 윤리적 정치적 행동능력

— 초월적 가치의 실현능력: 자연과 환경에 대한 책임의식, 생명에 대한 경외

— 도덕적 자질: 인인애(隣人愛), 정의감, '톨러랑스'(타인의 신념에 대한 존중)

물론 현대문명의 특성 및 그 특유한 현상을 고려할 때, 즉 과학의 힘에 대한 신뢰가 거의 절대화되어 있고 정보화 및 세계화의 조류가 주축을 이루는 현대의 지적 상황을 감안해 볼 때, 위에서 언급한 요소 외에도 더 많은 것이 현실적으로 현대의 교양교육에 담겨야 할 것이다. 무엇보다도 현대의 세계 및 인간을 이해하기 위한 과학적 지식이 더 요구되고, 국제적 활동에 필요한 능력이 선호된다.55) 물론 이들도 넓은 의미에서 볼 때, 더 '확장된' 의미의 일반교육의 내용에 포함되는 것으로 이해된다.

현대의 교양교육에 과학교육과 국제화 교육이 더 추가되어야 한다고 하더라도 고전적인 교양교육의 내용에 변질이 오는 것은 아니다. 따라서 우리는 고전적인 교양교육의 이념과 내용에 비추어 우리의 주제인 레토리케 교육의 위상과 의의를 검토해 보기로 한다. 이를 위해 우리가 교양교육의 내용 및 특성으로 주목해야 할 것은 다음과 같다:

---

55) 다치바나 다카시, 같은 책, 236쪽 이하 참조.

— 교양교육은 지식교육이 아니라 능력교육이다. 특히 어느 영역에서나 필요로 하는 '보통'능력[56]을 기르는 교육이어야 한다. 이러한 능력을 '기초적'인 보편적 능력으로 이해할 때, '기초교육'이 바로 교양교육의 한 부분이 된다. 그 능력 가운데 가장 근본적이 것이 사고능력, 문해능력, 의사소통능력이다.

— 교양교육은 전체를 조망하는 안목을 길러야 한다. 이 점은 '일반교육'의 본래적인 지향이다. '일반교육'은 문자 그대로 인식과 행동에 있어서 보편적으로 타당한 '일반적' 원리를 모색하기 위해 항상 전체를 숙려의 대상 영역으로 삼으며 부분에 대한 시각으로 인해 평형을 잃지 않으려 한다.

— 교양교육은 성찰적 지혜를 토대로 여러 영역에 두루 타당한 가치관 교육이어야 한다. 주어진 사실의 세계를 탐구하는 사실과학의 영역에 머무는 것이 아니라, 이상이나 이념을 지향하는 가치학의 영역으로 진입한다.

— 교양교육은 가치관의 실현에 필연적으로 요구되는 '실천적 규범교육'이어야 한다. 특정 분야의 전문인이기 이전에 전인적 인격체인 인간을 형성케 해주는 교육이어야 하기 때문에, 여기에는 정의적(情意的), 실천적 행동을 규율하는 규범교육이 절실히 요청된다.

이제 레토리케 교육이 이와 같은 교양교육의 이념이나 목표의 구현에 충실한 기여를 하게 되는지 상론하기로 한다.

---

56) '보통'(普通)이라는 어휘는 본래 오늘날 일상어에서 통용되는 '질적으로 중간이나 그 이하의 수준'을 뜻하는 것이 아니라, '보편적으로 두루두루 통용되는'이라는 뜻임을 상기하자.

2. 어문교육의 의의

먼저 레토리케 교육의 전제가 되는 어문교육의 의의를 살펴보기로
한다.

2.1. 언어의 기능

철학자 칼 포퍼(Karl Popper, 1902-1994)에 따르면[57] 언어에는 다음
의 네 가지 기능이 있다:

1) 표현기능: 언어적 기호를 사용하여 생명체의 내부 상태를 외부에
표현하는 기능

2) 전달기능: '발신자'에게서 표현된 언어적 기호가 '수신자'에게 전달
되어 수신자의 반응을 야기하는 기능

3) 기술(記述)기능: 이론이나 가설(假設)의 형태로 추정(推定)된 어떤 사
태나 상태를 기술하는 기능. 이렇게 기술된 것은 참 또는 거짓으로 판명
될 수 있는 것으로, 언어의 이 기능은 과학의 성립을 위해 불가결한 것이
다.

4) 논증기능: 합리적 근거를 갖고 어떤 명제나 기술을 시인(是認)하거
나 부인하는 기능. 즉 주어진 명제나 기술의 타당성과 부당성을 밝히는
기능. 이 기능은 과학의 발달을 가져온, 언어의 기능 중 가장 고도로 발
달된 기능이다.

앞의 두 기능은 동물에게도 있는 저급한 것이며, 인간에게 고유한 인
간의 언어적 기능은 뒤의 두 기능으로, 과학을 성립시키는 합리적 사유에

---

57) K. Popper, *Objective Knowledge*, Oxford University Press, 235쪽 이하.

반드시 필요한 기능이다. 포퍼에 따르면 앞의 두 가지 기능과는 전혀 다른 요소를 뒤의 두 가지 기능이 가지고 있는데, 그것은 이 기능들이 현실적으로 존재하는 물리적 사실이나 심리적 현상을 지시하는 것이 아니라 인간이 정신적 활동을 통해 형성해 내는 세계(그의 표현대로 하면 '세계 3')와 관계한다는 점이다. 인간의 언어는 바로 이 기능을 가짐으로써 스스로 의미의 세계를 형성하고 또 그것을 수용한다는 것이다. 일단 형성되고 나면 어느 누구도 마음대로 바꿀 수 없는 객관적 사유내용 자체가 바로 그 의미의 세계요, 이로써 이른바 '문화세계'가 형성된다.

이렇게 볼 때, 언어는 단순히 사유나 감정을 전달하는 수단만이 아니라 사유 자체를 빚어내게 하는 힘을 갖는 것이기도 하다. 아무와도 대화하지 않고 혼자서 생각만 하는 경우에도 우리는 어떤 식으로든 '말과 함께, 말로써' 생각한다. 아무리 말을 다 지운 채 순수하게 생각 그 자체만을 하려고 해도, 생각을 하는 한, 말을 제거할 수는 없다. 언어가 다 지워진다면 우리는 아무런 사유도 할 수가 없다. 언어가 있어야 사유도 가능하다. 한마디로 말해, 사유가 언어의 가능조건이 아니라 언어가 사유의 가능조건이라는 것이다.

2.2. 사유와 언어: 언어의 의미

종래에는, 의미는 사유가 창안하는 것이며 그렇게 구성된 의미가 어떤 기호를 통해 표현하고 전달하는 것이라고 여겨왔다. 그러나 언어가 사고의 가능조건이라고 하면, 사고가 빚어내는 의미는 언어가 그 바탕을 이루게 된다. 이를 일반화하면, 다음과 같은 언어철학적 명제가 제시된다: 인간의 삶이 의미 있는 사고를 바탕으로 해서 가능하다고 할 때, 그 의미가 만들어지는 곳은 궁극적으로 언어 자체이다. 따라서 우리는 언어가 어떻게 의미를 갖게 되는지 알고자 한다면, 언어를 사용하는 인간의 마음이나 사고를 언어와 독립시켜 연구할 것이 아니라, 오히려 언어 자체를 연구함으로써 언어의 의미를 밝혀내야 한다.[58]

실제로 20세기 이후에는 언어를 인간의 모든 의미 있는 사유와 행위의 바탕으로 간주하고, 언어의 의미를 언어 그 자체에서 발견하려는 철학이 주류를 이루게 된다.

논리적 원자주의

그러면 언어는 어떻게 의미를 갖게 되는가? 우리가 하는 말을 자세히 관찰해 보면, 우리의 말은 아무리 복잡하더라도 문장과 문장으로 연결이 되어 있다는 것을 알 수 있다. 따라서 우리가 사용하는 말은 가장 단순한 문장들을 마치 벽돌처럼 쌓아 올려 이루어진 복합체라는 것을 알 수 있다. 그러면 이제 우리가 서로 하는 말이 무엇을 의미하는지 잘 이해하는 일은 1) 그 가장 단순한 문장들이 각각 어떻게 의미를 갖게 되는지, 또 2) 그 단순한 문장들이 어떻게 연결되어 의미가 형성되는지를 알아내는 일이다.

첫째 문제에 관해, 말을 구성하는 최소단위 문장이 의미를 갖게 되는 것은 그것이 어떤 사물을 지시함으로써 가능해진 것이라고 보는 견해가 있다. 즉 '지시체'가 있을 때, 그 지시체가 그 말의 의미를 구성한다는 것이다.

그리고 둘째 문제에 관해서는 이러한 최소단위 문장들이 연결되어 의미를 이루는 것은 그 연결에서 논리규칙을 어기지 않을 때라고 보는 견해가 있다. 예컨대, 누군가가 "A는 B보다 크고, B는 C보다 크다. 따라서 C는 A보다 크다."라고 말한다면, 이 말은 의미를 인정받을 수 없다. 왜냐하면 그 말은 앞의 문장과 뒤의 문장을 연결함에 있어 그 자체 모순율을

---

58) 이규호, 『말의 뜻』, 제일출판사, 1968, 46쪽 이하 참조.

위반하고 있기 때문이다.

그런데 20세기 초반 현대 철학에서 이 두 가지 견해가 결합되어 하나의 이론을 형성하고 있는데, 그 대표적인 사람이 수학자이면서 동시에 철학자인 러셀(B. Russell, 1872-1970)이다. 그는 물체가 원자로 분석되듯 우리의 언어도 최소단위의 문장, 즉 '원자명제'로 분석되며, 이 명제는 실재의 세계를 지시함으로써 의미를 갖게 된다고 주장한다. 또 명제들은 논리적 법칙에 따라 연결될 때 의미를 인정받는다는 것이다. 그의 이러한 언어철학을 우리는 논리적 원자주의(logical atomism)라고 부른다.

논리적 원자주의는 언어의 의미를 일차적으로는 원자명제가 지시하는 사물에서, 그리고 그 다음으로는 원자명제들을 연결하는 논리법칙에서 찾음으로써, 언어가 의미를 갖게 되는 원리를 매우 과학적이고 논리적으로 설명하고 있다. 과학적이고 논리적인 설명은 현대 과학에서 가장 신뢰할 수 있는 설명방식이기 때문에, 언어의 의미문제는 이로써 해결된 것같이 보인다. 그러나 과연 그럴까?

구조주의 언어이론

만일 이러한 방식으로만 언어의 의미를 규정한다면, 우리가 쓰고 있는 수많은 말 가운데서 이러한 규정 조건을 만족시키는 말은 매우 제한되어 있을 것이다. 우리가 쓰는 말에는 문장과 문장이 논리법칙으로 연결되지 않는 경우가 많으며, 문장의 기초를 이루는 단어들조차 무엇을 지시하는지 모호한 경우가 많다. 그럼에도 우리는 그런 언어를 쓰면서 오해도 하지만 이해도 한다. 예를 들어 누군가가 어떤 범법자를 앞에 놓고 "우리도 모두 죄인입니다. 그를 용서해야 합니다."라고 말했다고 하자. 그리고 또 다른 어떤 사람이 "죄인에게 형벌을 가하는 것은 정의로운 일입니다."라고 말했다고 해보자. 이 두 경우 똑같이 '죄인'이라는 단어가 사용되고 있다. 그렇다고 '죄인'이 무엇을 지시하는지만 알면, 이 두 문장의 의미를 알 수 있는가? '죄인'의 지시적 의미와 그것의 논리적 연결법칙만을 통해서는 그 말이 무엇을 의미하는지 명확하질 않다. 이러한 예는 언어를 지시적 관계에 비추어, 또 문장의 논리적 연결관계에 비추어 이해하려는 입장이 갖는 문제점을 여실히 보여준다.

그렇다면 대체 언어의 의미는 달리 어떻게 결정되는가? 위의 예에서도 '죄인'이라는 단어가 똑같이 사용되었지만, 그것이 어떤 단어와 연결이 되어 있는가에 따라 의미가 달라진다는 것을 알 수 있다. 또 '죄인'이라는 단어가 그 문장에서 직접 언급되지 않는 어떤 다른 단어와 암암리에 짝을 이루며 그것과 차이를 보이면서 의미를 얻는다는 것이 확인된다. 즉 앞의 '죄인'은 '구원받는 사람'과, 그리고 뒤의 '죄인'은 '결백한 사람'과 대비되는 차이를 보이며 의미를 갖게 된다. 이러한 예에서 보면, 언어의 의미는 실재하는 대상을 지시하고 문장 간의 연결이 논리적 법칙에 따르기 때문에 생기는 것이 아니라, 단어가 어떤 단어와 연결되면서 차이를 보이는가에 따라 결정되는 셈이다.

이러한 견해를 표명한 사람이 바로 스위스 출신의 언어학자 소쉬르(F. de Saussure, 1857-1913)이다. 언어는 기호로 이루어진 것이지만, 이 기호들은 실재하는 대상을 지시함으로써 의미를 갖게 되는 것이 아니라 기호들끼리 관계를 맺으며 서로 구별됨으로써 의미를 갖게 된다는 것이 그의 주장이다. 그래서 언어를 "기호의 자기지시적 체계"라고 부르기도 한다. 그에 따르면, 기호는 각기 고립되어 단독으로 존재하는 것이 아니라 서로 연관되어 전체적인 구조를 이루게 된다. 그래서 하나의 기호는 결코 자체로서는 의미를 가질 수는 없고 오직 이들로 구성되는 전체 구조 안에서만 의미를 갖게 된다. 이 '구조언어학'(Structural Linguistics)의 관점에서 보면, 의미는 사고에서 생겨나고 사고는 그것을 표현할 언어를 나중에 고안해 내는 것이라기보다는 오히려 거꾸로 사고는 언어 없이 이루어질 수 없고 따라서 언어가 만들어내는 의미에 따라 이루어지는 것이다.

2.3. 말과 얼

말의 의미가 그 말이 사용되는 전체적인 구조 속에서 말과 말의 관계에 의해 결정된다면, 인간의 언어생활에서 가장 큰 의의를 갖는 것은 그 전체적인 구조다. 그렇다면 이 언어의 전체적인 구조는 어떤 바탕 위에서 어떻게 형성될까? 여기서 우리는 그것이 한 언어공동체 전체의 역사적 삶을 바탕으로 하여 개개 구성원과 공동체 전체의 상호작용을 통해 형성되는 것임을 어렵지 않게 이해할 수 있게 된다.

단어 하나하나의 의미가 전체적인 언어구조에 의해 결정된다는 생각을 좀 더 확장하면, 자연현상이든 사회현상이든 우리가 마주치는 현실세계의 의미도 전체적인 언어구조에 의해 크게 영향받는다고 생각할 수 있다. 말하자면 우리가 현실을 보고 이해하는 '시각'(視覺)도 전체 언어구조에 의해 규정된다는 것이다. 같은 의미로 독일의 언어철학자인 훔볼트(W. von Humbolt, 1767-1835)는 "우리는 언어가 우리에게 보여주는 대로 현실을 인식한다"고 말했는데, 이에 따르면, 한국어를 사용하는 한국인은 현실을 바로 그 한국어의 구조로 걸러내어 바라보고 이해하며 그 의미를 파악하는 셈이다. 그러고 보면, 각 언어마다 그에 어울리는 고유한 세계상이 있다는 말이 타당하다. 서로 다른 언어공동체에 속하는 사람들이 같은 현실을 보더라도 거기서 다른 의미를 파악하고 다른 해석을 하게 되는 것은 결정적으로 그들의 언어가 다르기 때문이라는 말이다.

이와 같은 사실은 가장 직접적이고 구체적인 감각적 지각의 영역에서부터 확인된다. 언어는 우리가 외부세계를 감각적으로 지각할 때 벌써 그 지각내용을 구성하는 데 작용을 한다. 즉 흰 눈(雪)의 빛깔을 나타내는 어휘가 수십 가지가 된다는 북극지방의 아이누족(族)에게는 실제로 눈의 빛깔이 그렇게 다양하게 지각되겠지만, 그저 'white'라는 어휘 하나만을 사용하는 영국인에게는 눈의 빛깔이 그만큼 단순하게 보일 것이다. 오히려 우리 한국어에 희다, 하얗다, 새하얗다, 허옇다, 희뿌옇다, 희끄무레하다 등등 흰 빛깔을 나타내는 어휘가 여럿 있어 우리 한국인에게 눈 빛깔이 더 다양하게 지각된다고 보아야 할 것이다.

이런 현상은 물론 감각적 지각에만 머물지 않을 것이다. 정서적 의지적 영역에서 더 뚜렷하게 드러날 것이고, 마침내는 주어진 사실을 인식하는 차원이 아니라, 가치를 소망하는 의지의 영역에서 결정적으로 확인될 것이다. 이를테면, 한(恨)이라는 말이 있어야 한(恨)이라는 정서가 실체적인 것이 되고, 사랑, 어짊, 아량, 용서, 옳음 등의 가치어가 있어야 그러한 도덕적 가치에 대하 우리의 의지도 현실적인 것이 되어 도덕적 삶을 이끌어 가는 힘을 가질 수 있다는 말이다.

이렇게 보면 모든 언어는 그 고유한 문화적 맥락, 즉 공동체적인 삶과 전통을 토대로 하는 역사 속에서 빚어지고 성장하면서, 또한 다른 한편으로는 그 사회적 역사적 삶을 유동적으로 규정해 나간다. 이러한 양면적 현상은 개인과 공동체의 상호작용에 비추어 보면 더욱 명료해진다. 우리 개개인은 언어를 습득함에 있어 그 언어에 담겨 있는 일정한 문화적 형식 및 가치를 알게 모르게 자신의 것으로 수용하게 된다. 우선 우리는 각기 전통적으로 전수되어 온 공동의 유산인 어법과 의미체계를 전적으로 수용함으로써 그 속에서 문화적으로 성장한다. 언어가 전통을 벗어나지 못하는 이유다. 그러나 다른 한편 우리는 각자의 창의적인 활동을 벌임으로써 전수받은 언어적 자산을 더욱 다양하고 풍부하게 살찌울 수도 있고, 그럼으로써 이 공동자산의 내용과 형식을 새로이 형성할 수도 있다.

이런 관점에서 볼 때 모국어의 힘이 우리 개개인이 인간으로서 성장하는 데 있어서나 공동체의 문화가 그 정체성을 유지하고 발전하는 데 있어서나 얼마나 중요한 것이지 충분히 짐작할 수 있다. 우리 각자는 공동체의 공동정신의 틀 안에서 그 영양분을 섭취함으로써 비로소 정신적 존재로 성장하기도 하지만, 다른 한편으로는 이렇게 함으로써 그 공동정신을 역사 속에서 계승 발전시키기도 하는데, 이때 개인정신과 공동정신을 자연스럽게 매개, 혹은 연계시켜 주는 것이 바로 언어, 즉 모국어이다. 따라서 모국어는 그것이 성장한 특정의 문화적 전통 속에서 형성된 특정 세계관을 반영하고 있으며, 이는 역시 모국어를 통해 공동체의 성원 각자에게 전수, 공유된다.

널리 읽히는 프랑스의 단편, 알퐁스 도데(Alphonse Daudet, 1840-1897)의 『마지막 수업』은 나라를 잃는 비극 속에서도 모국어를 통해 나라를 되찾는 희망을 호소하는 내용을 담고 있다. 모국어의 힘을 선명하게 드러내 주는 단편이다. 이 소설에서 드러나듯, 모국어는 하나의 문화공동체가 역사 속에서 유지되고 발전하는 데 있어 필수불가결의 대전제가 된다. 어느 나라든 초중등 공교육에서 모국어 학습을 가장 중요하게 여기는 이유가 여기에 있다.

2.4. 말과 글

흔히 말과 글을 음성언어와 문자언어로 구별하지만, 말과 글의 차이는 단순히 의사표현의 수단을 음성으로 삼느냐 문자로 삼느냐의 차이 이상으로 엄청난 것이다. 글은 말이 갖지 못하는 두 가지 큰 기능을 갖는데, 1) 논리적 사고의 정착과 2) 기록에 의한 역사의 성립이라는 두 가지가 바로 그것이다.

논리적 사고의 정착

인간의 커뮤니케이션은 오감 가운데서도 특히 청각과 시각에 많이 의존되어 있다. 시각 커뮤니케이션은 감각내용을 동시적으로 한꺼번에 받아들이는 방식이다. 그래서 그것을 '모자이크적'(mosaic)이라 한다. 모자이크를 보고 전체의 상을 읽어낸다는 뜻이다. 이에 반해 청각 커뮤니케이션

은 선을 따라가며 이루어지는 방식으로, 이를 '선형적'(線形的, linear)이라
한다. 즉 시간의 흐름에 따라 '순차적'(順次的, sequential)으로 주어지는
정보를 앞뒤를 이어가면서 이해해야 한다는 뜻이다. 여기에는 인과적 연
결이든 논리적 연결이든 하여튼 일관성 있는 연결이 요구된다.59) 모자이
크적 커뮤니케이션에서는 감각적 지각활동이 더 필요하지만, 선형적 커뮤
니케이션에서는 인과적 논리적 고리를 이어 나가는 강한 사고활동이 요구
된다.

　말도 글도 실은 이 선형적 커뮤니케이션을 수행하는 것들이다. 그러
나 감각적인 요소는 거의 다 배제된 글에 의한 커뮤니케이션에서는 그 선
형적 성격이 말에서보다 더 강화되어 의사소통을 이성적 사고가 거의 전
적으로 떠맡는다. 글을 읽고 이해할 때는 그 글의 내용을 사고하지 글자
의 모양이나 책의 색깔 등을 감각적으로 지각하는 것은 아니라는 말이다.
이렇게 보면, '글을 깨쳐 읽게' 된다는 것은 논리적 추론을 수행하는 합리
적 사유의 능력을 갖춘다는 것이다. 인쇄술의 발명으로 글과 기록에 의한
정보 유통이 확산되면서 인간의 의사소통활동에도 권위나 인습을 비판하
는 합리적 사유가 작동하기 시작하였고, 이 근본적인 변화는 도서가 보급
되는 범위에 비례하여 그만큼 광범하게 일어났던 것이다. 합리적 사유를
한다는 것은 새로운 미경험의 세계를 기획할 수 있는 기본적인 능력을 갖
춘다는 것을 뜻한다.

　서양에서 근대 이후 특히 더 이성적이고 자율적인 '개인'이 출현한 것
은 바로 이러한 인쇄술과 도서의 보급으로 인한 커뮤니케이션의 변화 때
문이었다. 정보의 입수와 의사소통에서 이성적 사고의 활동이 중심이 되
는 문자시대에 들어서면서 인간의 관리 가능한 세계는 감각적 경험세계를
벗어나 넓게 확장되었고, 문자해독이 민중들 사이에서 보편화된 근대 이

---

59) M. McLuhan, *Understanding Media, The Extentions of Man*, London,
　1994(1964); 김성기, 이한우 역, 『미디어의 이해』, 민음사, 2002 참조.

후 이는 더욱 광범화되었다. 문자와 기록이 없던 문화의 초창기에는 기억력에 바탕을 둔 구비(口碑), 구전(口傳)이 지식과 정보를 전수, 유포하는 유일한 방법이었기 때문에 생존과 번영에 필요한 실력은 많은 정보를 기억하고 있는 장로(長老)에게 있었고, 그래서 그가 권력의 핵심에 있는 것은 당연한 일이었다. 그러나 근대 이후 이제 일의 처리를 위해 필요한 능력의 원천은 기억의 양과 질에 의존한다기보다는 오히려 주어진 정보를 조직, 조합하여 새로운 행동지침을 강구해 내는 추론적 사고능력에 주어지게 되었다.

역사세계의 성립

글이 없어도, 그리하여 문자에 의한 기록이 없어도 과연 역사가 성립할까? 전혀 성립하지 않는다고 말할 수는 없을 것이다. 역사는 단적으로 말해 과거의 현재화에서 성립한다. 일어난 사건이 그저 과거 속으로 흘러가 버린다면 역사는 성립하지 않는다. 과거의 사건이 그저 흘러가 버리지 않고 현재에 되살아남으로써 과거와 현재 사이에 긴장되는 작용연관이 생길 때 역사는 성립한다. 그렇다면 이 '과거의 현재화'는 어떻게 일어나는가? 역사는 인간정신의 활동으로 이루어진다. 인간의 정신적 활동이 그저 흘러가지 않고 현재에 되살아 남기 위해서는 그것이 어떤 방식으로든 시간의 흐름에 저항하며 남아 있어야 한다. 따라서 인간의 생동하는 정신은 일단 내구성이 강한 물질적 재료 속에 자신을 '객체화'시켜 남겨야 한다. 이런 의미에서 '객체화된 정신'은 일단 그 생동성을 잃고 '휴면상태'에 들어간 정신이라고 할 수 있다.

그러나 이렇게 흘러가지 않고 남아 있는 객체화된 정신도 그 휴면상태에서 깨어나 다시 활동을 할 때, 그것은 과거를 현재에 '되살리는' 역할을 할 수 있다. 이때 필요한 것이 바로 내구적인 물질 속에 휴면상태로 잠들어 있는 정신을 정신으로서 알아차리고 그것을 깨우는 살아 있는 정신, 즉 개인적 정신이다. 로제타 돌에 새겨진 알 수 없는 문자를 해독하여 고대 이집트 문명의 실체를 밝힌 당대의 학자들[60]의 경우가 그 전형적인 예가 될 것이다. 이렇게 휴면상태의 정신적 내용이 현재의 살아 있는 정신에 의해 인지하고 이해될 때, 그래서 그것으로부터 정신적 영양을 흡수할 때, 객체화된 정신은 다시 깨어나 현재에 살게 되며, 여기에 역사가 성립하는 것이다. 요약건대, 정신의 객체화와 개체화된 정신의 부활이 곧 역사 성립의 지반이 되는 것이다.[61]

그 무엇보다도 문자에 의한 기록은 이러한 과정을 담아내는 가장 탁월한 내구적 토대이다. 정교하고도 치밀한 사고의 내용을 훼손하지 않고 그대로 후세에 남기는 수단으로서 이보다 더 효과적인 매체는 없다.

물론 여기서 문제되는 것은 문자적 기록 속에서 휴면상태로 들어간 정신을 본래의 의미 그대로 읽어내어 이해하는 일이다. 왜곡이 있거나 거짓이 있어서는 역사의 성립 자체가 왜곡되어 올바른 역사가 서지 못할 것이기 때문이다. '역사란 늘 다시 쓰는 것'이란 주장도 있는데, 이는 바로 전수된 사료를 어떤 독법으로 어떻게 독해하느냐의 문제가 역사 성립에서 중요한 문젯거리임을 말해 주는 것이다. 역사를 '사건으로서의 역사'와 '기록으로서의 역사'로 구분하고 이 둘 사이의 관계를 어떻게 설정할지를 논하는 것이 역사철학의 주요 과제이기도 한데, 여기서 문제되는 것이 바로 역사서술의 이념적 성격이요, 근본적으로는 바로 사료의 올바른 선택, 올바른 독해의 기준인 것이다.

2.5. 어문교육의 의의

이상에서 살펴본 바에 따르면, 어문교육의 의의는 다음의 몇 가지로

---

60) Thomas Young, Jean-François Champollion 등.
61) N. Hartmann, *Das Problem des Geistigen Seins*, Berlin, 1962(1932), 463 쪽 이하 참조.

요약할 수 있을 것이다.

1) 의사소통의 도구를 적절히 다룰 수 있는 능력을 함양케 함으로써 문화적 삶의 기본 소양을 갖추게 한다.

2) 동시대인, 동일 문화권이 공유하고 있는 공동체적 의미세계를 공유함으로써 개인을 공동체의 일원으로 고양시키며, 이를 통해 문화적 자기정체성을 확립하게 한다.

3) 언어의 창의적 사용을 통해 새로운 의미세계를 형성함으로써 새로운 문화적 가치의 창출에 동참하게 한다.

4) 논리적 사고를 수월케 함으로써 합리적 사유능력을 계발 강화하고, 이의 보편화를 통해 학문탐구 등 인류적 차원의 보편적 문화가치의 공유와 창출에 이바지하게 한다.

5) 공동정신을 전수받고 전수하는 가운데 역사를 성립시키고 그것을 더욱 풍부하게 함으로써 역사 발전에 기여하게 한다.

3. 레토리케 교육의 문화학적 의의

3.1. 테크네 레토리케의 근원

언어활동에 의해 형성된 의미세계가 공동체 구성원들 간의 공유물이 됨으로써 '공동성', '사회성'이 성립되는 맥락에서든, 물질적 매체에 외화, 객체화되어 시간적 흐름을 '버텨냄'으로써 '역사성'이 성립되는 맥락에서든, 여기에 반드시 요구되는 것이 바로 공동성의 원리가 되는 객관적인 규칙이다. 개인을 넘어서서 사회성이 성립되고, 시간적 격차를 넘어서서 역사성이 성립되려면 보편적으로 통하는 객관적 규칙이 있어야 한다는 말이다. 그런 객관적 규칙 중 기본적인 것은 무엇일까?

우선 언어활동에 의해 구성한 의미체계가 공동의 재산이 되고 시간을 넘어서서 지속이 되기 위해서는 그것이 한 개인에 의해 산출된 대로 다른 개인에 의해 이해됨으로써 재산출되는 과정이 확고한 것으로 보장되어야 한다. 그리고 이를 보장하는 것은 다름 아닌 사고의 규칙이다.

역사세계의 성립을 설명하는 자리에서 딜타이가 인간의 문화적 삶을 구성하는 세 가지 계기로 의미(Sinn)의 체험(Erlebnis)과 이의 표현(Ausdruck), 그리고 그것의 이해(Verstehen)를 제시한 바가 있는데,[62] 이는 의미체계의 세계, 즉 문화세계의 성립에 대한 설명에 다름 아니다. 이때의 표현과 이해의 가능성과 관련하여 딜타이는 사고의 규칙 같은 보편적인 것보다도 1) 정신적 과정과의 친숙성, 2) 구체적 맥락에 대한 지식, 그리고 3) 사회적 문화적 체계에 대한 지식 등을 '이해의 가능조건'으로 제시하고 있는데,[63] 이는 지역적으로 혹은 시대적으로 상이하고 고유한 문화적 내용을 고려한 것이다. 이 가능조건은 실질적으로 무엇일까? 그것은 다름 아니라 어문의 규칙이다.

이렇게 볼 때, 표현과 이해의 보편적 공유와 확산에 요구되는 것 중 그 다음으로 중요한 것은 어문의 규칙이다. 사고의 규칙을 일차적 공동성의 원리라고 한다면, 이차적 공동성의 원리로 어문적(語文的) 규칙을 드는 것은 합당한 일이다. 그리고 사고의 규칙을 훈련하는 것이 논리교육이라면 어문의 규칙을 훈련하는 것은 수사학이다.

"언어는 이미 그 형성의 과정이 '객관적 공동성'을 반영하고 있다. 한 개인은 공동의 언어생활 속에 태어나 그 속에서 부지불식간에 언어생활을 함으로써 비로소 '언어적 존재'가 된다. 언어란 '객관정신'을 구현하는 문화적 현장이기도 하지만 '객관정신'을 형성해 내는 문화적

---

62) W. Dilthey, GS Bd. 7, *Der Aufbau der geschichtlichen Welt in den Geisteswissenschaften*, 142쪽.

63) W. Dilthey, 같은 책, 같은 곳.

실체이기도 하다. 언어가 없다면 인간의 객관적 정신활동은 불가능하고 자연히 문화의 형성 자체가 불가능할 것이다. 공동체에서 문화의 형성이 가능하기 위해서는 무엇보다도 먼저 사고규칙의 공유가 필요하겠지만, 이를 어문적(語文的) 질서 속에 구현시키지 않고서는 사고규칙의 공유도 무의미해질 것이다."[64]

딜타이는 '체험된 의미'의 '표현'과 '이해'를 어문적인 활동에 국한시킨 바 없지만,[65] 이들을 어문적 활동에 국한시켜 보면, 우리는 여기서 레토리케의 매개 역할을 만나게 된다. 이해를 수긍과 설득의 수준으로까지 강화시키기 위해서는 거기엔 전문적인 '노하우'가 요구되는데, 아리스토텔레스가 '수사술'(修辭術; τεχνή ρητορική; techne rhetorike)이란 이름 아래 학문적으로 정리한 것이 바로 이것이다.[66]

3.2. 테크네 레토리케의 내용

'테크네 레토리케'(techne rhetorike)란 그 본래의 고전적 이념에 따르면, '구어나 문어를 통한 설득의 기술'로서 변증술(dialektike) 및 문법(grammatike)과 함께 자유교육의 3학(trivium)을 구성하는 것으로 교육받은 사람이라면 누구나 필수적으로 갖추어야 할 학문이자 기술이었다.[67] "문법이 문헌에 대한 연구와 비판을 통해 바르고 정확한, 그리고 효과적인 언어사용을 위한 것이고, 변증술이 일련의 질의와 답변 과정을 통해 새로운 지식을 발견하고 검토하는 일에 관여한다면, 레토리케는 민회나

---

64) 졸고, 「사고와 표현의 문화학」, 『사고와 표현』 1집, 2009 참조.
65) 딜타이의 관심은 다분히 원리적인 문제, 즉 전체인식과 부분인식 사이의 해석학적 순환, 즉 "나선형적 상승", 그리고 개인정신의 이해와 객관정신의 이해 사이의 관련성 등에 있다.
66) 이하, 부분적으로 졸고, 「사고와 표현의 문화학」, 『사고와 표현』 1집, 2009에서 원용.
67) 4과, 즉 산술, 기하학, 음악, 천문학은 이 3학을 기초로 학습한 연후에 교습하는 것으로 되어 있었을 만큼, 이 3학은 교육의 기초를 이루는 것이었다.

법정에서 개인적인 혹은 공적인 일로 다른 사람을 설득시키는 것이 소관 사"68)라 할 수 있다.

아리스토텔레스에 따르면, 수사적 기술이란 주어진 상황에서 활용 가능한 설득의 수단을 발견하는 능력을 가리키는 것으로, 거기에는 세 가지 요인이 있다. 첫째는 말하는 사람의 성품, 인품, 인격으로 윤리적 성격을 띠는 것(ethos)이고, 둘째는 듣는 이의 정서적 심정적 상태로 감성적 성격을 띠는 것(pathos)이며, 마지막으로 셋째는 전언 자체의 논변, 논증 내용으로 논리적 성격을 띠는 것(logos)이다.69) 논증을 통한 설득에서는 셋째 것이 중요한 역할을 하지만, 감동에 의한 설득에서는 앞의 두 가지, 그 중에서도 두 번째 것인 듣는 이의 심리적 경향, 욕구, 정서 등이 중요한 역할을 한다.

에토스와 파토스는 모두 정의적(情意的)인 영역에 속하지만. 에토스는 파토스에 비해 정서적 강도가 약한 것이다. 여기서 에토스란 말하는 사람 혹은 글 쓰는 사람의 인격을 의미하는 동시에 공동체 구성원들이 공유하는 관습, 습속, 도덕적 규범의식, 가치관 등을 포함하는 것으로 이해된다. "정확한 지식의 영역을 벗어난 문제점에 대해 의견이 엇갈릴 때, 우리는 신뢰할 만한 사람의 말을 받아들인다. 말하는 사람의 인품이 모든 설득의 수단 중에서 가장 강력한 것이다."70)

파토스는 감정이나 정서로 이루어지는 정념, 정감을 지칭하는 것으로 이지적인 삶과 대립되는 정서적인 삶을 대변한다. 이는 사람들 사이를 연결시키기도 하고 분리시키기도 하는 것으로 설득에 중요한 요인으로 작용한다. "정념, 정감은 우리를 변화시킴으로써 우리의 판단에 차이를 만들어내고 고통과 즐거움을 동반하는 것"71)이므로, 화가 난 사람에게나 평온한

---

68) wikipedia, "rhetoric" 항목.
69) Aristoteles, *techne rhetorike*, 1356a; 아리스토텔레스(이종오 역), 『수사학 I』, 리젬, 2007, 59쪽 이하.
70) Aristoteles, 같은 책, 같은 곳.

사람에게나 똑같은 방식으로 말을 건네는 것은 설득이라는 목적을 염두에 둘 때 우매한 짓이다. 분노와 평온, 우정과 증오, 불안과 신뢰, 수치심과 몰염치, 친절, 동정, 분개, 선망, 경쟁심, 경멸 등의 정념들을 고려하는 것은 설득의 수사술에 있어 반드시 고려해야 할 파토스적 요인들이다.

레토리케가 단순히 논증술로 환원되는 것은 아니지만, 논증의 역할이 중요한 것은 사실이다. 사실 아리스토텔레스는 설득을 위한 논증, 즉 논리적 추론에 역점을 두면서 "다양한 형태의 인간의 성품과 미덕(에토스)과 인간의 제반 정서들을 이해할 수 있는 능력(파토스)보다는 논리적으로 추론하고 사유할 수 있는 능력(로고스)을 강조함으로써 철학적이고 논리적인 학문으로서 레토리케의 위상을 정립하고자 했다."72)

아리스토텔레스는 또 수사술을 구성하는 기술로 다음의 다섯 가지를 제시하는데, 특히 글쓰기를 통한 설득의 측면에서 보면, 이 가운데서도 논증적인 부분이 더욱 중요한 것으로 부각된다.73)

논거발견술(inventio), 논거배열술(dispositio), 표현술(elocutio), 기억술(memoria), 연기술(actio/pronuntiatio).

연기술이란 글쓰기에서는 크게 역할하는 바가 없다고 볼 수 있고, 기억술도 오늘의 관점에서 보면 그리 중요한 기술은 아니라고 본다. 문제가 되는 것은 표현술과 논거발견 및 논거배열의 기술을 어떤 비중으로 고려하느냐 하는 것인데, 역시 논거를 발견하고 이를 설득적으로 전개하기 위해 일관성 있고 정합적인 체계적 구조로 조직하는 것이 중요한 일일 것이다. 아리스토텔레스가 특히 삼단논법과 오류론을 상론하고 있는 것도 같

---

71) Aristoteles, 같은 책, 1378a.
72) 박성창, 『수사학』, 문학과 지성사, 2002, 53쪽.
73) 박성창, 같은 책, 39쪽 이하 참조.

은 맥락에서 이해할 수 있을 것이다.

3.3. 교양교육에 대한 레토리케 교육의 기여

어문교육의 일환으로, 그것도 일단은 도구적 성격이 강한 '아카데믹 스킬'을 훈련시키는 교양교육으로서 레토리케 교육이 어떤 위상을 가지며 그 기여하는 바는 무엇인지 검토할 순서다. 앞에서 우리는 교양교육이 1) (두루두루 통하는) '보통'(普通)의 '기초적인' 능력교육이고, 2) 전체를 조망하는 안목을 기르는 교육이며, 3) 가치관 교육이고 4) '실천적 규범교육' 임을 확인 한 바 있다. 레토리케 교육이 이와 같은 과제를 수행하는 교양교육이 될 수 있는지 이미 암시된 바를 재확인해 보기로 한다.

1) 어문교육 일반에서 그 도구적 성격의 기술능력 향상을 레토리케 교육이 감당한다는 것은 자명하다. 요구되는 바가 그것이었고 그 요구에 부응하여 출현한 것이 바로 레토리케 교육이었기 때문이다. 글쓰기와 말하기에서 독자든 청자든 상대방에게 자신의 의사를 성공적으로 전달하기 위해 개발한 '노하우'가 바로 레토리케였기 때문이다. 이 점에서 레토리케 교육은 분명 기초교육이다.

2) 그러나 레토리케 교육이 단순히 기초적인 기술연마 교육이 아님은 테크네 레토리케의 내용이 복합적인 것만 보아도 알 수 있다. 주어지는 문제상황이 원리적으로 불변적이어서 동일한 문제상황에 누적적으로 적응하는 단순한 수공적 기술과는 달리 레토리케에서는 문제상황이 지극히 가변적이고 문제의 성격이나 범위가 다양 광범하므로, 여기서는 가능한 많은 자료를 총동원해야 한다는 점에서 사안의 전체를 조망해야 하는 요구가 상존한다. 그런가 하면, 장르에 따라 과거와 현재와 미래가 조망 안에 들어와야 하기 때문에, 즉 죄의 유무나 손익의 사정을 다루는 사법적 장르에서는 과거가, 행위의 찬양이나 비판이 주목적이 되는 제시적 장르

에서는 현재가, 그리고 정치적 정책적 조언이나 설득, 호소를 기도하는 토론적 장르에서는 미래가 조망되어야 하기 때문에,74) 레토리케의 숙련에는 전체를 조망하는 안목의 심화 확대가 자연히 이루어진다.

3) 장르의 차이에도 불구하고 어느 장르에서든 레토리케에는 논리적 사유에 반영되는 '로고스'와 감성적 정조(情調)인 '파토스'뿐만이 아니라 인품이나 행위에 깃들어 있는 도덕성, 즉 '에토스'가 언제나 중핵적 고려 대상이 된다. 따라서 레토리케 교육에서는 가치관에 대한 숙고와 성찰은 불가피하다. 그리고 이때 고려해야 하는 가치관은 오직 도덕적 문제에만 국한되는 것이 아니라 삶의 전 영역에 걸쳐 있는 것이다.

4) 도덕적 가치관의 성찰은 불가피하게 그 가치실현의 행위에 대한 반성으로 연결되게 마련이다. 따라서 실천적 규범에 관한 성찰을 필수적으로 포함하게 된다. 레토리케에서 긴장 속에 대립하는 것은 항상 사실의 인식 문제가 아니라, 가치판단 및 이의 실천을 위한 행위의 문제이다. 그러하기에 그 대립이 절박한 것이고 따라서 여기에 요구되는 것이 고도로 정련된 레토리케이다.

에토스와 파토스가 로고스를 중심으로 하여 함께 작용하는 의사소통은 계몽된 민주사회에서 논리적-어문적 규칙을 토대로 하여 문화를 형성해 내는 기초 중의 기초가 될 것이다. 공교육의 영역에서, 초등교육의 단계부터 그 수준에 걸맞게 이 레토리케 교육이 충실히 이루어져야 하는 이유가 여기에 있다. 문화공동체의 형성, 공동체의 문화적 고양의 정초가 다른 그 무엇에 앞서 바로 이 레토리케 교육에 있음은 이렇듯 자명하다. 한국의 교육상황이 이에서 아직 멀리 뒤처져 있음은 매우 유감스러운 일이요, 고급 인력이 갖추어져 있는 대학교육에서부터라도 이를 발원시켜

---

74) 아리스토텔레스(이종오 역), 같은 책, 59쪽 이하 참조.

확산시키는 것이 한국의 교육 선진화를 위해 긴절히 요구되는 일이다.

레토리케는 단순한 어문적 스킬의 문제가 아니라, 윤리적 맥락, 심리적 정서적 정감의 상태를 배려하며 논증적으로 사고의 내용을 설득적으로 전개시키는 단계에까지 고양될 때, 그 본래적인 교육적 이념을 실현시키게 된다.

특수한 전문분야의 지식에 관련된 자기주장/견해를 논증적 성실성도 없이, 또 도덕적인 의식이나 규범과 무관하게, 정서적 교류와 공감에 대한 배려도 없이 펼쳐 나간다면, 그런 인문적 폭거는 '설득'을 위한 레토리케의 고전적 이념에도, '의사소통'의 현대적 이념에도 부합하지 않는 것이다.

이렇게 볼 때, 밖으로는 인간의 공동체적 삶과 연결되고 안으로는 인간의 내면적인 삶에 파고드는 의사소통활동에 대한 연구는 항상 삶의 유기적 전체를 조망하고자 힘쓰는 인문학적 탐구와 분리될 수 없다고 본다. 베이컨이 말한 '기억의 인문학'인 역사, '상상의 인문학'인 문학, 그리고 '사유의 인문학'인 철학이 레토리케 교육에 적극 참여해야 하는 이유도 여기에 있다. 인간의 욕구 자체가 융복합되어 그 충족의 방도 또한 융복합되어 가는 현상을 기술에서, 산업에서, 직업에서, 또 교육에서 목도하게 되는 오늘의 정보화 사회에서, 레토리케 교육의 과제는 막중한 것으로 부각되고 있다.

논제 II. 교양교육에서 의사소통교육의 위상과 의의[75]

1. 문해능력의 인간학적 의의

우리의 전통에서 "글을 깨친다", "글을 안다"는 것은 곧 교육받았음을 나타내는 말이었다. '문화세계'를 '글의 세계'라고 하고 '교육'을 동물적인 자연상태에서 벗어나 정신적인 문화상태로 고양시키는 활동이라고 이해한다면, 교육이란 곧 '글을 배워 익힘'의 과정 밖에 다른 것이 아니다. 아닌 게 아니라 동아시아의 한자 문화권에서는 '문화'(文化)를 가리키는 말의 핵심에 '글'(文)이 도사리고 있다.

'문화'를 가리키는 서양 말들 'culture, Kultur' 등은 본래 "밭을 갈아 농작물을 경작한다"는 뜻의 'colere'라는 라틴어에서 왔는데, 이에 대한 번역어를 만들면서 '文治教化', '文明開化', '文飾化成' 등의 어구들을 주조했던 것이다. 실은 이 어구들에 있는 '文'이라는 글자가 이미 '문화'의 의미를 지닌다고 할 수 있다. 문화란 글로, 글의 조리(條理), 지성으로 이루어지는 정신의 영역을 의미하는 것이었다.

교육을 통해 정신을 잘 일구어 놓은 상태가 문화요, 다른 한편 사람들을 자연상태로부터 문화상태로 이끌어 올리는 활동을 교육이라고 한다면 여기에 형식논리적 순환구조가 있는 것은 사실이다. 그러나 교육 없이 문화가 형성될 수 없고 문화 없는 곳에서 교육이 이루어질 수 없는 사태는 상호연관적인 사태요, 이 연관구조의 고리가 바로 '글'(文)임은 분명한 일이다.

이른바 '문명사회'가 형성되고 난 이후, 수준 높은 교육을 받은 '지도적 시민'들이 지녀야 할 지적 정서적 도덕적 자질, 능력, 덕성 등을 고대

---

75) 이 글은 『사고와 표현』 창간호에 기고한 글을 첨삭하여 재구성한 것임.

서양에서는 '경작된 영혼의 수확물'이라는 개념, 즉 'cultura'로 총칭하게 되었는데, 우리가 이를 '교양(教養)이라고 번역하는 것은 의미가 깊다. 즉 교육한다는 것은 곧 '교양'을 갖추어준다는 것을 뜻하게 된다.

교육의 기본은 바로 교양을 갖게 하는 교양교육이다. 그런데 교양을 갖게 됨으로써 문화상태로 올라갈 수 있기 위해서는 반드시 '글을 깨쳐 알아야' 한다. 사실 문화상태로 올라간다는 것은 다름 아니라 동물적 자연상태를 넘어서서 인간다운 인간이 된다는 것이요, 인간다운 삶을 살아갈 수 있는 능력과 자질을 갖게 하는 교육은 다름 아닌 인문교육이다. 그러고 보면 글공부, 즉 문해교육이란 곧 교양을 갖추어 사람이 되는 인문교양교육의 핵심에 도사리고 있는 것이다. '글의 세계'가 열림으로써 고도의 '문화세계'가 열리고 '글을 깨치는' 글공부를 통해 인간이 비로소 문화적 정신적 존재로 고양된다는 말이다. 초등교육에서부터 글읽기와 글쓰기를 가르치는 것이 교육의 기초이자 핵심을 이루는 것은 인간의 보편적 문화사적 경험에 비추어 볼 때 당연한 일이다.

2. 문해능력과 사고능력

인쇄술의 발명으로 글과 기록에 의한 정보 유통이 확산되면서 인간의 의사소통활동에는 근본적인 변화가 일어났다. 인간의 커뮤니케이션은 오감 가운데서도 특히 청각과 시각의 많이 의존되어 있다. 그런데 이 두 가지는 서로 다른 방식으로 서로 다른 차원에서 동시적으로 이루어지면서 서로 보완한다. 시각 커뮤니케이션은 감각내용을 동시적으로 한꺼번에 받아들이되 그것이 총체가 아니고 부분들이어서, 이들을 '짜깁기'함으로써 현실을 지각한다. 인간의 시야는 120도에 지나지 않아 적어도 이를 세 차례 확장해야만 사태의 전체 상을 직조할 수 있다. 시각 커뮤니케이션은 이처럼 '모자이크적'(mosaic)이다. 이에 반해 청각 커뮤니케이션은 '선형적'(線形的, linear)이다. 청각적 지각에 주어지는 정보는 한꺼번에 주어지는 것이 아니라 시간의 흐름에 따라 '순차적'(順次的, sequential)으로 주어진다. 앞의 글에서도 언급했듯이 청각 커뮤니케이션에서는 현재의 메시지를 이해하려면 반드시 앞선 메시지를 이해해야 한다. 인과적 연결이든 논리적 연결이든 사고과정에서 앞뒤의 일관된 연결이 요구된다.

모자이크적 커뮤니케이션에서는 이지적 사고활동보다는 감성적 감응활동이 더 필요하겠지만, 선형적 커뮤니케이션에서는 인과적 논리적 고리를 이어나가는 강한 사고활동이 요구된다. 인간에게 주어진 이 두 가지 유형의 의사소통방식은 세계와의 교통에서 서로 보완하면서 균형을 잡도록 되어 있었다. 그러나 인쇄술의 발명으로 글과 기록에 의한 정보 유통이 확산되면서 이 균형은 깨지고 시각 커뮤니케이션마저도 선형화됨으로써 인간 커뮤니케이션 전체가 선형적 양상을 띠게 되었다. 게다가 '반향'을 허용하지 않는 문자나 기록의 선형성은 음성이나 소리의 선형성보다도 더 극단적이어서, 인간의 커뮤니케이션은 감각적 지각보다는 이성적 사고에 의해 좌우되는 방향으로 극단화되었다.

근대 이후의 사회가 특히 더 이성적이고 자율적인 '개인'을 출현시켰다면, 이는 바로 인쇄술과 도서의 보급으로 인한 이러한 커뮤니케이션의 변화 때문이었을 것이다. 정보의 입수와 의사소통에서 이성적 사고의 활동이 중심이 되는 문자시대에 들어서면서 인간이 관리, 통제할 수 있는 세계는 감각적 경험세계를 넘어서서 끝없이 확장되었고, 그 세계는 인간의 이성에 적합한 객관적 획일적 법칙적 동질적 세계로 재구조화된 것이다.

문자와 기록이 없던 문화의 초창기에는 지식과 정보의 보존은 오직 개개인의 기억에 의존돼 있었고, 이의 전수, 유포는 오직 구전(口傳)을 통해서였다. 생존과 번영에 필요한 노하우의 공유는 전적으로 여기에 의존되었고, 따라서 많은 지식과 정보를 기억하고 있는 장로들이 의사결정권을 갖는 것은 당연한 일이었다. 그러나 근대 이후 이제 일의 처리에 필요한 능력의 원천은 기억의 양과 질에 의존한다기보다는 오히려 주어진 정보를 조직, 조합하여 새로운 행동지침을 강구해 내는 추론적 사고능력에 주어지게 되었다. 이렇게 보면, '글을 깨쳐 알게' 된다는 것은 추론적 사유가 가능하여 새로운 미경험의 세계에로 행동의 기획을 펼쳐 나갈 수 있는 기본적인 능력을 갖춘다는 것을 뜻한다.

3. 사고능력의 폭과 균형

선형적 사고능력은 문화적 활동 가운데서 점차 더 성숙해지면서 다양한 성격의 사고능력으로 확장된다. 그래서 사고능력은 다음 쪽 도표에서 보는 것처럼 진폭을 넓히며 확산되어 그 기능이 다양화된다. 그 다양한 사고 속성에 따라 우리는 이를 양 방향으로 확장되는 일곱 가지 유형으로 구분할 수 있다.76)

사고의 한 방향인 수리성 방향의 최고 능력으로는 기호적 사고 (Formal Symbolic Thinking)가 있으며, 다른 한 방향인 예술성 방향의 최고 능력으로는 상징적 사고(Material Symbolic Thinking)가 있다. 기호적 사고는 수렴적 사고/수직적 사고의 최고봉이라 할 수 있으며, 상징적 사고는 발산적 사고/수평적 사고의 최고봉이라고 할 수 있다. 이런 점에서 이 두 사고능력은 매우 중요한 사고능력이기는 하나, 보다 보편적이고 일반적 사고능력인 비판적 사고에 관한 논의를 할 때는 그것이 차지하는 비중이나 관련성이 상대적으로 적다.

---

76) 이하, 김영정, 「창의성과 비판적 사고」, 『철학사상』 별책(서울대 철학사상연구소, 2005)에서 원용.

← 수리성 방향	비판적 사고					→ 예술성 방향
Formal Symbolic Thinking	Analytical Thinking	Inferential Thinking	Synthetical Thinking	Alternative Thinking	Divergent Thinking	Material Symbolic Thinking
기호적 사고	분석적 사고	추론적 사고	종합적 사고	대안적 사고	발산적 사고	상징적 사고
	• 개념적 분석 • 텍스트 분석	• 분석적 추론: 연역 • 종합적 추론: 귀납	• 논리 퍼즐 • 의사결정 • 민감성 • 전체적 조감	• 관점/발상 전환 • 대안 창안 • 시야/시계 확장 • 시각/지평 전환 • 재정의 • 발상전환적 문제해결	• 유창성 • 융통성 • 독창성 • 정교성	
논리적 사고				창의적 사고		
광의의 논리적 사고				협의의 창의적 사고		
협의의 논리적 사고		광의의 창의적 사고				

수렴적 사고의 최고봉이라 할 수 있는 기호적 사고의 대표적 예로는 형식 논리학이나 수리 논리학적 업적 등과 관련된 예들을 들 수 있다. 『수학원리』(*Principia Mathematica*)를 쓴 러셀과 화이트헤드(A. N. Whitehead, 1861-1947), 그리고 디지털 컴퓨터의 이론적 자동장치(automata)인 튜링기계(Turing Machine)를 고안한 앨런 튜링(A. Turing, 1912-1954) 등이 모두 이러한 기호적 사고능력을 최고도로 발휘한 사람들이다.

발산적 사고의 최고봉이라 할 수 있는 상징적 사고는 실증적 방식의 사고와 대비되는 것으로서, 예를 들어, 형상화할 수 없는 초자연적인 세계, 내면(內面), 관념 등을 상징, 우의(寓意), 표징 등의 수법으로 이미지의 매개를 통해 발전, 전개시키고 전달하는 사고기능을 말한다. 상징적 사고의 대표적 예로는 예술가들의 창작 활동을 들 수 있다.

사고력의 7개 유형 중 기호적 사고와 상징적 사고를 뺀 나머지 5개 유형은 보다 보편적이고 일반적인 수준의 사고능력이라 할 수 있을 것이다. 분석적 사고(analytical thinking)는 이해력과 분석력을 모두 포괄하는 사고기능으로 이해력에는 의미파악능력, 번역능력, 해석능력, 외삽 및 내삽 능력 등이 포함되며, 분석력은 이해력보다 약간 높은 수준에 있는 기능으로서, 자료를 그 구성성분으로 분해하고, 그 부분 간의 관계와 그것이 조직되어 있는 방식을 발견해 내는 능력이다. 추론적 사고(inferential thinking)는 연역추론능력과 귀납추론능력으로 구성되며, 어떤 주장에 대한 정당한 근거를 제시하거나, 주어진 자료로부터 어떤 결론을 도출해 낼 줄 아는 능력을 말한다. 종합적 사고(synthetical thinking)는 여러 개의 요소나 부분을 전체로서 하나가 되도록 묶는 능력으로서 창의적 사고력과 유사한 능력을 말한다. 대안적 사고(alternative thinking)는 주어진 사태에 대해 발상전환적 접근을 하거나, 시야의 지평을 확대하여 문제에 접근을 하거나, 보다 나은 대안을 창안해 낼 줄 아는 능력을 말한다.

종합적 사고와 대안적 사고는 변증적 사고 영역이라는 이름으로 하나로 묶이게 될 것이다. 그것은 종합적 사고와 대안적 사고가 창의적 측면을 부분적으로 그 자체 속에 포함하고 있다는 공통점뿐 아니라, 변증적 사고의 핵심이 종합과 새로운 대안 추구라는 점에 있기 때문이기도 하다.

실증과학을 발전시킨 근대정신은 수렴적 사고와 발산적 사고라는 양방향의 사고 가운데서도 특히 수렴적 사고의 안정성과 확실성에 의지하고 따라서 자연스럽게 이를 강화하는 경향을 갖게 되었다.

4. 분업적 산업화와 사고능력의 일방적 강화

자연과학의 발달, 과학과의 결합을 통해 성취된 기술의 획기적인 발전, 이에 힘입어 달성된 광범하고 방대한 산업의 획기적인 발전 등 근대세계를 특징짓는 이러한 문명사적 변화는 그 근본에 있어 논리적 수렴적 사고에 기초한 실증적 학문의 발전에 힘입은 바 심대하다. 계몽적 이성의 성숙이 한 방향으로 급진적 행로를 재촉한 결과이다.

그렇다면 근대 학문의 규준은 어떤 시대정신에서 왔을까? 그것은 물리적 세계를 인간의 삶에 활용하려는 욕구를 충족시킬 수 있는 지식의 출현을 기대하는 것이었다. 지식은 자연의 물리적 세계를 관장하고 활용하여 인간의 기본적 욕구를 충족시키는 데에 기여하는 실질적인 "힘"을 지녀야 하며, 그러기 위해서는 지식은 첫째 객관적 타당성을 가져야 하고, 둘째 확실한 근거, 토대가 명백해야 하며, 셋째 그것이 실질적 연관관계 속에서 입증되는 것이어야 한다. 경험주의적 철학과 이에 정초한 새로운 지식관이 압도적 지지를 얻었던 것은 이 때문이다.

이 새로운 지식관은 정확하게 형식화된 지식을 선호한다. 이에 따르면 측정 가능하고 수학적으로 공식화할 수 있는 지식이 모범이 된다. 수학과 물리학을 학문의 전형으로 보고 다른 유형의 지식을 가급적 물리학적으로 환원시키고자 한다. 탐구활동을 될 수 있는 대로 관찰 가능한 실증적 영역에 제한하고자 한다. 실증과학이란 개별적 사실들을 관찰, 측정하여, 이를 토대로 그로부터 귀납적으로 그 사실들에 대한 일반 명제를 하나의 가설로 이끌어 내고, 이 일반명제로부터 연역적으로 추론해 낼 수 있는 어떤 결과를 예측한 다음, 그 예측한 내용이 실제적으로 사실세계 속에서 나타나는지를 검증하는 탐구다.

이러한 배경에서 논리적 수렴적 사고에 기초한 학문은 특수한 전문분야만을 탐구하는 분과과학으로 세분화되고, 기술 또한 특수한 전문기술로 심화되기에 이른다. 이에 따라 산업도 분화되고, 직업 또한 분업화되는 것이 보편적인 추세였다.

5. 정보화로 인한 새로운 수요

그렇다면 정보화 및 세계화로 특징지어지는 21세기 오늘의 지적 지형도는 어떤 모습인가? 문제의 근원은 역시 '디지털 혁명'으로 인해 야기된 지식사회의 지형변화에 있다. 한편의 인공지능기술, 즉 정보의 이해-생산-보유 기술과 다른 한편의 통신기술, 즉 정보의 전달-교환 기술이 하나의 기술로 융합되었다. 이로 인해 인간에게만 고유하던 사고와 감각의 통합적 활동이 기계의 세계로 확장된 것이다. 바로 이 하나의 '정보통신'기술이 돌연 등장하여 급격히 발달함에 따라 이른바 문명생활의 '정보화'가 급속히 진행된 것이다.

우리의 주제에 직결되는 중요한 현상은 이로 말미암아 '지식사회'의 지형(地形)이 근본적으로 변모했다는 것이다. 정보의 복사-재구성 등 산출이 용이하게 되었고 그로 인해 정보량이 천문학적으로 급증하게 되었다. 인터넷에 넘쳐나는 '정보의 바다'가 이를 말해 주고 있다. 이와 더불어 정보의 유통, 즉 지식의 전달-공유에 시간적 공간적 제약이 거의 없어지다시피 되었다. 정보화가 필연적으로 세계화를 불러온 이유는 바로 여기에 있다. 지구의 저쪽 끝에 있어도 통신망 안에서는 이웃에 있는 것과 다름이 없다. 한마디로 지식의 창출-전수-활용(혹은 달리 말해 정보의 생산-유통-소비)의 양식이 크게 변모한 것이다.

이러한 변화는 지식영역 간의 경계를 약화시켰다. 제도적 장치나 물리적 제약이 특정 분야의 지식에 독자적 독립성을 부여하던 상황이 달라진 것이다. 달리 말하면, 서로 다른 영역의 지식이 용이하게 결합될 수 있는 여건이 조성된 것이다. 지식의 습득이나 전달을 위해 갖추어야 했던 제도적 물리적 조건이 사이버 공간 속에서 해체되었기 때문이다. 특정한 지식을 얻기 위해 특정 교육조직에 전속되어야 하는 사회적 제약도 무력화되었고 지식원에 접근하기 위해 필요했던 일정한 물리적 요건들도 지극히 단순화된 것이다. '정보의 바다'에 '접속'하기만 하면 모든 영역의 모든 지식이 가용한 것으로 주어지는 것이다.

다양한 기술들 간의 연계가 용이해지고 나아가 융합되는 현상도 여기서 연유한다. 기계공학기술과 전자공학기술이 결합되어 이른바 '메카트로닉스'(Mechatronics)가 등장한 것은 이제 오래된 일이고, 그 후로도 정보기술(IT)과 생명공학기술(BT)이 융합되어 나온 생명정보공학(Bioinformatics) 기술, 생명공학과 전자공학이 결합된 생명전자공학(Bioelectronics) 기술, '나노' 공학기술(Nano Technology)이 합세하여 NT, IT, BT 등이 함께 결합된 기술 등이 등장, 이제 상식이 되다시피 했다.

지식과 기술의 연계 및 융합 현상은 지식을 이용한 인간의 욕구충족 과정에도 획기적인 변화를 가져왔다. 욕구충족에 필요한 지식의 습득 과정이 이와 같이 제약을 벗어남에 따라 인간의 다양한 이질적인 욕구들도 동시적으로 충족시킬 수 있는 여건이 마련된 것이다. 이러한 변화는 자연히 산업구조에도 변화를 가져오고 직업구조에도 변화를 가져왔다. 독자적으로 발전하던 산업의 각 분야가 서로 가까이 접근하여 융합되는 현상이 나타나고, 이에 따라 직업세계도 전문화의 길로 치닫던 양상에서 그것이 다양화되거나 또 여러 분야가 연계되는 현상을 보이게 된 것이다. (방송과 통신이 하나가 되듯) 정보산업과 통신산업이 융합한 것은 기본이요, (통신회사에서 결제업무를 하는 경우처럼) 통신산업이 금융산업과 결합하는가 하면, 가스산업과 전력산업이 융합하기도 한다. 산업의 발전이 욕구의 충족과 함수관계에 있음은 자명한 일이거니와 지식을 이용한 욕구충족의 과정과 양상에 일어난 변화가 산업구조에 변화를 가져오는 것은 당연한 결과다.

지식사회의 지형이 달라지고 산업구조가 변모하는 문화변동의 상황에서 교육적 요구가 달라지고 이에 부응하여 교육내용, 교육과정, 교육방법이 변모하는 것은 또한 당연한 일이다.

우선, 지식원에의 접근이 용이하여 지식의 습득이 더 이상 핵심문제가 되지 않는다. 새로운 지식사회에서는 단순한 지식의 전수는 더 이상 교육의 과제가 아니다. 이제는 지식의 전수가 아니라 지식 창출과 문제해결의 능력을 기르는 일이 교육의 핵심을 차지한다. 즉 새로운 정보를 산출할 수 있는 창의적 사고의 능력, 엄청난 양의 정보 가운데서 적실성 있는 유용한 정보를 선별할 수 있는 비판적 사고의 능력, 자신의 사유내용을 공동체 구성원과 공유할 수 있는 사회적 의사소통능력 등을 함양하는 교육이 더 절실히 요구된다.

비판적 창의적 사고능력의 함양은 앞으로의 지식산업사회, 지식기반사회, 지식정보사회에서 실로 교육의 핵심이 되어야 할 과제다. 종래의 한국교육은 중등, 고등교육 모두 이 점에서 대변혁을 해야 한다. "압축적인 산업화"를 위해 불가피했던 암기능력 중심의 지식 누적 및 확장 교육만으로는 더 이상 발전의 엔진 역할을 못한다.

글쓰기 교육이 왜 결정적으로 중요한지, 여기서 드러난다. 체계적이고 지속적인 안정된 의사소통과 이를 토대로 한 공동체 생활의 영위에 필수적인 것이 바로 문자문해(literacy)였으며, 그래서 이것이 교육의 기본이었음을 상기하자. 오늘날에는 이 문자문해 외에 '정보문해'(information literacy)능력이 추가적으로 긴요한 것이 되었다. 문자문해능력의 상위수준에 수동적 이해가 아닌 능동적 설득이 놓이며, 논증적 설득적 문제해결적 글쓰기와 말하기로 나타나는 이 능력이 바로 리더십의 기본이 된다.

물론 이에서 더 나아가 요구되는 것으로 세분화된 분야들의 위상을 전체 속에서 가늠할 수 있는 총체적 종합적 사유의 능력, 즉 여러 전공분야에 걸친 복합적인 문제를 해결할 수 있는 다학문적 능력, 문제해결의 방향을 잡을 수 있는 안목과 통찰력 등을 함양하는 교육이다. 이러한 능력의 교육은 하나의 특정 전공분야에서만은 이루어질 수 없고, 더욱이 한 분야의 전문 직업교육만으로는 이루어질 수 없다. 분업, 분화가 생산성을 높이던 산업화 시대와 달리 오늘의 정보화 시대는 위에서 언급했듯 다양한 분야의 지식들, 기술들이 서로 융합하고 나아가 다양한 산업분야들, 다양한 직업활동들이 서로 융합하는 시대이다. 이렇듯 인간의 활동공간의 구조가 고정적 합리적 '체계'에서 유동적 초논리적 '네트워크'로 바뀌고 있는 만큼, 이 '융복합화'의 시대에 대학에서의 연구와 교육도 이에 부응할 뿐만 아니라 이를 선도(先導)해야만 그 시대적 과제를 수행할 수 있을 것이다.

한국사회도 이젠 '수입지식의 적용'을 통해 이룩한 급속한 양적 경제성장은 그 한계에 이르렀다. 지식과 정보가 산업 생산력을 좌우하는 이른바 '지식산업사회'에 들어선 것이다. 더욱이 이 '정보화'의 대세 속에서 '세계를 향한 개방'이 불가피하게 되고, 그 결과 생존경쟁은 '지구촌적인 무한경쟁'이 된다. 이러한 상황 속에서 우리가 필요로 하는 지식은 독창적인 새로운 지식이다. '수입지식 교육'을 탈피한 '창의적 기초능력교육'의 강화가 강조되는 이유가 여기에 있다.

6. 의사소통교육의 과제

'레토릭'이라는 말은 오늘날 '궤변'(sophistry)이라는 말 못지않게 대체로 부정적인 의미로 받아들여지고 있다. 프로파간다나 데마고그에서 널리 활용되고 있듯이, 참된 지식이나 정확한 정보는 결여되어 있으면서 피상적인 언어적 표현만이 현란한 것이 바로 레토릭이라고 보는 것이다. 그러나 그 본래의 고전적 이념에 따르면, '레토릭'은 교육받은 사람이라면 필수적으로 갖추어야 할 "구어나 문어를 통한 설득의 기술"로서 변증술 (Dialectic) 및 문법(Grammar)과 함께 자유교육의 3학(trivium)을 구성하는 것이었다.77) 문법이 바르고 정확한 언어사용을 위한 규칙에 관한 지식이고, 변증술이 토론 가운데서 종합적인 새로운 지식을 모색하는 기술이라면, 수사술 혹은 수사학은 민회나 법정에서 개인적인 혹은 공적인 일로 다른 사람을 설득시키는 기술이라고 할 수 있다. 수사학은 따라서 자연히 언론, 집회, 결사의 자유가 보장되는 개방적이고 민주적인 사회에서 더욱 필요한 것으로 이런 사회에서 더욱 발달하게 마련이다.

수사학의 내용 중 핵심적인 것이 (1) 말하는 사람의 에토스(ethos), 즉 인격 내지 도덕성과 (2) 듣는 사람의 파토스(pathos), 즉 감정상태, 그리고 (3) 전해지는 말 자체의 로고스(logos), 즉 논리성으로 구성되어 있는 것은 이 세 가지 요소가 원활한 의사소통을 통한 설득을 위해 꼭 필요한 것들이기 때문이다. 이 의사소통활동 중에서도 글을 통한 설득에 있어서는 특히 로고스가 중요한 역할을 하는데, 그중에서도 특히 논거를 발견하고 이를 배열하는 기술이 핵심적인 것들이다. 논거를 발견하고 이를 설득적으로 전개하기 위해서는 일관성 있고 정합적인 체계적인 구조로 글을 조직하는 것이 중요한 일이다. 아리스토텔레스가 특히 삼단논법과 오류론을 상론하고 있는 것도 같은 맥락에서 이해할 수 있다.

그러나 글쓰기도 독자를 성공적으로 설득시키기 위해서는 단순히 사고의 내용을 논증적으로 전하는 언어적 기술을 넘어서서 윤리적 맥락, 심리적 정서적 정감의 상태까지도 고려해야 한다. 이 단계에까지 고양될 때, 글쓰기도 그 본래적인 레토리케의 이념을 실현하게 된다. 스스로 지적으로 우월하다고 믿는 이들 가운데서 흔한 일이지만, 전문분야의 지식

---

77) 4과, 즉 산술, 기하학, 음악, 천문학은 이 3학을 기초로 학습한 연후에 교습하는 것으로 되어 있었을 만큼, 이 3학은 교육의 기초를 이루는 것으로, 이미 Platon의 『국가론』에 이 교육과정 이론의 연원이 있다. 수사학의 내용에 관해서는 제5장 3절을 참조할 것.

에 관한 자기주장을 도덕적인 의식이나 규범과 무관하게 정서적 교류와 공감에 대한 배려 없이 펼쳐 나간다면, 그런 글은 고전적인 레토리케의 이념에도 부합하지 않고 현대적 의미의 의사소통에서도 성공하지 못할 것이다.

밖으로는 인간의 공동체적 삶과 연결되고, 안으로는 인간의 내면적인 삶을 살찌우는 의사소통활동에 삶의 유기적 전체를 조망하려는 자세가 요구됨은 이렇듯 자명한 일이다. 인간의 욕구 자체가 융복합되어 그 충족의 방도 또한 융복합되어 가는 현상을 기술에서, 산업에서, 직업에서, 또 교육에서 목도하게 되는 오늘의 정보화 사회에서 이러한 자세와 관점은 더욱 긴요한 것이 되었다. 특히 그중에서도 로고스의 역할이 가장 중요한 영역인 글쓰기에 있어서는 이러한 복합적인 상황을 지적으로 수용하여 작업의 배경으로 삼는 일이 필요하게 되었다.

7. 교양교육에서 의사소통교육의 위상 및 의의

우리는 앞서 다른 장에서[78] 교양교육에 대한 다양한 이해를 종합해 다음과 같은 내용을 공통적인 것으로 정리해 보았다.

— 세계관, 인간관, 가치관 수립을 지향하는 위한 교육(고전적 의미)
— 당대의 사회적 역사적 현실(시대상)과 그에 담긴 시대정신을 이해하는 '현재적'(hic et nunc) 사고를 함양하는 교육
  Global Mind를 함양하는 교육
— 비판적 사고능력, 합리적 의사소통능력, 창의적 문제해결능력을 함양하는 교육

---

78) 제1부 제4장.

— 공동체의식과 공공정신을 함양하는 교육

— 주체적 자율적 실천을 통해 가치를 실현하는 의지와 능력을 기르
  는 교육

— 정서적 공감능력을 길러주는 교육

— 약자에 대한 연민을 갖고 공익을 위해 지도적 역할을 할 수 있는
  능력을 길러주는 교육

의사소통교육도 이와 같은 과제를 수행하는 교양교육이 될 수 있을
까?

어문활동을 통한 의사소통능력 향상을 레토리케 교육이 감당한다는
것은 자명하다. 요구되는 바가 그것이었고 그 요구에 부응하여 출현한 것
이 바로 레토리케 교육이었기 때문이다. 글쓰기와 말하기에서 독자든 청
자든 상대방에게 자신의 의사를 성공적으로 전달하기 위해 개발한 '노하
우'가 바로 레토리케였기 때문이다. 이 점에서 레토리케 교육은 분명 보
편적인 기본교육이다.

그러나 레토리케 교육은 단순히 기초적인 기술교육만은 아니다. 의사
소통의 배경으로 주어지는 문제상황이 복잡하고 가변적이며 그 성격도 다
양하다면, 원활한 의사소통을 위해서는 가능한 한 많은 자료를 총동원하
여 참고해야 할 것이고, 아울러 이들 전체를 조망하는 안목이 필요할 것
이다. 유죄 여부나 손익을 사정하는 사법적 분야(장르)에서는 과거를 돌이
켜봐야 할 것이고, 행위의 찬양이나 비판을 목적으로 하는 논평의 영역(장
르)에서는 현재를 살펴봐야 할 것이며, 정치적 주장이나 정책 제안을 둘러
싼 토론의 영역(장르)에서는 미래를 예견해야 하기 때문에,[79] 레토리케의
숙련에는 어느 장르에서나 항상 주어진 전체를 조망하는 안목의 심화가

---

79) 아리스토텔레스(이종오 역), 같은 책, 59쪽 이하 참조.

요청된다.

장르의 차이에도 불구하고 어느 장르에서든 레토리케에는 논리적 사유(로고스) 외에도, 감성적 정조(情調)인 '파토스'뿐만이 아니라 인품이나 행위에 깃들어 있는 도덕성, 즉 '에토스'에 대한 고려가 필수적이다. 따라서 레토리케 교육에서는 가치관에 대한 숙고와 성찰이 필수적으로 포함되어야 한다. 그리고 이때 고려해야 하는 가치관은 오직 도덕적 문제에만 국한되는 것이 아니라 삶의 전 영역에 걸쳐 있는 것이다.

가치관에 대한 성찰은 자연히 가치의 실현에 대한 숙고로 이어진다. 그리고 그 다음에는 가치실현에 요구되는 실천적 규범에 관한 검토로 나아간다. 이렇게 볼 때, 의사소통교육은 단순한 어문적 스킬을 훈련하는 교육이 아니라, 윤리적 맥락, 심리적 정서적 정감의 상태를 배려하며 논증적으로 사고의 내용을 설득적으로 전개하는 종합적인 기초적 교양교육이다. 전문분야의 지식을 도덕적인 의식이나 규범과 무관하게, 또 정서적 교류와 공감에 대한 배려도 없이 단선적으로 주입하려 한다면, 이는 고전적 의미에서 '설득'을 위한 레토리케도 될 수 없고 현대적 의미에서 '의사소통'의 취지에도 부합하지 않는 것이다.

에토스, 파토스가 로고스를 중심으로 하여 함께 작용하는 의사소통은 계몽된 민주사회에서 논리적-어문적 규칙을 토대로 하여 문화를 형성해내는 기초 중의 기초가 될 것이다. 공교육의 영역에서, 초등교육의 단계부터 그 수준에 걸맞게 이 레토리케 교육이 충실히 이루어져야 하는 이유가 여기에 있다. 문화공동체의 형성, 공동체의 문화적 고양의 정초가 다른 그 무엇에 앞서 바로 이 레토리케 교육에 있음은 이렇듯 자명하다. 이렇게 볼 때, 오늘의 의사소통교육이 그 내용에 있어서나 방법에 있어서나 교양교육의 기본이 되고 핵심이 되는 위상을 차지하고 있음은 지극히 당연하다.

제7장 융합-창의교육론

논제 I. 지적 융합, 창조적 문화융합의 기초

1. 동일성과 차이생성: 실체의 동일성과 기능의 다양성

> 내 죽으면 한 개 바위가 되리라
> 아예 애련(愛憐)에 물들지 않고
> 희로(喜怒)에 움직이지 않고
> 비와 바람에 깎이는 대로
> 억년(億年) 비정의 함묵(緘默)에
> 안으로 안으로만 채찍질하여
> 드디어 생명도 망각하고
> 흐르는 구름
> 머언 원뢰(遠雷)
> 꿈꾸어도 노래하지 않고
> 두 쪽으로 깨뜨려져도
> 소리하지 않는 바위가 되리라.
> 〈청마(靑馬) 유치환(柳致環), 「바위」, 『생명의 서(書)』(行文社, 1947)〉

애련, 희로, 꿈, 노래, 아니 생명까지도 모두 빠져 나가고 '비정의 함묵'만 남을 때, 청마(靑馬)는 물론 시체가 된다. 청마가 '바위가 되겠노라고' 읊은 것은 그저 죽겠다는 것은 물론 아닐 것이다. 그저 죽겠다는 것이 아니라, 달리 애쓰거나 노력하지 않고 '가만히만 있어도' 자기동일성을 유지할 수 있는 그런 불변의 영원한 존재가 되겠다는 것이리라. 한 개 바위처럼. 청마도 죽어 시체가 되면, 물론 그 시체는 곧 부패할 것이고 그 화학적 변화 가운데서 자기동일성은 급속히 망실될 것이다. 그러나 만일 청마의 시체가 미라가 되어 화석화된다면, 그 바위가 된 청마는 오랜 세월 자기동일성을 유지한 채 여러 세기를 버텨낼 것이다. 고대 이집트의 제왕들이 꿈꿨던 것처럼. 이 시의 주제가 물론 이런 존재론적 함의를 갖는 것은 아니지만, 존재론적으로 보자면 "내 죽어 한 개 바위가 되리라"는 청마의 외침은 청마의 몸이 죽어 스러지더라도 청마의 정신이 영원히 남아 존재하는 것을 염원하는 것이라고 볼 수도 있다.

모든 존재자는 무엇이다. 무엇으로서의 자기동일성이 확보되어야만 존재한다. 아니 그것이 확보되어 있는 동안만 그 무엇으로서 존재한다. 이것이 바로 그 존재자의 실체(實體)다. 실체란 어떤 사물이 바로 그 사물이 되게끔 해주는 바탕 내지 근저(根底)로서 현상으로 드러나는 모든 속성이나 작용, 상태나 관계 등을 떠받치고 있는 토대요 바탕이다. 즉 어떤 사물의 성질, 작용, 상태, 관계 등을 서술한다고 할 때 이 모든 술어(述語)들이 귀속되는 주어(主語)로밖엔 달리 언표될 수 없는 기체(基體)이다. 이런 의미에서 그것은 '자존존재'(自存存在)요 이것에 반해 술어들로 표현되는 것들은 이것에 귀속되는 '의존존재'(依存存在)이다.

그렇다 하더라도 실체와 속성(등의 현상)은 불가분의 것으로 상호 요청적인 존재의 두 요건이라 할 수 있다. 실체 없는 속성을 생각할 수 없듯이, 속성 없는 실체 또한 생각하기 어렵다. 술어로 표현되는 속성, 작용, 상태, 관계 등 모든 현상들은 실은 주어로 표현되는 실체의 존재내용이다. 이 현상들 없이 실체가 독자적으로 존립하는 것이 아니요, 그 실체의 존립양상이 곧 이 현상들이다. 이 현상들이 풍부할 때, 즉 그 실체의 존재내용이 다양하고 풍부할 때, 실체는 더 높은 층위의 존재로 고양된다. 무기적 사물에서 생명체로, 유기적 생명체에서 심성적 존재로, 그리고 마침내 문화공동체를 형성하는 정신적 존재로 고양된다.

자기동일적인 불변의 실체와 차이를 생성하며 변화 속에 있는 이 속성 등의 현상, 이 양자 가운데 어느 것이 더 중요한 존재의 요건이라고 말하기는 어렵다. 다만, 이 양자 중 어느 것을 더 강조하고 중요시하느냐에 따라 세계를 이해하고 해석하는 방식은 달라진다.

서양 철학의 주류는 영원히 변함이 없는 자기동일성을 존재의 원형이라고 보고, 생성 변화를 넘어선 그러한 형이상학적 존재를 상정함으로써 그것을 원리로 하여 모든 존재자를 통일적으로 파악하고자 시도해 왔다. 예를 들면 플라톤은 영원히 자기동일적인 이데아를, 기독교 신학은 역시 절대적인 존재자인 신을, 그리고 데카르트에서 시작하는 근대 철학은 '경험에 앞서 현전하는' 선험적 주관성을 동일성의 원리로 하여 모든 존재자의 존재를 통일적으로 규정하고자 하였다. 이러한 입장에서는 동일하지 않은 것, 차이를 만들어내며 생성 변화하는 것은 가상으로 격하된다.

이에 반해 서양 철학에서도 현대에 와서는 동일성보다도 '차이'를 한층 더 근원적인 것으로 봄으로써 세계를 달리 해석한다. 동일성 원리를 기준으로 해서 보면 자연이 생성 변화하지 않는 무기적 물질의 세계로 보이지만, 차이 생성을 기준으로 해서 보면 항상 변화 생성하며 탄생, 성장, 사멸하는 유기적 생명의 세계로 보인다. 이미 프랑스 철학자 베르그송은 전 우주를 '생의 약동'으로 보고 그 참모습은 끊임없이 생성 변화하는 '지속'이라고 설파한다.

현대 철학으로의 전환에 결정적 기여를 했다고 보는 니체(F. W. Nietzsche, 1844-1900)는 동일성의 정립 자체를 생명체가 자기보존을 위해 행하는 하나의 기능으로 봄으로써 생성 변화하는 자연을 가상으로 보고 그 배후에 영원히 머무르는 실재를 상정하는 전통적인 형이상학적 사고를 역전시킨다. '힘에의 의지'가 표출되는 '생'이 바로 차이 생성의 과정이며, 이 차이가 바로 실체의 자기동일성을 구성해 주는 것이라는 주장이다. 니체로부터 이러한 관점을 이어받은 하이데거는 존재란 곧 자기동일적인 실체라는 전통적인 존재 개념을 상대화하고, '살아 있는 현재' 속에서 끊임없이 차이를 만들어내는 '존재 기투(企投)'야말로 존재의 의미를 생성해 내는 근원이라고 주장한다.

이렇듯 동일성 원리보다 차이화의 과정을 훨씬 더 근원적인 것을 보는 현대 철학의 관점은 '가치창출의 전제로 문화융합을 주창'하려는 우리의 발상에도 지지대가 됨이 틀림없다. 왜냐하면 우선 '융합'의 재료가 다양하고 풍성할 때, 그 융합이 더 큰 존재적 중량을 가질 터인데, 융합의 재료는 실체 자체가 아닌, 성질, 작용, 상태, 관계 등 차이를 생성하는 현상에서 찾아질 것이기 때문이다.

서양 철학의 존재론적 분석에서 기본적인 사유 틀이 되어 온 이 실체와 속성이라는 쌍 개념은 동아시아의 성리학에서도 유사한 개념 쌍을 만나게 된다. 체(體)와 용(用) 개념이 바로 그것이다.

체란 사물의 본체요, 용이란 그것의 작용, 현상이다. 체는 본체적 존재로 형이상적 세계에 속하고, 용은 그것의 자기한정적인 작용 및 현상으로 형이하적 세계에 속한다. 그러나 양자는 표리일체의 불가분의 관계에 있어 체를 떠나 용이 있을 수 없고 또 용이 없다면 체는 생각할 수 없다. 체와 용은 각기 우주의 근본으로서의 이(理)와 그 발로(發露)로서의 사상(事象)을 가리키기도 하고(정이 程頤, 1033-1107), 태극(太極)과 기(氣)를 가리키기도 하고(장재 張載, 1020-1077), 인간에게 보편적으로 갖추어진 성(性)과 그것이 외면(外面)에 나타난 정(情)을 가리키기도 한다(주희 朱熹, 1130-1200).

2. 차이 생성의 양상: 다양성의 통합

그런데 실체가 실체로서 존립하는 데에는 당해 사물의 존재층위에 따라 여러 양상이 있다. 바위 같은 무기물이 실체로서 존립하는 양상은 유기적 생명체가 실체로서 존립하는 양상과 같을 수가 없고, 마찬가지로 인간의 심성이나 공동체의 문화가 자기동일성을 갖는 실체로서 존립하는 양상은 또한 생명체의 경우와 같지 않다.

바위 같은 무기적 사물은 그저 '가만히 있으면' 그 실체의 자기동일성이 유지된다. 아니 스스로 어떤 작용이나 활동을 할 수도 없다. 전적으로 수동적으로 물리화학적 법칙에 따라 그 자기동일성이 유지되거나 점차 감소 상실되거나 할 뿐이다. 시공간적 제약과 역학적 작용과 반작용, 그리고 인과율이라는 자연법칙에 의탁해 있을 뿐이다.

그러나 유기적 생명체에서는 그 실체의 자기동일성이 유지되기 위해서는 조직의 형성, 신진대사, 자기조절, 환경에의 적응, 자기복제 등 끊임없는 내재적 작용-활동이 이어져야 한다. 생체조직의 자기형성은 가장 기본적인 개체 존립의 기반 확보 작용이고, 신진대사는 외부로부터 이질적인 요소들을 받아들여 자신의 유기적 조직과 동질적인 것으로 동화시키는 작용이다. 이 과정에서 외부의 환경에 적절히 적응해야 하며 동시에 자신의 생명을 유지, 강화, 지속시키기 위해 자기조절을 통한 평형을 유지해야 한다. 개체로서의 생명체는 물론 자기복제, 즉 생식을 통해 유한한 개체적 생명을 연장시켜 나감으로써 종의 지속을 도모한다.

유기적 생명체에서 더 나아가 심성을 품는 존재에서는 그 의식주체의 자아동일성이 형성되고 유지되는 방식이 더욱 다양하고 풍성하고 그 대신 불안정하게 된다. 우선 성리학에서 말하는 희로애락애오욕(喜怒哀樂愛惡慾) 일곱 감정이 그것이고, 근대 경험주의 서양 철학에서 흔히 쾌(快), 불쾌(不

快)로 구분하는 감정이 그것이다. 감정과 의욕의 변화무쌍한 작용을 수렴, 통일하여 하나의 자기동일적 자아를 유지하는 일은 분명 유기적 생명체가 자기동일적 실체를 유지하는 일보다 더 복잡하고 어려울 것이다.

이로부터 더 고양되어 공동체의 삶을 통해 역사세계를 형성하는 인간의 정신영역으로 들어가게 되면, 여기선 실체성을 찾기가 더 어려워져 이런 존재를 의문시하기까지 한다. 사유활동, 지식습득, 가치판단, 사상형성, 의지발현 등 개인의 정신적 활동 및 이를 총체적으로 통어하는 인격의 형성이 이 단계에 속할 것이고, 여기서 더 나아가 사회적 규범의 형성 및 실천, 공동정신의 형성, 이를 토대로 하는 공동체의 구성, 역사세계의 구축 등이 또한 여기에 속할 것이다. 이런 정신적 활동에서 특히 개인적 인격체도 아닌 '객관정신'의 실체성을 확증하기란 쉬운 일이 아니어서, 이를 부인하는 존재론도 설득력을 갖는 것이 사실이다.

어떤 층위의 존재영역에서든 분명한 것은 실체성의 존재내용이 되는 현상, 작용, 기능, 활동 등 변화와 차이를 생성하는 것들이 보다 이질적이고 잡다하고 다양할 때, 그들을 수렴 통일하여 실체성 자체를 형성하는 일이 어려워지는 것도 사실이지만, 그럴 때 그 실체성은 더 큰 존재적 중량과 의의를 가진다는 점이다. 즉 더욱 '존재'로 충만한다는 점이다. 즉 이질적인 잡다성이 통합되어 통일성을 형성할 때 실체의 '존재'는 더욱 더 충만해진다는 것이다. 우리가 주제화하는 명제, "문화융합에서 가치가 출현한다"는 테제에 결정적으로 중요한 핵심이 바로 이 점인데, 이에 대해 보다 확실한 인식을 갖기 위해 우리는 예비적으로 생명의 영역에서 이 점이 어떻게 드러나는지 고찰해 보기로 하자.

3. 유전자 다양성, 종 다양성

대부분의 고등 동식물은 양성생식을 한다. 양성생식이란 암수 유전자의 결합에 의해 달성되는 유성생식으로, 고등 동식물에서는 형태, 운동성 등 그 모양, 성질 등이 전혀 다른 암수의 생식세포가 만들어진 후 이들이 합체하여 새로운 개체가 형성되는 생식이다. 즉, 암수라고 하는 두 가지 성별이 존재해서, 이 두 성별이 감수분열을 통해 각각의 생식세포인 배우자(配偶子, gamete)를 만들고 이 두 배우자가 다시 결합하여 접합자(接合子, zygote)가 되는 현상을 말한다. 이 합체의 과정을 우리는 수정(受精)이라 한다. 한쪽 성만의 작용에서 이루어지는 단성생식과 달리 양성생식은 유전자 세트가 다른 개체의 것과 바뀌어 조합될 가능성이 높고, 태어나는 자손이 부모와 유전적으로 동일하지 않게 되는 생식 양식이다.

양성생식은 양성의 구별이 없는 무성생식이나 양성의 구별이 있지만, 단성생식을 하는 경우와 생물학적으로 어떤 차이가 있을까?

무성생식도 유성생식과 마찬가지로 생물이 유전자를 전달하는 한 가지 방법이다. 그러나 무성생식은 양성생식에서와는 달리 자신의 유전자와 동일한 다른 개체를 만들어내는 방식으로 이루어지는 생식을 가리킨다. 여기에는 단세포생물이 스스로 분열해서 자신과 동일한 세포를 형성하는 것도 포함되며, 식물에서 흔히 볼 수 있듯 몸의 일부를 떼어내서 다시 성장시켜 새로운 개체를 만드는 것도 포함된다. 이러한 무성생식은 일반적으로 분열, 출아(出芽), 포자(胞子)를 이용한 세 가지 방식으로 나눌 수 있다.

미생물, 특히 단세포인 세균은 대부분 무성생식을 통해 번식한다. 주로 사용하는 방법은 분열로서, 하나의 세포가 2개로 나뉘거나 또는 여러 개의 세포로 나뉘는 방식으로 분열한다. 단세포생물이나 단순한 형태의 군집을 이루는 다세포생물에게 있어서는 세포분열이 곧 생식이기 때문에 이와 같은 경우도 무성생식이라 할 수 있다. 출아는 새로운 개체가 처음에 작은 형태로 만들어져서 커진 후 독립하는 경우를 가리킨다. 단세포생물에서는 이스트(yeast) 같은 출아효모가 대표적이며 동물에서는 해파리, 히드라 같은 강장동물이나 해면동물이 이러한 방식으로 생식한다. 포자를 이용하는 방식은 주로 식물에서 볼 수 있으며 곰팡이 같은 균류에서도 일반적으로 관찰할 수 있다.

무성생식은 결과적으로 유전적으로 동일한 개체, 즉 클론을 만들어낸다. 그렇기 때문에 반드시 짝이 있어야 하는 유성생식에 비해서 더 빠르고 효율적으로 자신의 유전자를 퍼트릴 수 있다는 장점이 있다. 그러나 유성생식은 유전자를 서로 섞어서 다양한 패턴을 만들어낼 수 있기 때문에 여러 가지 환경에서 더욱 잘 적응할 수 있다는 장점을 가진다. 때문에 무성생식은 일반적으로 번식능력은 대단히 좋지만, 이들이 동일한 형질을 가지고 있어서 환경이 크게 변화하면 전 집단이 전멸해 버릴 수 있는 가능성 또한 존재한다.

여기에 매우 중요한 사실이 숨어 있다: 양성생식의 강점은 이질적인 유전자가 서로 섞여 유전적 요인이 다양해짐으로써 환경에 대한 적응능력이 높아진다는 사실이다. 삶의 환경이 달라지더라도 그 새로운 환경에 적응해 낼 수 있어야 그 종이 생존할 수 있을 것이므로, 적응능력의 제고는 불가결한 생존요건이다. 다윈의 진화론에서 핵심적인 '적자생존'의 원리가 '자연선택'의 큰 구도 속에서 불가피한 귀결이라면, 양성생식의 원리가 다양성의 제고에 있다는 것은 신뢰할 만한 것이라고 본다.[80]

---

80) 다윈의 진화론을 간추려보면 다음의 명제들로 압축될 것인데 이 중에서도 우리의 주창에 직접 연관되는 것은 ⑤, ⑥항이다:
   ① 같은 종(種) 안에 있는 개체는 그 형태와 생리에 두드러진 연속적 변이가 있다.
   ② 이 변이는 기회가 있을 때마다 발생하고 유전한다.
   ③ 동물이나 식물의 개체군(個體群)은 매우 높은 번식 능력을 갖고 있다.
   ④ 그러나 자원(資源)은 한정되어 있으므로 어느 개체군의 개체는 자신 및 자손의 생존을 위해 투쟁하지 않으면 안 된다.
   ⑤ 따라서 몇 개의 개체 최적자(最適者)만이 살아남고, 똑같은 성질을 지닌 자손이

이렇듯 한 종(種)에 내재하는 유전적 인자의 다양성은 그 종의 생존을 위해 필수적인 것이다. 그러나 다른 한편 생태계 전체의 존립을 염두에 둔다면, 생명 종 전체의 다양성이 유지되어야 한다는 요청이 생물학적 당위가 된다.

생물다양성이란 '생물체들 간의 다양성과 변이 및 그들이 살고 있는 모든 생태적 복합체들'을 통틀어 일컫는다. 1989년 세계자연보호재단 (Worldwide Fund for Nature)은 "생물다양성이란 수백만여 종의 동식물, 미생물, 그들이 담고 있는 유전자, 그리고 그들의 환경을 구성하는 복잡하고 다양한 생태계 등 지구상에 살아 있는 모든 생명의 풍요로움이다"라고 정의했다.[81]

생물다양성(biological diversity)은 대체로 유전자 다양성(genetic diversity), 종 다양성(species diversity), 생태계 다양성(ecosystem diversity) 등의 세 차원에서 논의된다. 생물다양성은 사실 자연계를 이루고 있는 계층구조의 어느 수준에서나 발견되는 현상이다. 생물다양성을 보존하고자 하는 노력은 그 차원에 따라 적절한 방법을 찾아야 할 것이다. 시간과 재원이 한정되어 있는 상황에서 우리 인류에게 가장 중요한 생물자원이 무엇인가를 결정해야 하고 그에 따라 탄력적으로 생물다양성의 어느 요소들과 그들 간의 어떤 유기적인 구조를 보존할 것인가를 분석해야 한다.

생물다양성의 보전은 우리 인류의 생존과 안녕을 위해 절대적으로 필요한 일이다. 자연계를 구성하는 모든 종들은 다 상호의존적이기 때문에 그 균형을 깨는 일은 그 어느 구성원에게도 궁극적인 이득이 될 수 없다.

남게 된다.

⑥ 최적자의 자연선택(自然選擇; 淘汰)을 통해 종은 좀 더 잘 적응하는 개체에 의해 구성되기에 이른다. [과학백과사전]

81) 이하 네이버 지식백과에서 원용.
https://terms.naver.com/entry.nhn?docId=3570150&cid=58943&categoryId=58964 참조.

따라서 인간도 다른 종들과 마찬가지로 생태적 제한 속에서 살아야 하고 지구의 청지기로서 그 임무를 충실히 이행해야 한다.

4. 근친상간 금기, 동성동본 혼인 금지

유전적 인자의 차원이든 생물 종의 차원이든 다양성의 확보가 생명적 실체성의 보존 및 확대에 필수적이라는 인식은 공동체적 삶의 차원에도 영향력을 갖고 반영되어 있다. 가까운 친족 간의 성관계를 금지하는 근친 상간 금기가 바로 그런 것으로 이는 거의 모든 문화권에서 보편적이다. 근친상간 금기의 배경이 되는 원인으로 문화사회적 요인을 드는 이론이 있다. 근친 간의 성관계는 자연스러운 것이지만, 이를 금지함으로써 공동체에 큰 이익이 되는 일을 장려하기 위해 문화사회적 차원에서 생겨난 규범이라는 설명이 그것이다. 근친상간이 자연적으로 회피의 대상이 되었다면, 이를 굳이 금기로 규범화하지 않았을 것이라는 주장이 그 저변에 깔려 있다. 근친 사이의 혼인이나 성관계를 금기시하게 된 것은 이를 통해 타 씨족과의 결혼, 즉 외혼제(外婚制)를 장려함으로써 타 씨족과의 호혜적 동맹을 도모하기 위해서였다는 것이다. 레비-스트로스의 '언어와 신화에 관한 이론'에 따르면, 여성도 언어나 신화처럼 사회생활의 의사소통체계에서 교환되는 기호로서, 다른 사회집단과 교환될 수 있는 공적 가치이다. 따라서 결혼 체계는 본질적으로 교환과 동맹의 체계라는 것이다.

그러나 이러한 문화사회적 설명보다도 더 설득력이 있는 것은 근친상간 금기가 동종번식을 막는 기능을 한다는 주장에 기초한 생물학적 이론이다. 근친상간은 단기적으로는 악성의 열성 유전자가 전면에 등장하는 결과를 낳고, 장기적으로는 집단의 유전적 다양성이 줄어드는 결과를 낳아, 근친상간으로 인한 동종번식은 시간이 흐름에 따라 공동체 성원의 육체적 정신적 퇴화를 초래하게 된다는 것이다. 근친혼의 경우 비정상적인 기형아를 낳을 확률이 높다는 것, 전근대 유럽에서는 왕족이나 귀족들이 혈통을 지키려는 목적으로 친척끼리 결혼을 하기도 했는데, 그런 경우 기형아나 병약한 아기가 태어났었다는 것 등이 이를 뒷받침하는 사실로 받아들여진다.

한국에서는 고려 후기부터 신랑 신부가 동성동본인 경우 혼인을 금하는 제도가 있었는데, 이는 근친상간 금기의 관념이 매우 강렬한 형태로 규범화한 것이라고 볼 수 있다. 대한민국 건국 후의 민법에도 오랫동안 이 금지조항이 있었는데, 1991년에 와서야 폐기되었다.[82] 고도의 산업화와 거대도시의 출현, 익명적 다수가 친밀한 공동체적 유대감 없이 생활하게 된 오늘의 한국에서 동성동본인 이유로 남녀의 혼인을 금지하는 것은 시대적 사회적 환경에 어울리지 않는 규범이라고 본다. 그 점에서 헌법재판소의 결정은 적절한 것이었다. 그러나 산업화, 도시화, 인구집중화가 이루어지기 이전에 '마을'을 삶의 전 공간으로 삼았던 전근대 농업사회에서는 동성동본 혼인금지가 충분히 의미 있는 규범이었다고 생각한다. 친족끼리 모여 사는 '마을'이 토대가 되어 '동성동본'(同姓同本)이라는 것이 성립되었을 것이기 때문이다.

5. 문화융합의 지향: 공동정신의 정체성 형성

변화와 다양성이 본질적 특성인 '차이의 생성'이 어떻게 생명의 자기 동일적 실체성을 떠받쳐 주고 뒷받침해 주는지 생물학적 관점에서 살펴보

---

82) 민법 제809조(동성혼 등의 금지) ① 동성동본인 혈족사이에서는 혼인하지 못한다. 1991년 7월 16일 헌법재판소에서는 이 동성동본금혼 조항은 사회적 기본 이념의 변화에 비추어 볼 때, 헌법이 보장하는 "인간으로서의 존엄과 가치 및 행복추구권", "개인의 존엄과 양성의 평등"에 기초한 혼인과 가족생활의 성립·유지 요구, "평등의 원칙" 등에 위배된다고 판시하였음.

았다. 그렇다면 공동체의 문화적 역사적 세계를 구성하는 정신활동의 영역에서는 어떠할까? 유사한 고찰이 마찬가지로 타당할까?

인간의 정신활동은 사유, 인식, 평가, 정서, 의지 등 여러 방향으로 전개된다. 그 전체가 인격의 형성과 연관되고, 이 인격은 타 인격과의 교통과 유대를 통해 공동정신의 영역을 형성한다. 공동정신의 활동은 사회적 규범의 체계를 정립하기도 하고 역사세계를 구축하기도 하며, 이러는 가운데 시대정신을 반영하는 가치의 창조에도 동참한다.

그런데 인간의 정신활동은 다양한 영역 어디에서나 모두 '자유로운' 활동이라는 점에서 다른 층위의 변화와 생성 현상과는 다른 고유한 본성을 지닌다. 주어진 사실세계를 지배하는 인과율의 지배를 벗어나 오히려 그 인과관계의 최초원인이 되는 것을 스스로 자유롭게 빚어내는 활동을 한다는 말이다. 스스로 목적을 설정하고 이 목적의 실현에 적합한 수단을 찾는 방식으로 정신은 이 세계와 관계 맺는다. 이 '목적관계'(Finalverhältnis)는 '인과관계'(Kausalverhältnis)가 성립하는 실재시간의 흐름과는 역방향으로 작용하는 것이다. 목적관계에서는 인과관계에서와는 정반대로 지금의 현실에 주어져 있지 않은 '목적'이 거꾸로 지금 주어져 있는 현실을 결정짓기 때문이다. 아직 있지 않은 미래의 것이 이미 있는 현실의 것을 결정짓는다는 것인데, 이는 일상적 맥락에서 볼 때, 곧 가치를 지향하는 이상이 사실세계의 현실을 이끌어간다는 말이 된다. 가치란 아직 '있지 않은' 어떤 것이요, 사실이란 '이미 있는' 어떤 것이기 때문이다.

인간정신은 이렇듯 사실의 세계와 가치의 세계 양쪽에 동시에 속해 있는 '이중국적자'로서, 가치의 세계를 지향하며 가치를 실현하기 위해 사실의 세계를 수단으로서 활용하는 존재다. 그런데 이러한 인간의 목적적 활동(Zwecktätigkeit)은 물론 당대의 문화를 형성하는 능동성도 띠지만, 동시에 당대의 문화로부터 영향받고 제약받는 수동성도 띤다. 인간은 문화의 창조자이자 문화의 피조물이라는 말이다. 당대의 문화로부터 영양공급을 받아 성장하는 것이 인간의 정신이라는 점에서 문화의 피조물이라는 것이다.

어떤 영양분을 섭취하고 성장하느냐에 따라 인간의 정신은 그 자기정체성을 형성해 나간다. 한국사회에서 한국적 문화의 영양을 먹고 자라는 사람은 한국인으로서 그의 정신적 정체성을 확립하게 될 것이다. 비록 한국에서 태어난 한국 어린이라도 태어나자마자 프랑스로 입양되어 프랑스에서 프랑스적인 문화의 영양공급을 받고 자란 사람이라면 그는 정신적으로 프랑스인으로서 자기정체성을 확인할 것이다.

이와 같은 정황을 고려해 볼 때 한 사람이 정신적으로 흡수한 영양분이 다양하고 풍성하냐 아니면 단순하고 빈약하냐에 따라 그의 정신의 정체성은 그 내용과 격조가 달라질 것이다. 말할 것도 없이 그가 흡수하고 수용하는 문화적 요소가 다양하고 풍성할 때 그의 정신은 그만큼 더 고양되고 폭이 넓어질 것이다. 인간의 정신은 목적활동적이며 이때 목적으로 설정되는 것은 물론 '가치 있는 것'이라는 점에서 인간의 정신활동은 명시적으로든 묵시적으로든 언제나 가치지향적이다. 이런 점을 고려해 볼 때, 사실로 주어지는 다양하고 풍성한 문화적 영양을 섭취하는 사람에게서 새로운 가치의 세계가 열리리라는 것은 당연한 일이다.

거시적 관점에서 이루어지는 다문화적 차원의 문화융합이든 미시적 차원에서 이루어지는 다양한 문화적 요소의 수용이든, 새로운 가치의 창출은 이질적이고 잡다한 문화의 종합에서 가능하다고 보아야 할 것이다. 그리고 이상에서 살펴본 존재론적 문화철학적 관점에서 보더라도, 대학교육이 새로운 가치를 지향하고 실현하는 창의성 교육을 목표로 삼는 한, 교육과정에서 학생으로 하여금 다양한 영역에서 지적 영양분을 섭취할 수 있도록 다학문적 학제적 '융합교육'을 시행코자 하는 것은 지극히 타당한 일이라 하겠다.

논제 II. 융합교육의 이념과 실현 방안

1. 융합교육: 창의성 교육의 실체

'창의인재 양성'에 대한 요구가 대학가에 널리 넘치고 있다. '창의성 함양'을 위한 교과목이 개발되기도 한다. 그러나 '창의성'이란 것이 구체적으로 무엇을 뜻하는지에 대한 공유되어 있는 견해가 있는지 의문스럽다. 물론 필자도 한국의 교육을 전반적으로 창의성 함양의 교육으로 혁신해야 한다는 주장에 전적으로 찬동한다. 그러나 '창의성에 대한' 교육, 혹은 '창의성 함양에 대한' 교육이 아니라 실제로 '창의성을 함양하는' 교육이 하나의 교과목을 통해 달성될 수 있는지는 의문이다. 창의성을 함양하는 '매뉴얼' 같은 게 있다면, 그런 매뉴얼을 통해 가르치고 배우는 것이 과연 창의적인 것일지 의문이다. 창의적인 것이란 기성의 지식과 다른 것이요, 기존의 알려진 문제나 그 해법을 넘어서는 것일 테니까 말이다.

인간의 사고활동은 기본적으로 문제를 해결하기 위한 활동이다. 문제(問題)란 한자말로는 '묻는 주제'이지만, 서양어에서는 어원적으로 '앞에 던져진 것'(pro + blema), 즉 '앞을 가로막는 것'이다. 사고활동이란 이 장애물을 극복하는 방법 중 가장 효과적인 것이다. 방법(method)을 가리키는 그리스어가 '길을 따라'(meta + hodos) 가는 것을 뜻하는 말임은 이를 의미한다. '장애물을 걷어내고 길을 따라가는' 것이 곧 문제를 해결하는 일이다.

프랑스의 생철학자 베르그송(H. Bergson, 1859-1941)에 따르면,[83] 의식의 출현 자체가 신체적 본능에 의한 문제해결이 좌절됐을 때 벌어지는

---

83) H. Bergson, Matière et Mémoire, PUF, 1990(1896); 최화 역, 『물질과 기억』, 자유문고, 2017.

일이라는 것이다. 그러니 의식작용 가운데서도 고도로 정교한 것이 사고활동일 테니까, 사고활동이란 생명체가 장애물에 걸려 넘어지려 할 때 이를 극복하기 위한 것임은 당연한 것이라 하겠다. 미국의 실용주의 철학자 듀이(J. Dewey, 1859-1952)도 인간은 언제나 문제상황 속에 처해 있으면서 문제를 해결해 나가는데, 그 1차적 2차적 방도인 본능과 습관이 문제를 해결하지 못할 때 마침내 지성이 등장한다고 한다. 그래서 지성은 본성적으로 창조적 지성(creative intelligence)이라는 것이다.[84]

모든 문제는 '새로운' 문제다. 무엇인가가 문제가 된다는 것은 그에 대한 해결방법이 아직 없음을 뜻하기 때문이다. 따라서 문제해결방법은, 그것이 성공적인 것이라면, 모두 새로운 방법이요, 그런 의미에서 '창의적인' 것이다. 하나 마나 한 말이지만, 새로운 문제에는 새로운 해결방법이 필요한 것이다.

그렇다면, 새로운 방법은 어떻게 찾아지는가? 새로운 해결방법 또한 사고의 산물, 즉 지식에서 찾아져야 한다면, 그런 지식은 어떤 성격의 것일까? 그것은 물론 새로운 지식일 테지만, 그 새로운 것은 어디서 생겨나는가? 창의적인 것이라니까, 갑자기 무로부터, 아니면 초자연적 '하늘'에서 떨어지는 것일까? 영감이라 하든 반짝 아이디어라 하든, 그런 것도 실은 별다른 곳이 아닌, 기성의 지식에서 나오는 것 아닐까? 일자무식 백치에게서 갑자기 세계에 대한 통찰이 나올 수는 없는 일이다. 새로운 지식도 그 기본은 '헌' 지식, 기성 지식에 있다고 보아야 한다. 다만 기성의 것을 그대로 되풀이 답습하지 않고 그것을 새로운 모습으로 '재구성'하는데에 있다고 본다. 이때 재구성되는 요소들이 다양하고 이질적일수록 그 재구성의 결과는 그만큼 더 새로운 것이 될 것이요, 새로운 문제의 해결에 그만큼 더 도움이 될 것이다. 이렇듯 다양한 기성 지식의 융합에서 새

---

84) J. Dewey, *Human Nature and Conduct*, 1922.

로운 지식의 기초가 얻어진다고 본다면, 새로운 문제해결능력이란 다양한 지식을 융합하는 능력과 다를 바가 없는 것이다. 창의적 사고능력이란 즉 융합적 사고능력이라는 것이다.

그렇다면, 창의성 교육이란 곧 기성 지식을 융합하는 능력을 기르는 교육이요, 그 기본은 다양한 기성 지식을 습득케 하는 데서부터 시작된다. 창의성 함양교육, 즉 창의교육은 융합교육에서 시작되고 융합교육으로 구현될 수밖에 없다.[85]

2. 융합교육 수요의 문화사회적 배경

왜 오늘 한국의 대학교육에서 갑자기(?) '창의교육', '융합교육'이 그렇게 많이 언급되고 강조되는가?

과학기술이 고도로 발달하고 학문도 극도로 세분화되어 전문분야의 지식이 기하급수적으로 증대되고 있는 것이 오늘의 지식사회다. 직업활동을 비롯한 사회활동에서 필요로 하는 지식도 양적으로 크게 늘어났고 질적으로도 전에 없이 높아졌다. 더구나 지식이 주요자원이 되는 '지식산업'이 산업계의 새 경지를 열어가고 있어, 사회 전체가 '지식기반사회'로 변모하고 있다. 지식사회의 이러한 사정을 반영이라도 하듯, 대학에서도 전공학과의 분화가 지속적으로 이루어지는가 하면, 새로운 첨단분야의 학과가 생기기도 한다. 그러면서도 다른 한편으로는 분과학문들을 가로지르는 다학문적 학제적 융합적 연구에 대한 수요가 증대되고 있으며, 교육의 영역에서도 이른바 '융합적 지식, 융합적 사고'를 지향하는 교육에 대한 요구가 커지고 있기도 하다.

그렇다면 이러한 복합적 변화의 배경은 무엇일까?

---

85) 융합, 복합, 융복합, 혼합, 화합, 병합, 연합, 총합, 통합. 이들의 뜻은 어떻게 다른가 숙고해 볼 일이다.

21세기 인류문명의 큰 변화를 정보화 및 글로벌화(세계화)로 보는 데에는 식자들 간에 별 이견이 없는 듯하다. 그런데 주목할 것은 이 두 가지 메가트렌드가 서로 긴밀히 연계되어 있다는 것이요, 이 점이 새로이 등장하는 신문명을 특징짓고 있다는 것이다. 그런데 정보화의 핵심에 있는 것은 '디지털 기술'(Digital Technology)이다.86) 디지털 기술에서 무엇보다도 획기적인 것은 그것이 인공지능기술과 통신기술을 하나로 통합시킴으로써 사유작용과 지각작용을 기계 속에서 호환하고 융합한다는 점이다. '인공지능'에 기초한 정보기술(Information Technology)과 감각적 지각 영역을 광대하게 확장시키는 통신기술, 즉 커뮤니케이션 기술(Communication Technology)을 하나의 '정보통신기술'(ICT)로 통합했다는 것은 자연종으로서의 영장류 동물에서나 가능했던 사유와 지각의 융합(融合) 및 호환(互換)을 다량 생산되는 '기계' 속에서 가능하게 만들었다는 것이다. 디지털 기술의 또 다른 혁명적 요인은 그것이 인간의 문화적 활동에서 시간적 공간적 제약을 최대한 제거해 준다는 데에 있다. '유비쿼터스 커뮤니케이션'(Ubiquitous Communication)과 가상현실(Virtual Realty)이 이를 말해 주고 있다.

이러한 혁명적 요인은 인간의 문명적 삶에 다음과 같은 커다란 변화를 가져다주었다:

첫째, 사람들로 하여금 논리적 합리적 사고를 기피하고 감각적 지각을 선호하도록 한다.

둘째, 사람들로 하여금 욕구충족 과정의 순차성과 단계성을 뛰어넘어 동시적 총체적 욕구충족의 가능성을 기대하고 이를 추구하게 만든다.

셋째, 공동체의 삶을 '유목화'시킨다. 사회 구성원의 개체화가 강화되

---

86) 앞서 제3장 1절에서도 언급한 내용이지만, 논변의 맥락을 위해 반복해 기술함.

고 개인의 고립화 현상이 심화된다. 사회조직은 거대하고 강고한 고정적 피라미드형 체계에서 작고 유연한 유동적 네트워크로 변화한다. 그 결과 사회적 활동 영역의 경계가 흐려진다. '세계화'란 이 유목화 현상이 가장 넓은 영역에서, 최대 규모로 전개된 것이라 할 수 있다.

3. 지적 지형의 변화

정보화와 세계화의 문화적 파장은 당연히 지식을 창출하고 확산하고 전승하는 지식사회에도 크게 미치게 된다. 그 주목할 만한 현상으로는 앞에서도 언급했듯이[87] 다음과 같은 것을 들 수 있다:

1) 지식의 산출, 복제, 유통, 소비가 매우 용이해진다.

2) 산출되는 지식, 정보의 양이 천문학적으로 급증하며, 그것의 유통에 시간적 공간적 제약이 거의 없어진다.

3) 출처가 모호하고 맥락이 없는 파편화된 정보들이 범람하여 진정 유용하고 가치 있는 정보를 취사선택하는 일이 어렵다.

4) 정보의 효용기간, 즉 유효수명이 급속히 단축된다.

5) 감각적 지각이 논리적 사유를 압도해, 문맹적(illiterate) 의사소통이 문해적(literate) 의사소통을 대체하는 일이 점점 증대한다.

6) 이상과 같은 현상 때문에 다른 한편으로는 오히려 융복합적 지식이 긴요해진다.

지식의 성격과 그 사회적 역할에 불어닥친 이러한 변화의 큰 틀 안에서 지적 탐구의 양상도 다음과 같이 변모하게 된다:

---

87) 앞서 제3장 2절에서도 언급한 내용이지만 논변의 맥락을 위해 반복해 기술함.

1) 보편성을 띠는 지식 그 자체와 그것의 응용을 기다리는 구체적 현실과의 거리가 현저히 가까워진 것이 정보화, 세계화로 변모한 현대적 상황이다. 즉 사회적 요구로부터 멀리 우회적으로 떨어진 지식체계란 근시적 현실에서는 점점 더 외면당하게 된다. 이러한 사정은 지식의 층위를 더 다층화시키지만, 그러나 결국 가장 쓸모 있는 지식은 우회로가 먼 최하위층, 즉 기초학문의 탐구성과로부터 나온다.

2) 미지의 사실을 발견해 내고 그 속에 깃든 법칙성을 찾아내고자 했던, 즉 고정된 대상세계를 상정하고 그 세계의 진상을 발견하고자 했던 근대 학문과는 달리 현대의 학문은 대상세계를 구성하는 주관의 생활세계적 연관관계를 밝히는 데에도 큰 관심을 갖는다. 가상현실의 세계를 구성해 내는 것 자체가 탐구의 주요 부분이 되는 경향이 이를 반영하고 있다. 따라서 현대의 학문은 단순히 실재하는 존재세계를 밝히는 것보다도 그 세계의 의미연관을 어떻게 해석하고 어떻게 구성하느냐 하는 주관연관적, 반성적 탐구를 중시하고, 따라서 부분적으로는 방법론적인 성찰이 수반되는 메타 이론의 추구에도 힘을 쏟게 된다.

3) 실증적 탐구가 주류를 이루었던 근대 학문과는 달리 현대 학문에서는 비실증적 직관적 방법도 용인되는 것이 보통이다.[88] 다양한 접근로를 통해 대상에 접근하고 접근된 대상을 역시 다양한 국면에서 기술함으로써 같은 대상에 대한 서로 다른 성격의 앎의 체계를 종합적으로 모색한다.

4) 탐구의 대상을 구획하지 않고 가능한 한 그 경계를 무너뜨린 가운데 대상 영역에 관해 가능한 한 총체적인 지식을 얻고자 한다. 구체적으로는 학제 간, 전공횡단적 융합적 지식을 얻고자 하는 시도가 그것이다. 기업계에서는 시공적 제약을 넘어서는 총체적 동시적 욕구충족을 실현하기 위해, 기술의 융합과 산업이 융합을 점점 더 광범하게 추진해 나아갈

---

88) 사회과학 분야에서도 현상학적 방법을 원용하는 경우가 점차 확산되고 있는데, 이른바 '질적 연구'라는 것이 그 대표적인 예다.

것이다.

5) 오늘의 지적 탐구는 기존의 학문체계에 들어오기 어려운 새로운 대상을 찾아 새로운 독자적 방법을 모색해 가며 탐구함으로써 학문의 영역을 넓히고 나아가 새로운 학문을 개척한다.

4. 융합적 지식, 융합적 사고에 대한 요구

지적 지형이 이렇게 변화하고 그에 따라 지적 탐구의 지향과 양상에도 이러한 변화가 찾아왔다면, 대학교육에서도 변화는 불가피한 것이다.

오늘날에도 그러하지만, 그간 한국의 대학교육은 '전공학과' 중심으로 실시돼 온 것이 사실이다. 이때 '학과'는 단순히 교수와 학생이 함께 소속되어 있는 대학조직의 한 행정단위에 그치는 것이 아니라, 매우 단단히 고정된 교육과정을 갖고 이의 이수를 학생들에게 요구하는 학생들의 학업과정의 단위이기도 하다. 문제는 조직 단위로서의 '전공학과' 자체가 그렇듯이 이 교육과정(커리큘럼)도 역시 자체 완결성을 표방하며 타 교육과정에 대해 배타적이고 폐쇄적이라는 점에 있다. 특히 직업교육의 성격이 강한 응용학문분야의 전공교육에서 학생들로 하여금 가능한 한 많은 시간을 전공학업에 투입하도록 요구함으로써 '특수한 전문 직업교육'에만 열중해 왔지, '일반적 보편 지성교육'은 등한시해 온 것이 그간의 대학교육이었다 해도 과언이 아닐 것이다.

한국에서 이러한 폐쇄적 배타적 전공교육이 널리 시행되었던 데에는 물론 한국의 경제사회적 여건이 그 배경을 이루고 있다. 즉, '산업화'에 집중해 급속히 국가사회를 근대화시키기 위해서는 선진국으로부터 특정 전문분야의 '지식과 기술'을 단기간 내에 대폭적으로 학습-수용하는 것이 절실히 요구되었기 때문이다. 그러나 이제 한국도 산업화에서 일정 수준 성공을 거두어 바야흐로 '정보화' 단계로 깊숙이 들어와 있는 것이 사실인 만큼, 산업화 과정에서 요구되었던 '특정 분야의 기성 지식'을 학습하는 것만으로는 대학의 고등교육이 제 역할을 다할 수 없게 되었다.[89] 오늘의 정보사회에서는 지식도, 기술도, 산업도 분화, 전문화보다는 융합, 종합화의 길을 가야 더 큰 성과를 거둔다는 것이 정설이다. 각 전문분야들의 지식도 하나의 문제 앞에서 서로 결합되지 않는다면, 문제의 해결에 도움을 주지 못하는 무력한 것이 되기 쉽다는 것이다. 영역별로 분립되어 있던 문화사회적 현실과는 달리 정보의 유통이 제약 없이 이루어지는 '정보화'의 물결 속에서 이제는 영역별 구획이 무너져 서로 융합되어 통합되기 때문이다. 정치와 경제가 융합됨은 물론이고, 산업과 문화가, 그리고 심지어는 예술과 공학이 융합된다.

해결해야 할 문제들이 총체적 맥락 속에서 그 맥락과 더불어 한꺼번에 다가온다면, 문제해결의 방식도 총합적일 수밖에 없다. 각 전문분야들의 지식을 폭넓고 깊이 있는 안목 아래서 조망하고 연결시켜 주는 '지적 연결지평'이 요구되는 것이다. 대학의 고등교육이 지향하는 바에 대한 원론적인 고찰은 차치하고라도, 격변하는 현실에 절실하게 다가오는 문명사적인 변화 요인만을 생각해 보아도 대학교육이 직면하고 있는 새로운 교육수요는 융복합적 지식과 사고에 집중되고 있음을 어렵지 않게 알 수 있다. 따라서 대학교육은 세분화된 각 학문분야의 내부에서만 이루어져서는 곤란하며, 보다 개방적으로 여러 학문분야를 가로지르는 방식으로 실시되어야 한다. 특수한 전문 학문분야의 특수성과는 무관한, 모든 학문분야에 걸쳐 범용적으로 요구되는 기초능력의 교육을 강화해야 하고, 전체를 조망하는 통찰력의 함양을 위해 다학문적 학제적 융복합교육을 적극적으로 시도해야 한다.

---

89) 이하 앞의 제3장 3절에서도 언급한 내용이지만, 논변의 흐름을 위해 반복함.

5. 융합연구와 융합교육

융합적 지식, 융합적 사고에 대한 요구가 높아지면서 이를 함양하는 교육이 필요하다는 주장이 널리 받아들여지고 있는 것은 자연스러운 일이다. 그러나 여기서 우리는 융합적 연구와 융합적 교육을 구별하고, 조급하고 섣부른 대응으로 인해 교육에서 부작용이 생기지 않도록 유의해야 할 것이다. 우선 우리는 융복합적 지식과 융복합적 사고를 구별해 보도록 한다.

정보의 산출과 유통이 더 없이 자유로워진 정보사회에서 우리에게 주어지는 문제 자체가 복합적 성격을 띠고 있음은 앞에서 언급한 대로다. 복합적 문제를 해결하기 위해서는 복합적 지식이 요구된다. 분과과학들이 특정 분야의 특정 주제에 대해 심도 깊은 연구를 해서 얻는 지식이 역시 분과적임은 당연하다. 복합적 지식은 이러한 분과적 지식들을 '결합'함으로써 얻어지는 것이다. 즉 복수의 주제영역들에서, 복수의 문제들에 대한 탐구를 통해 얻어진 지식들을 한데 묶어 '결합'해야 된다는 말이다. 그러자면 먼저 각 분과과학의 영역에서 얻어진 지식이 있어야 한다. 그러나 이 지식들을 단순히 병합, 즉 병렬하여 결합한다고 해서 '융합적' 지식이 나오는 것은 아니다. 적어도 복수 영역의 지식들이 결합됨으로써 서로 협력하여 각 영역에서 해결되지 않던 문제를 해결해 낼 수 있어야 지식의 결합이 유의미한 것이 되므로, 그때 비로소 '융합적 지식'을 얻었다 할 수 있을 것이다.

좀 더 부연 설명하자면, 결합된 복수 영역의 지식이 그 자체에는 없던 전혀 새로운 지식을 산출하여 그것이 기존의 지식으로서는 전혀 해결할 수 없던 새로운 문제를 해결할 수 있게 된다면, 이러한 지식은 단순한 복합지식이라기보다는 융합지식이라고 해야 할 것이다. 실제로 이 양자 사이를 뚜렷이 구분할 수 있을지 여부는 경우에 따라 다르겠지만, 적어도 이런 구분은 이론적으로 가능할 것이다. 두 경우를 다 묶어 '융복합적' 지식이라 한다면, 다학문적, 학제적 연구가 목표로 하는 것이 바로 이것이다. 실제로 모든 분야에서 학문적 진보는 이러한 과정을 거쳐 얻어지는 '새로운' 지식의 누적으로 이루어지는 것이라 볼 수 있다.

융합적 사고능력이란 기존의 분과적 지식을 종합하여 바로 이러한 새로운 융합지식을 모색하여 창출할 수 있는 능력을 가리키는 것으로, 우리가 학생들에게 길러줘야 할 지적 능력이 바로 이것이다. 여기서 핵심적으로 중요한 것은 바로 세분화된 분야들의 위상을 전체 속에서 가늠할 수 있는 통찰력이다. 여러 지식분야에 걸쳐 있는 복합적인 문제를 총체적으로 조망하는 능력이 없으면 부분에 관한 전문지식도 무용해지기 쉽다. 따라서 문제연관 전체를 조망할 수 있는 안목이 무엇보다 중요하다. 이 통찰력은 실은 여러 가지 자료를 하나의 틀 안에서 종합하는 능력에서 우러나오는 것이다. 분석적 사고능력에 대비되는 종합적 사고능력이 여기서 필요하다.

문제는 연구활동이 아닌 교육활동에서 학생에게 무엇을 전수, 혹은 함양할 것이냐 하는 것이다. 교수자가 다학문적 학제적 연구를 통해 얻은 결과물로서의 '새로운 융복합적 지식'을 전수할 것인지, 아니면 그런 지적 태도나 능력을 함양해 줄 것인지 하는 문제다. 만일 전자가 올바른 길이라면, 교수자는 교육을 위한 연구를 수행하기 위해 엄청난 노력을 기울여야 할 것이고, 그에 비해 학습자인 학생은 힘들이지 않고 새로운 융복합적 지식을 전수받을 수 있을 것이다. 그러나 연구자의 입장에서 보면 이러한 융복합적인 새로운 지식의 탐구는 평상시에도 늘 있을 수 있는 일도 아니고, 또 쉬운 일도 아니다. 대개의 교수자는 어느 한 주제영역에서 연구를 수행해 왔기 때문에 특별한 탐구 동기가 주어지지 않으면 섣부르게 이러한 시도를 하기 어려운 것이다. 반면 학생의 입장에서 보면, 각 분과학문의 영역에서 학업의 심도를 높이지 않은 채 이러한 연구의 결과물을 전수받음으로써 스스로는 그러한 융복합적 지식의 필요성, 융복합적 탐구의 어려움, 그리고 무엇보다도 과정에서 얻게 되는 소중한 지적 체험을 나눠 가지기가 힘들다. 말하자면 융복합적 지식을 전수받음으로써 융복합적 사고의 동기나 능력을 기를 기회는 주어지기 힘들다는 말이다.

과연 '융합교육'을 표방하면서 교수자가 취할 교육적 태도는 어떤 것인지, 보다 면밀히 진지하게 검토해야 할 일이라고 본다. 특히 근래 '융합교과목의 개발'이라는 과제가 대학사회에서 교수자들에게 주어지고 있기 때문에 더욱 그렇다. 오히려 교수자는 융복합될 지식의 원자재만을 제공하고 학습자가 그것을 스스로 융복합하도록 여유 공간을 확보해 주어야 하는 건 아닌지 고려해 볼 일이다. 자칫 '융복합교육'이라는 기치 아래 여러 학문분야의 지식들을 피상적으로 나열하여 하나의 교과목을 구성함으로써, 학습자가 오히려 각 분과학문의 깊이 있는 지식 습득조차 못하고 마는 일이 생기진 않을지 유의해야 할 것이다.

지식의 융복합에도 몇 가지 유형이 있을 텐데,[90] 그 각 유형에서 분과학문의 지식들이 어떻게 융복합되는지 그 구조는 모르는 채, 그저 그 결과만을 수동적으로 습득한다면, 오히려 융복합적 사고의 동기도 체험되지 않을 것이요, 더욱이 그러한 융복합적 사고의 동기나 능력을 기를 기회를 갖는다는 것은 기대하기 어려운 일이 될 것이다. 과연 융복합적 사고의 수행 주체를 교수자로 볼 것인지 학습자로 볼 것인지, 이에 대한 분명한 의식을 가져야 할 것이다. 전자의 경우라면 이는 '융합교육'의 본래 목표에서 벗어나는 것이 될 것이다.

---

[90] 이종관은 오늘날 한국에서 유행처럼 돼 있는 지식융합에 대해 깊이 성찰하는 가운데, 그 유형을 대상 공유적 융합, 방법 공유적 융합, 이론 공유적 융합, 문제 공유적 융합으로 구분하고, 그 각각의 융합 구조와 실례에 대해 소상히 설명한 바 있다. 이종관, 『공간의 현상학, 풍경 그리고 건축』, 성균관대출판부, 2012, 31쪽 이하.

6. 융합교육을 위한 커리큘럼 구성

이 문제에 관해 필자는 교육의 현장을 고려해 다음 몇 가지 유형의 '융복합교육' 실천 방안을 생각해 본다:

1) 교수자는 융복합될 원재료로서의 분과학문적 지식을 그대로 전수하고 그 지식의 산출 과정에 대한 지적 체험을 하게 할 뿐, 이에서 더 나아가는 사고의 성숙은 학습자에게 맡긴다. 구체적으로는, 교육과정에 여러 분과학문의 기초적인 과목들을 망라해 제시하고 학생들로 하여금 '자유롭게 선택하여' 수강하게 하는 방법이 이에 해당한다.

2) 원재료로서의 분과학문적 지식과 그 산출 과정을 전수해 주되 교수자의 안목에 비추어 어느 정도 선별된 '원재료의 세트'를 학습자에게 전수한다. 구체적으로는 교육과정에서 분과학문들로 구성된 일정한 영역 구조를 제시하고, 그 구조 내에서 분과학문적 교과를 선택하도록 하는 '선택적 필수'의 방법을 택하는 것이다.

3) 분과학문적 지식 중 교수자가 긴요하다고 판단되는 내용을 선별하여, 학습자가 스스로 '융복합'하기 쉽도록, 하나의 교과를 구성하되 각기 그 고유한 분과학문적 성격을 유지시켜 줌으로써, 학생들로 하여금 최소한도의 능동적 '융복합 활동'을 종용한다. 구체적으로는, 교육과정에서 '복합적 교과목'을 제시하여 학생들로 하여금 2)에서처럼 선택적으로 필히 그 과목을 수강하게 하는 '선택적 필수 이수'의 방법을 택하는 것이다.

4) 3)과 같이 하나의 교과목에 여러 분과학문들의 지식을 담되, 그들이 각기 독자적인 성격을 유지하는 것이 아니라, 이들의 학문적 정체성을 뛰어넘는 새로운 학적 내용을 하나의 교과목을 분과학문들로 구성된 일정한 영역 구조를 제시하고 그 구조 내에서 분과학문적 교과를 선택하도록

하는 '선택적 필수'의 방법을 택하는 것이다. 구체적으로는, 교육과정에서 '융합 교과목'을 제공하고 학생들로 하여금 필히 그 과목을 수강하게 하는 '필수 이수'의 방법을 택하는 것이다.

이렇게 보면 1)은 교양교육과정 전체를 통해 융복합적 교육의 성과를 노리는 것으로서 흔히 말하는 '자유선택'의 커리큘럼에서 구현하고자 하는 것이다. 비유하자면 '뷔페'식 식사를 마련하는 것이다. 이에 비해 볼때, 2)는 교양교육과정 전체를 통해 융복합적 교육의 성과를 노린다는 점에서는 1)과 같되, 좀 더 친절하게 영역별 '배분이수'의 커리큘럼을 구성하여 이른바 '필수 선택'의 형식으로 그 선택의 범위를 정해 주는 방식이다. 비유하자면 '칠첩반상'을 차려 주는 것이다. 3)은 이에서 더 나아가 하나의 교과목에 여러 분과학문의 성과를 담아내는 방식의 교육인데, 하나의 교과에서 하나의 교육목표 아래 '복수의 분야들을 복수의 교수들이' 담당하는 '팀티칭'이라고 통칭되는 교육방식이 이에 해당한다 하겠다. 비유하자면 '비빔밥'을 제공하는 것이다. 4)는 그야말로 한 과목에 여러 분과학문의 탐구내용을 융합해 담아냄으로써, 더 이상 그 본래 학문의 고유성격은 배경으로 물러서고 전혀 새로운 지식과 사유과정이 전면으로 부각되는 교과목을 한 교수가 담당하는 방식이다. 흔히 '코어 커리큘럼'이라 일컫는 이런 방식의 융합교육은, 비유하자면, 온갖 식자재를 한 솥에 넣고 우려낸 '설렁탕' 같은 음식을 제공하는 것이다.

이 가운데 어느 것이 융복합교육에서 최선의 것이 될지는 단정적으로 말하기 어려울 것이다. 그러나 적어도 아직도 여전히 협동과 소통을 어렵게 만드는 '전공중심주의'가 대학교육의 주류를 이루는 한국의 대학 사정을 고려한다면, 대체로 2)의 방법이 적절치 않을까 생각한다.

이상에서 논술한 융복합교육은 그 근본취지에 비추어 볼 때 본래 교양교육이 추구하는 바와 다를 바 없다고 본다. 그리고 바로 이 점이 오늘날 대학교육 전반에서 교양교육이 새로이 강조되는 배경이 된다. 본래 융복합교육의 성격을 갖는 교양교육이 전문적인 전공교육, 나아가 직업교육을 위해서도 필요한 이유가 여기에 있다. 한마디로 말해 교양교육이 중심이 되는 '일반적 보편 지성교육'이 곧 '전문 직업교육'을 위해서도 필수적이라는 것이다.

'코어 커리큘럼'을 구성하는 일이 얼마나 어려운 일인지, 그리고 그런 커리큘럼에 따라 교육하는 일이 얼마나 힘든 일인지는, 그런 교육을 통해 '단숨에' 융합적 지식을 얻는 학생들에게는 전해지지 않을 것이다. 그러나 학습자 스스로가 이러한 융복합적인 지적 활동을 하도록 하기 위해 그러한 노력을 기울여야 하는 것이 현실적으로 얼마나 적실성이 있는지는 숙고의 대상이다. 그리고 이 문제에 대한 답은 교수진의 교육을 위한 연구, 학생의 지적 수준, 교무행정적 지원 등등 교육현장의 사정에 따라 달라질 수 있을 것이다.

〈교양교육 내용 관련 주요 이슈 3〉
제8장 인문교육론

논제 Ⅰ. 인문학의 위기와 인문교육의 수요

1990년대 후반 이후 대학가에서는 인문학의 위기에 대한 논란이 무성하였다. 인문학을 경시하는 사회적 분위기를 성토하는 인문학자들의 목소리가 컸고, 그 위기에 대한 진단과 그 극복 방안도 여러 갈래로 모색되었다. 그러나 그 외양의 무성함에 비해 인문학은 여전히 활기를 찾지 못하고 날로 쇠퇴해 가고 있는 모습이다.

인문학을 진흥하기 위한 여러 노력이 바람직한 성과를 거두지 못하고 있는 것은 근본적으로 인문학이 인문교육과 유리되어 있는 교육구조가 변화하지 않고 있기 때문이다. 문제의 핵심은, 인문학 연구가 '학문후속세대'로 이어져야 하고, 이들의 연구 성과가 중등 및 고등교육과정의 인문교육에 지속적으로 영양공급을 해야 한다는 것이다. 후자, 즉 인문학의 연구 성과가 교육에 공급되는 일이 막혀 있는데 전자, 즉 인문학 연구가 세대를 이어가며 활성화되는 일이 잘될 리가 없다. 그러므로 인문학과 인문교육의 연계관계를 중등 및 고등교육과정에서 다시 회복하는 일이 무엇보다 중요하다. 기존의 통념과 집단 간의 이해관계가 이를 가로막고 있지만, 이 일이 이루어지지 않고는 한국의 인문학 진흥과 인문교육은 전반적으로 질적 부실을 면치 못할 것이다.

이제 인문학이 위기에 처한 배경을 그 원인(遠因)에서부터 찾아보자.

1. 인문학에 대한 외부의 위협: '시장주의'

1998년의 외환위기 이래 한국에서도 이른바 냉혹한 시장원리를 금과 옥조(金科玉條)시하는 '신자유주의'가 추락한 경제를 살리는 지침으로 준봉(遵奉)되어 왔다. 그로부터 10년 후 리만 브라더스의 파산으로 시작된 이른바 미국발 국제금융위기가 세계경제를 뒤흔들자, 미국 내에서는 그간 신봉해 왔던 이 신자유주의의 지도력에 대해 비판적인 검토가 있었다. 하지만, 경제를 오로지 '자유시장의 원리'에 따라 운영해야 한다는 '시장주의'는 여전히 세계경제를 지배하는 보편적 원리로 타당시되고 있다.

시장, 엄격히 말해 '자유시장'이란 어떤 곳인가? 시장에서 사람들은 물건을 사고판다. 그런데 그 물건은 그냥 물건이 아니라 '상품'이다. 추상의 극치를 구현하는 화폐가 매개체가 되어 역시 온갖 욕구충족 가능성이 획일적으로 동질화-추상화되고 압축된 '상품'이 '거래'되고 '교환'되는 곳이 시장이다. 거기서 사람들은 그 무엇에도 매이지 않고 오직 각자 자신의 이익만을 추구하는 자유가 보장된다는 뜻에서 그것은 '자유시장'이다.

시장이 요구하는 행동방식은 합리적 이기심이다. 여기서 합리성이란 "최소의 노력으로 최대의 효과를 거두는 것"이다. 철저히 '도구적 합리성'이다. 사회공동체가 그 구성원에게 요구하는 일반적인 도덕적 규범도 여기서는 유보된다. 이러한 시장이 국경도 없이 전 세계로 확장되어 하나가 되는 현상이 곧 '세계화'다.

전 세계의 시장이 하나의 시장으로 통합됨으로써 추상적 합리성에 대한 요구는 극단으로 치닫는다. 거기서 실패하지 않으려면, 아니 살아남으려면, 좌우를 돌보지 않는 맹목적 이기심으로 고압 충전된 냉혹한 합리성만이 십이분 발휘되어야 한다. 도덕적 규범은 고사하고 인간성 비슷한 것마저도 허용해서는 안 된다. 그것은 곧 파산, 아니 파탄을 뜻한다. '시장'

이란 본래 그 순수한 역할만을 보자면 그런 곳이다. 살벌하고 각박하고 냉혹한 곳이다. 오직 금전적 이익만을 추구하는 곳으로 인간의 인간다운 삶 따위는 들어설 곳이 없는 곳이다. 상업을 최하위에 두는 사(士)-농(農)-공(工)-상(商)의 신분 구별은 신자유주의와는 상관없던 시기에도 이미 시장의 비인간적 속성을 간파(看破)한 조선시대 지식인들의 통찰력이 빚어낸 결과라 할 수 있다.

문제는 시장 자체에 있는 것이 아니라, 이러한 시장의 원리를 인간의 공동체적 삶의 전 영역에 확장, 적용시키려는 '시장주의'에 있다. 시장주의는 온갖 유무형의 사물을 상품화시키고, 그리하여 모든 가치를 돈으로 환산하려 한다. 과도한 시장주의 아래서는 노동도 의술도, 지식이나 지혜도 상품이 되며, 심지어는 사람의 몸과 마음도 값이 매겨져 상품이 된다. 학교에서의 교수-학습도, 가정에서 가족 간의 조력이나 애정도 금전으로 환전될 수 있고, 나아가 정치적인 결정도 금전관계로 변질될 수 있다. 다시 말해, 시장에 편입될 수 없는 영역까지도 부당히 시장에 편입시켜, 인인애가 원리가 되는 인간관계나 평등한 자유가 원리가 되는 정치적 관계까지도 시장의 상품교환 관계로 치환될 수 있다.

한 경제학자는 공동체적 삶의 영역을 사회화 영역, 경제 영역, 정치 영역으로 나누고, 시장의 원리가 사회화 영역이나 정치 영역에까지 지배하게 되면 사회가 혼란에 빠지게 된다고 말하고 있다.[91] 사회화 영역이란 가정, 학교, 이웃 같은 인간적 일상생활의 영역이다. 퇴니스(F. Tönnies, 1855-1936)가 말하는 '공동사회'(Gemainschaft)나 하버마스(J. Habermas, 1929-)가 말하는 '생활세계'(Lebenswelt)가 그것이다. 정치 영역이란 각 개인의 시민권 행사와 관련되거나 각 개인에 대해 정부의 영향력이 미치는 범위를 가리킨다. 성과나 능률에 따라 사람을 대우하는 성과

---

91) 이정전, 『시장은 정말 우리를 행복하게 하는가』, 한길사, 2002, 341쪽 이하 참조.

주의 내지 능률주의가 정의의 원칙이 되는 것은 경제 영역에 국한되어야 한다. 생활세계에서는 필요의 원칙 또는 약자 보호의 원칙이 적용되어야 정의로우며, 정치 영역에서는 평등이 정의의 원칙으로 서야 한다. '시장의 원리'를 모든 영역에 확장시키려는 신자유주의적인 '시장주의'는 사회 구성원 각자의 개인적인 생활세계를 황폐하게 하고, 공동체 전체의 통합과 유대를 위태롭게 한다. 모든 인간관계가 욕구충족 가능성에 관한 타산적인 교환의 원칙에 내맡겨져서는 인의도, 규범도, 인간적 가치도, 이상의 실현도 헛된 망상으로 머물고 만다.

한국사회에서도 인문적 소양이 조롱당하고 인간적 가치가 망각되고 인문학이 냉대받는 근본적인 이유 중 하나는 바로 이 '시장주의'가 홍수처럼 '범람'하고 있기 때문이다. 더 노골적으로 말해 보자면, "모든 게 돈으로 환산되는 시장 바닥에서 돈 안 되는 것은 내다버리는 게 상책"이라는 천박한 통념이 인간과 인간적 가치와 인문적 소양과 인문학 연구를 모두 싸잡아 쓰레기 취급하고 있다는 말이다.

2. 인문학 내부의 자기소외: '인문과학'의 이념

인문학을 무력화시키는 요인은 외부에만 있는 것이 아니다. 인문학 내부에 있는 요인이 외부의 악조건을 더욱 부추겼다고 볼 수도 있다. 인문학을 생활세계로부터 독립시켜 독자적인 과학/학문으로 구축하려는 지적 작업을 이끈 '인문과학'의 이념이 그것이다. 오늘날 한국의 대다수 인문학 교수들이 '전공 인문학 교육'과 '교양 인문교육'을 확연히 구분하고 후자를 소홀히 하는 것은 인문학의 각 영역이 갖는 학문적 전문성 및 이론적 독자성에 대한 신뢰가 크게 작용하고 있기 때문이다. 그러나 실은 현대에 들어와 인문학이 인문교육이라는 실천연관을 이탈하여 자립적인

'과학/학문'의 길로 나아간 것은 인문학이 스스로 위기를 자초한 근본적인 원인(遠因)이다. 말하자면 인문학의 자기소외 현상이 일어났던 것이다. 실증과학의 이론적 자립성이 지적 탐구 활동 일반의 규준으로 자리 잡게 된 근대 이후, 인문학도 이 근대 학문의 규준에 맞춰 '이론화'의 길을 감으로써 인문교육이라는 그 본래의 과제를 많은 부분에서 외면했던 것이다. 합리적 지식과 구별되는 인륜적 지혜는 한 공동체를 존립시키는 문화적 역사적 조건들인 에토스에 의존되어 있는 것으로서 반드시 학문적 전문성을 전제로 하는 것도 아니다. 본래 고전시대의 인문학은 구체적인 인문교육과 연결되어 있었지, 이론적 독자성을 갖는 학적 체계를 추구했던 것이 아니다.

더구나 이 과정에서 실증과학의 영향 아래 인간의 삶에서 합리적 탐구대상이 되는 부분만을 성찰의 대상으로 봄으로써, 인문학적 성찰의 본래적 주제인 인간 자체를 상실하게 된 점은 인문학이 결정적으로 자신을 소외시킨 결과가 되었다.[92] 인간의 정신적 활동 중 가장 핵심적이라 할 수 있는 자유로운 행동의 주체적 요소가 실증과학적 탐구대상이 될 수 없다는 이유로 탐구의 시야에서 물러간다면, 인간의 고유한 인간다운 삶의 의미와 목적을 성찰하는 인문학은 그 주제를 상실하게 되는 것이다. 전문적 이론체계로서 인문교육과 유리된 독자적 '과학'을 자임함으로써 인문학은 스스로 그 존립 의의를 버리는 바보짓을 해온 셈이다.[93]

그렇다면 과연 오늘의 정보사회에서 이러한 사정은 그대로 감수해도 될 일인가? 물론 그렇지 않다. 오늘의 문화 지형을 살펴보자.

---

92) 실증과학의 대전제인 물질주의적 기계론적 자연관은 암암리에 인간관의 변화를 불러왔는데, 과학적인 물질주의적인 인간관의 등장이 바로 그것이다. 이 새로운 근대적 전통을 물려받은 대표적인 사례가 바로 '물리주의'(physicalism)가 주도하는 현대 심리철학의 흐름이다. 이러한 3인칭 과학으로 어찌 1인칭 주체성이 핵심이 되는 인간정신을 구명해 낼 수 있겠는가?

93) 대학에서 아직도 많이 쓰고 있는 '인문과학'이라는 용어가 'Geisteswissenschaft', 'Kulturwissenschaft', 'Humanwissenschaft'(독), 'sciences humaines'(불) 등의 용어에 대한 축자적(逐字的) 역어라면 이는 바로잡아야 할 것이다.

3. 문화의 성층구조

먼저 작금 문화세계에 어떤 변화가 불어닥쳤는지 문화의 성층구조를 밑그림으로 염두에 두면서 생각해 보자. 인간의 문화생활은 자연과 대결하는 물질적 경제생활을 근본토대로 한다. 과학, 기술을 발달시키고 이를 토대로 산업을 일으키는 것이 바로 그 대결의 양태이다(①). 그 위에 인간과 인간 사이의 사회적 교섭관계가 성립하는데, 이 교섭관계가 가족제도, 언어, 습속, 도덕처럼 자연적으로 이루어지는 것이 있는가 하면(③), 법체계, 정치제도, 사회제도, 교육제도처럼 의도적으로 기획함으로써 구성해 내는 것도 있다(②). 이상의 세 영역은 인간에게 주어진 '사실'의 세계를 대상으로 하는 활동이다. 그런데 인간의 활동은 여기서 그치질 않는다. 주어진 사실을 넘어서서('초월하여') 실현해야 할 가치 내지 이념을 지향하는 활동이 오히려 더욱 중요한 것이다. 그것이 모든 활동에 의미를 부여하고 방향을 정해 주기 때문이다(④). 이념적 세계와 초월의 관계를 맺는 이 활동이 곧 종교와 예술이다. 이를 도표로 그려보면 아래와 같다.

대상세계		관계	산물/영역
이념적 세계		초월	④ 종교, 예술
사실적 세계	인간	자연적 교섭	③ 가족제도, 언어체계, 전통, 습속, 도덕
		기획적 교섭	② 법체계, 정치제도, 사회제도, 교육제도
	자연	대결	① 과학, 기술, 산업, 경제

그런데 정보사회에 진입하면서 이러한 문화의 성층구조에도 새로운 변화가 일어났다. 문화의 획일화 내지 단층화가 그것이요, 이 변화가 광범하게 유포되면서 일게 된 소위 '글로벌화' 현상이 그것이다. 이 글로벌화라는 것은 문화양식의 측면에서 그 기원을 살펴보자면 실은 '의사소통방식'의 획기적 변화에 기인한 것이다. 지난 세기 말부터 디지털 기술의 획기적 발달에 기초해 의사소통의 매체와 방식에 엄청난 변화가 일어난 것은 주지의 사실이다. '디지털 기술'에 기초한 소위 '뉴미디어'의 기술과 시스템이 종래의 의사소통방식을 획기적으로 바꿔 놓은 것이다. 인간의 문화적 활동에서 의사소통활동이 얼마나 중요한지는 설명이 필요치 않을 것이다. "미디어가 곧 메시지"라는 맥루한(M. McLuhan, 1911-1980)의 명제를 상기하지 않더라도 20세기 말부터 기하급수적으로 가속화된 의사소통활동의 변화는 문명의 기본 패턴을 바꿔 놓을 만큼 인간의 문화활동을 변화시켜 왔다.

미시적으로 추적해 보자면 첨단 디지털 기술에 힘입어 등장한 그 새로운 의사소통방식이란 실은 감각적 지각내용을 철저히 양적으로 분절하여 수학적으로 연산 처리함으로써 의사소통활동에서 종래의 지역적 물리적 제도적 제약을 뛰어넘게 하는 방식이다. 의사소통의 속도와 범위가 거의 무제약적으로 신속화, 광역화됨으로써 광대한 세계를 하나의 작은 '촌락'으로 축소시킨 것이 바로 이 새로운 의사소통방식이요, 결과적으로 여기서 연유한 것이 바로 이 '글로벌화', 즉 세계화이다.

세계화의 여파로 문화가 획일화, 단층화되는 경향을 갖게는 됐지만, 그렇다 해도 문화세계가 앞서 언급한 것처럼 성층적 구조를 지니고 있는 한, 세계화가 인간의 문화생활 전 영역에서 똑같이 전개된다는 것은 바람직하지도 않고 가능하지도 않을 것이다. 글로벌화는 앞서의 서술 중 ① 영역(또는 ② 영역의 일부)에서 기대할 수 있는 것이지, 그 상위의 영역으로 올라갈수록 불가능할 뿐 아니라 바람직하지도 않다. 이렇게 인간의 문화생활 전반을 종합적으로 고려해 볼 때, 한편으로는 다양한 문화의 고유한 특성을 보존, 발양하면서, 다른 한편으로는 문명의 보편적 가치를 수용하여 인류적 차원의 문화세계를 확장한다는 '글로컬화'(Glocalization), 혹은 '글로컬리즘'이라는 용어로 나타내는 개념이 오히려 '글로벌화'라는 개념의 획일성을 경계하는 보다 개선된 개념이라고 보아야 할 것이다.

4. '글로컬' 문화 지형과 인문적 수요

'글로컬화'라는 개념이 획일화의 위험요소를 덜어낸다고는 해도, 그렇게 '글로컬화'되는 세계의 시대상에 종래에는 찾아보기 힘들었던 격변의 현상들이 등장하는 것은 간과할 수 없다. 그 문화세계의 지적 지형에는 어떤 괄목할 만한 변화가 있는지 살펴볼 일이다. 우리는 다음과 같은 현상을 중요한 변화의 표지(標識)로 삼을 수 있을 것이다:

1) 기원(起源)이 실종된, 문맥에서 일탈된 '파편화'된 정보들이 범람하게 되고, 감각적 지각이 논리적 합리적 사고를 압도하는 새로운 면모의 지식사회
2) 시공적 제약을 넘어서는 욕구충족에 대한 기대가 기술과 산업의 융복합을 촉진하는 기업문화
3) 도덕적-사회적 규범이 점점 무력화되고 그 자리에 유리(遊離)된 유목적(遊牧的) 개인이 등장하는 공동체적 삶
4) 동질적 획일화를 추구하는 글로벌화에 대한 자아비판 끝에 등장한, 지역적 역사적 문화 고유성과 보편문화와의 균형 및 조화를 역설하는 '글로컬리즘'

그렇다면 지적 지형의 이러한 변화에 적절히 조응하기 위해서는 어떤 능력이 요구될까? 여기에 부응하는 지적 자양으로 우리는 다음과 같은 것을 열거할 수 있을 것이다:

1) 파편화된 정보들을 비판적으로 검토하여 유기적으로 연결해 줌으로써 통일적인 의미체계를 구성해 낼 수 있는 '지적 연결지평'과 심도 있는 통찰력

2) 각 분과과학들의 특정 대상에 대한 전문지식들을 유기적으로 융합하여 새로운 발상을 할 수 있는 창의적 사유능력

3) 개인과 공동체의 관계에 대해 일관성 있는 태도를 취하여 자신과 공동체의 상호적 윈-윈 관계를 견지할 수 있는 실천적 지혜

4) 사회적 역사적 특수성과 문화의 보편적 원리를 양립시켜 문화세계의 실질적 균형을 견지하게 하고 문화창조의 변증법적 과정을 수행해 낼 수 있는 역사의식과 공동체의식

1), 2)항은 결국 비판적 창의적 종합적 사고능력과 통찰력이고, 3)항은 도덕적 가치관이며, 4)항은 역사의식과 사회의식이다. 이렇게 볼 때, 글로컬화된 21세기 정보사회가 요구하는 지적 자양은 다름 아닌 심화된 '교양', 특히 '인문적 교양'이라 아니 할 수 없다. 인문적 교양이란 무엇보다도 '사람다운 삶'에 대한 식견과 태도, 즉 인간적인 삶 자체를 총체적으로 성찰하는 지적 자세와 그 성찰의 내용을 실천에 옮기려는 의지적 자세를 일컫는 것이기 때문이다. 인문적 교양이란 ① 비판적이고 창의적인 사고를 토대로 총체적 종합적 사유를 함으로써 세분화된 분야들의 위상을 전체 속에서 혜량할 수 있는 지적 능력을 포함하며, ② 이러한 지적 탐색의 성과를 바탕으로 실천적 행위를 위한 가치관을 확립하고, 이에 따라 자기형성 및 자기결정의 주체적 활동을 수행하는 도덕적 의지를 정련(精

練)하는 힘과 나아가 ③ 정서적(情緒的) 감응도 내면화시켜, '이성과 감성을 넘나드는' 능력도 구사하는 힘을 갖는 것이다. 한마디로 말해 원숙한 지-정-의(知-情-意)의 정신적 활동을 통해 진-선-미(眞-善-美)를 추구하는 품성-자질-능력이 곧 인문적 교양이다.

이렇게 보면, 온전한 의미에서 글로벌화된 21세기 정보사회란 글로컬 문화가 정착되는 사회요, 글로컬 문화가 정착되기 위해 다른 어느 시대보다도 인문적 교양이 더 긴절히 요구되는 사회다. 정보화와의 연관 속에서 위에서 언급한 세 가지 정신적 능력에 대해 재고해 보자:

① 글로컬 문화의 정착을 위해 필요한 지적 능력이란 단순히 기성의 지식을 단순히 습득하는 게 아니라 비판하며, 지식을 스스로 창출하고, 응용하고, 적용할 수 있는 능력, 즉 비판적 창의적 사고의 능력이다. 이는 결국 주어진 사태 속에서 핵심적인 문제를 찾고 그 문제를 해결하는 능력이다. 그런데 정보사회에서 우리가 해결해야 할 중요문제는 대체로 여러 지식분야에 걸쳐 있는 복합적인 문제다. 따라서 문제연관 전체를 조망할 수 있는 안목이 무엇보다 중요하다. 이 총체적 조망능력이 없으면 부분에 관한 전문지식도 무력해지기 쉽기 때문이다. 각 전문분야들의 지식을 폭넓고 깊이 있는 안목 아래서 조망하고 연결시켜 주는 '지적 연결지평'이 요구되는 것이다.

② 의지란 모든 활동의 동인이다. '욕구-믿음-행동'(Desire-Belief-Action)이라는 도식은 오늘날 거의 모든 심리철학자들이 인간의 행동을 이해하고자 할 때 원용하는 분석틀이다. 여기서도 욕구가 가장 먼저 등장한다. 의지가 없으면 인간에게는 자발적 행동이 있을 수 없기 때문이다. 문제는 이 의지의 발동이 극단으로 치우치지 않고 적절한 통로를 거침으로써 문제를 해결하는 원천적 힘이 되게 하는 것이다.

③ 그런데 정보사회에서 특별히 문제되는 것이 정의(情意)적 작용과

지적 작용의 융합(融合)과 호환(互換)이다. 디지털 방식이란 바이너리 코드를 이용해 각종의 정보를 그 질적 성격에 구애받지 않고 수학적으로 연산처리하는 방식이다. 그런데 질적 성격이란 감각적 지각의 대상으로 우리의 감성을 움직이는 것이고, 바이너리 코드로 처리하는 수학적인 연산은 정밀한 사고활동이다. 따라서 이 두 영역을 넘나들 수 있기 위해서는 정서적 감응능력과 합리적 사고능력이 동시에 요구되며, 이 둘이 함께 협동하는 것이 필요하다. 사유와 감각의 호환기술은 이제 감각내용의 논리화, 사유내용의 감각화를 수행함으로써 합리성의 문명을 용해시키고 그 자리에 초합리성의 문화를 구축하려 하고 있다. 이러한 새로운 지적 지형은 한마디로 말해 우리에게 합리적인 과학적 수학적 사유의 능력뿐 아니라 예술적 감수성을 함께 요구하고 있다.

이상과 같은 세 가지 능력 및 자질의 함양은 곧 인문교양교육의 목표다. 그리고 이는 새로운 시각과 조망 아래서 이루어지는 인문학적 탐구 없이는 달성될 수 없는 일이다. 21세기가 글로컬 문화가 정착하는 시대라면, 이 시대는 분명 인문학의 탐구성과를 토대로 하는 인문교양교육을 절실히 필요로 하는 시대가 될 것이다.

5. 인문학 중흥의 기반, 인문교육

하이데거는 〈사유란 무엇인가?〉라는 강의에서 "과학은 사유하지 않는다"고 말한 적이 있다.[94] 과학은 사물을 계량, 분석하고 그 현상의 근거를 밝히며 원인을 설명하지만, 이 모든 것들의 전제가 되는 '이해지평', '해석지평'인 '존재의 의미' 자체에 대해 '성찰'하지는 않는다는 뜻으로 한

---

94) 1951-1952년의 강의 〈Was heißt Denken?〉, 하이데거 전집 8권 수록.

말이다. 이를 다른 말로 풀이하자면, 과학은 삶 전체의 목적적 의미연관을 성찰하지는 않고, 다만 그런 의미연관이 주어졌을 때 그것에 봉사할 수단을 찾기 위한 작업을 할 뿐이라는 것이다.

삶 전체의 목적적 의미연관, 즉 인간의 삶의 조건, 인간다움의 본질, 인간의 본성과 숙명, 이상적 인간상, 인간적 가치, 인간다운 삶의 정체, 인간적 삶의 의의 및 목적, 행동의 규범, 인간의 이상, 인간의 한계 등에 대한 성찰을 인문학은 수행한다. 인문학은 과학과 이렇게 다르다. 과학이 몰가치적(沒價値的) 중립적 객관적 관점을 취하는 '3인칭 학문'이라면, 인문학은 가치개입적(價値介入的) 주체적 실천적 관점에 서는 '1인칭 학문'이라 하겠다.

일상의 현실에서 우리는 삶의 의미나 목적에 대해 자주 묻지 않는다. 난관에 봉착하거나 크게 좌절하지 않는 한, 그것을 실현할 수 있다고 믿는 수단의 강구에만 열중한다. 인문학적 탐구보다는 과학적 탐구가 더 환영받는 이유는 이러한 우리의 현실에 있다. 그러나 그렇다고 해서 전자가 후자보다 덜 중요한 것은 결코 아니다. 특히 현실의 토대가 바뀌거나, 현실의 구조가 변화할 때, 삶의 의미와 목적에 대한 인문학적인 물음은 절실해진다. 다음과 같은 문화사회적 문제상황에 처해 새로운 세기를 맞는 오늘의 한국인에게 인문학적인 물음은 더욱더 절실하다. 아니 절실한 것으로 받아들여야 한다.

1) 한국인은 전근대와 근대와 탈현대가 공존하는 복합적 시대상이 빚는 문화적 갈등 및 문화사적 복통을 앓고 있다.

2) 한국인은 동서 문명의 충돌이 빚어낸 가치관의 괴리(乖離) 증상을 아직도 봉합-치유하지 못하고 있다.

3) 한국인은 이데올로기적 갈등이 민족 정체성 문제와 얽혀 특이한 독성을 품고 있는 남북문제에 끊임없이 시달리고 있다.

4) 한국인은 준비되지 않은 IT산업의 선두주자로 정보화-세계화로 인한 문명사적 전환을 당황스럽게, 그러나 불가피하게 서둘러 맞고 있다.

한국사회의 문화적 모순과 시대적 격변에서 유래하는 인문학적 물음 및 그에 대한 해답의 모색이 긴절(緊切)함에도 불구하고, 그것을 진지하게 받아들이지 않고 있는 현실은 진지한 인문학도들에게는 위기로 다가온다. 한국인이 인문학적 물음을 회피한다면 그 이유는 인문학적 물음이 동반하는 고통 때문일 것이다. 그러나 그 고통을 느끼기 싫어하거나 느끼지 못할 만큼 마비증상이 심해지면, 그 문화공동체는 쇠멸의 길로 접어드는데, 오늘의 한국적 상황이 이런 것은 아닌지 우려된다. 진정한 의미에서 인문학의 위기는 바로 여기에 있다.

산업화를 주축으로 하는 근대화를 집중적으로 추구할 뿐 여타의 문제들은 외면하거나 유보해 왔던 지난 반세기 동안 한국인들이 추구해 왔던 수단적 가치의 증대라는 이념은 과학적 탐구를 존중하고 인문학적 성찰을 경멸하는 풍조를 강화시켜 왔는데, 이는 교육에서도 그대로 반영되었다. 그 결과, 인문학적 성찰을 소홀히 하는 교육과정 및 교육구조가 때늦게나마 등장한 인문학적 각성에 부응하지 못하고 그 제도적 관성 때문에 변신을 하지 못하고 있는 것이 현실적으로 가장 심각한 문제다.

인문학이 존중받고 진흥되어 제 역할을 다하려면 인문교육과 유리되어서는 안 된다. 왜 그런가? 인문학의 학문적 독자성은 무시되어도 되는가?

인문학이 문제 삼는 인간은 그저 객관적으로 관찰 기술되는 대상적 존재가 아니라 언제나 스스로 행위의 주체이므로, 인문학은 주체연관적이다. 인문학은 또 실천적 행위를 염두에 두기 때문에 어떤 방식으로든 평가적 내용을 담는다는 점에서 가치지향적이다. 인문학의 이러한 특성은 물론 지성의 자기반성을 전제로 한다. 자기반성을 토대로 한 주체연관적 가치지향적 탐구가 그 내용의 실현과 무관하다면, 이는 자가당착이다. 한 마디로 말해, '인간다운 삶에 대한 탐구'가 '인간다운 삶의 실현'과 무관하다면, 그것은 자기부정의 공허한 이론에 지나지 않을 것이다.

이런 의미에서 인문학은 인문교육과 불가분의 관계를 갖는다. 아니 본래 동근원적(同根源的)이다. 사실 그 본원을 보자면, 인문학은 인문교육에서 유래한다. 인간으로서 훌륭하게 살아갈 수 있도록 인간적 보편가치의 실현을 도와주는 '인문교육'을 위해 그 인간적 보편가치의 내용을 탐구하고자 하는 것이 곧 인문학이기 때문이다. 인문학은 이상적 인간상을 실현할 실천적 능력을 길러주는 인문교육을 위해 탐구하는 것이며, 인문교육은 이러한 인문학적 탐구의 성과를 바탕으로 그 과제를 수행해야 한다. 역사적으로 보더라도 교회의 지도자인 성직자 양성을 목표로 한 서구에서든, 국정을 담당할 공직자 양성을 목표로 한 동아시아에서든, 동서를 막론하고 고등교육기관에서는 후대의 젊은이를 지성과 덕성을 갖춘 성숙한 인격체로 육성하여 공동체와 세계를 이끌어가도록 책임지우는 것이 교육의 근본 목표였고, 인문학적 탐구는 바로 이런 인문교육의 내용을 준비하는 것이었다.

이 점은 근대적 의미의 실증과학이 발달하지 아니한 동아시아 문화권에서 더 두드러져 보이는데, 시(詩), 서(書), 예(禮), 악(樂)을 중심으로 한 고등교육과정에서 학문탐구와 인격도야가 항상 융합 겸전(兼全)되어 있었던 점이 그것이다. 즉 교육은 곧 인문교육을 가리키다시피 했고, 이 인문교육의 이념은 모든 인문학적 탐구의 중심에 자리 잡고 있었던 것이다. 조선시대 학문과 교육의 최고 전당이었던 성균관에서 그 중심 교육과정을 사서오경(四書五經)의 강독 및 해설, 토론으로 구성했던 것을 보면 이를 확인할 수 있다.

교육과 관련지어 볼 때, 과학 탐구는 과학교육과 분리될 수 있으나 인문학 탐구는 인문교육과 불가분적이라는 점도 주목할 만하다. 과학적 탐구는 그 분석의 깊이가 더해질수록 전문적 분과적이고 따라서 특정한 영역에 국한되지만, 인문학은 그 탐구가 깊어질수록 오히려 삶의 의미연관 전체가 더 광범하게 시야에 들어오고 더 보편적인 가치 지평이 열린다. 그래서 그 탐구성과는 더 고양되고 심화된 '자유/일반교육'(liberal/general education)으로서의 인문교육에 영양원(營養源)으로서 기여한다.

논제 II. 인문교육 강화를 통한 인문학의 르네상스[95]

1. 인문학 르네상스의 전망

과연 우리가 제안하는 방식으로 인문학 연구와 인문교육이 본래의 그 이념대로 상호 연계되고 마침내 통합될 수 있을까? 우리 사회의 문화적 지형이 그것을 수용하고 환영하겠는가? 대학교육의 방향설정도 사회의 교육수요를 충실히 부응해야 한다는 점을 고려해 볼 때, 인문교육을 통한 인문적 소양의 함양이 21세기 정보사회에서 얼마나 필요한 것인지, 특히 우리의 산업사회가 이를 요구하고 있는지 엄정히 가늠해 보아야 할 것이다.

앞서 '시장주의'가 인문학의 위축을 불러왔다는 진단을 한 우리로서는 이 문제에 관해 매우 불리한 입장에 처할 것이라고 속단하기 쉬울 테지만, 격변하는 사회상의 심층부를 들여다보면, 사정은 그렇지 않고 오히려 그 반대라는 것을 곧 알 수 있다.

산업화를 주축으로 하는 근대화를 집중적으로 추구할 뿐 여타의 문제들은 외면하거나 유보해 왔던 지난 반세기 동안 한국인들이 추구해 왔던 수단적 가치의 증대라는 이념은 과학적 탐구를 존중하고 인문학적 성찰을 경멸하는 풍조를 강화시켜 왔는데, 이는 교육에서도 그대로 반영되었다. 그 결과, 인문학적 성찰을 소홀히 하는 교육과정 및 학사구조가 때늦게나마 등장한 인문학적 각성에 부응하지 못하고 그 제도적 관성 때문에 변신을 하지 못하고 있는 것이 현실적으로 심각한 문제이긴 하다.

그러나 이제는 사정이 달라졌다. 앞에서도 언급했던 이 시대 정보사

---

95) 숭실대 한국문예연구소, 『한국문학과 예술』 제8집, 2011에 「21세기 인문학 르네상스를 기다리며」라는 제목으로 일부 수록.

회의 문화적 지형을 다음과 같이 간추려 재정리해 보자:

1) 글로벌화(Globalization), 전 세계가 하나의 작은 촌락으로 좁혀지는 이 메가트렌드는 21세기를 맞는 인류문명의 거스를 수 없는 대세다.

2) 그런데 이 인류적 메가트렌드는 실은 시공적 제약을 극복한 의사소통의 혁명, 즉 '정보화'라는 변화에 의거한 것이다.

3) '정보혁명'이라 불리는 이 변화는 두말할 나위 없이 '디지털 기술'의 획기적 발전을 통해 이루어진 것이다.

4) 디지털 기술의 획기적 발달은 의사소통의 혁명과 더불어 인류의 문화생활에 다음과 같은 주목할 만한 변화를 가져왔다: ① 지식-정보의 파편화와 사고에 대한 감각의 우세, ② 복합적 욕구충족의 기대, ③ 공동체 삶의 유목화. 유목화 현상이 최대규모로 전개된 '글로벌화'

5) 그런데 글로벌화는 외형적으로, 특히 경제활동에서, 몰가치적 탈역사적 획일화를 불러올 위험을 안고 있다. '세계'와 '지역'의 문화적 균형을 주창하는 '글로컬리즘'은 이 위험에 대한 경계로 이해해야 한다.

6) 정보혁명은 지식의 창출, 확산, 활용이 이루어지는 지식사회와 이를 담당하는 교육의 방향에도 큰 변화를 가져온다.

7) 이 변화는, 글로컬리즘의 이념에 비추어 보더라도, 인간의 지적 활동에 대한 새로운 요구, 즉 인문적 교양의 함양에 대한 요구로 나타난다.

8) 산업화의 과정 및 산업사회에서 분과학문적 전문지식이 우선적으로 중요시되었던 것과 대조적으로 정보화된 글로벌 사회에서는 인간과 세계에 대한 총체적 안목이 중요시된다.

이상의 진단과 판단에 따르면, 21세기 새로운 정보사회에서는 그 지적 지형이 인문학적 소양을 더욱 필요로 하는 정황이 되었다는 말이다. 그 내용을 좀 더 살펴보면, 핵심은 지식-정보의 파편화와 사고에 대한 감각의 우세, 복합적 욕구충족의 기대, 공동체 삶의 유목화 등으로, 이들 현상이 문제다.

온갖 정보를 수학적으로 분절하여 처리하는 디지털 기술은 정보의 양산을 가능케 하지만 다른 한편으로는 지식을 지혜로까지 숙성시키지 못하고 파편화시킨다. 파편화된 지식이 압도하다 보면, 사물의 인지와 행동의 판단에서 지성의 힘보다도 감각적 지각에 더 의존하게 되는 경향이 강해진다. 그리고 의사소통에서 시공적 제약이 거의 없어짐에 따라 동시적 총체적 욕구충족에 대한 기대가 보편화되고 또 이를 충족시켜 줄 융합기술과 융합산업이 등장한다. 개개인의 생활에서도 단계를 밟으며 시간적 경과를 기다리는 태도는 점차 약화되고 따라서 실생활에서도 호흡이 점점 짧아져 근시안적인 고려 아래 조급하게 행동하는 것이 일상화된다. 공동체의 일원으로서 살아가는 모습에도 변화가 일어 주변과의 유대(紐帶)는 점점 취약해지고 상호 고립된 개체들이 정처 없이 떠도는 소위 '유목적' 삶이 보편화된다. 이 유목적 삶이 가장 광범하게 전반적으로 확장된 현상이 곧 '글로벌화'(globalization), '세계화' 현상일 것이다.

이러한 현상들은 실은 문화생활 전반에서 구조적이고 지속적으로 인간성의 소외를 낳게 되므로 이를 극복하기 위한 지적 대응이 우선적으로 요구되는데, 인문학의 역할과 과제가 주목받는 것은 바로 이 맥락에서이다. 사실 '유목화' 현상이란 지식사회, 기술 영역, 그리고 산업계 등 21세기에 돌입하는 사회상의 변화가 모두 집적되어 구체화된 현상이므로, 이의 극대화 현상인 글로벌화 현상을 인문학의 위축과 관련지어 면밀히 검토하는 일은 무엇보다 중요하다고 본다.

정보화를 기초로 한 글로벌화는 우선 현상적으로 자본, 노동, 상품뿐 아니라 서비스, 정보, 기술에 이르기까지 모든 경제재가 국경을 넘어 조직되고 교환되는 경제적 현상으로서 등장했다. 이는 이윤추구라는 목표를 향한 자본주의적 경제가 그 시장을 확장하려는 근본적 추동(推動)이 전개된 결과다. 정부의 경제 외적 시장개입을 최소화하고 생산-유통-소비의 구조를 효율성 극대화를 목표로 개혁하여, 시장의 자율적 기능을 강화하고 자유경쟁을 무제한 보장하여 개인의 이윤추구를 극대화한다는 이른바 신자유주의가 그 기조를 이룬다. 신자유주의란 본래 개인의 기본권과 자율성을 무엇보다도 최우선시하는 정치철학적 이념인데, 이것이 경제활동에 적용되면, 무제약적인 무한경쟁이야말로 각 개인에게 최선의 결과를 가져다주어 그 결과 시장 전체도 최상의 효율성을 달성할 수 있다는 전제 아래, 국가 간의 경계를 허물고 세계 전체를 하나의 거대한 시장으로 형성하려는 기획에 동조하게 된다. 글로벌화에 선행했던 '국제화'의 이념(inter-national)이 국민국가를 기본단위로 삼았던 데 반해, '글로벌화'의 이념, 즉 초국가주의의 이념(trans-national)은 국경에 구애받지 않는 개개의 시민 각자를 경제적 교환행위의 주체로 간주한다.

교환가치가 있는 것이라면 무엇이든지 제한 없이 교환할 수 있는 시장을 확보하려는 노력은 사이버 공간을 존재론적 기초로 하는 '인터넷'의 세계를 무대로 하여 전통적인 유형(有形)의 상품만이 아니라 지식이나 서비스 같은 무형(無形)의 대상마저도 거래하는 데까지 이르렀다. 무제약적으로 광역화된 시장에서 자유로운 경쟁을 통해 효율성과 이윤의 극대화를 도모할 뿐, 이 평가의 척도 외엔 다른 어떤 요인도 고려하지 않는 것이 신자유주의적 디지털 경제의 실상이다. 여기서 문제되는 것이 획일성의 위험이다.

본래 화폐라는 것 자체가 몰가치적 몰역사적 중성적 획일성을 그 본성으로 하거니와, 금융을 매개 중심으로 한 '글로벌' 경제가 신자유주의의 노선 아래서 전개된다면, 거기에 역사적 문화적 다양성이 의미 있게 작용할 여지는 거의 없게 될 것이다. 그런데 이렇게 '차이'가 무시되고 오직 하나의 원리만이 지배하는 질서로 세계가 '글로벌화'하게 되면, 과연 이러한 체계가 존속, 번영할 수 있을까?

폐쇄된 체계 속의 절제되지 않은 경쟁은 체계 전체를 붕괴시킨다. 폐쇄된 체계에 외부로부터 이질적인 요소의 공급이 차단되어 다양성이 감소하고 동질성만으로 획일화되면, 그만큼 체계 전체의 변화에 대한 적응성이 감소한다. 그 체계가 경험하지 못한 작은 변화에도 체계 전체가 와해될 수 있음은 생명종이나 생태학적 현상에 대한 생물학적 관찰의 결과 확인되는 사실이다.

그렇다면 이러한 시대적 요구에 부응하는 인문교육의 내실을 기하는 일은 교육의 그 어떤 부문보다도 최우선적으로 수행되어야 할 일이다. 그래야만 인문학도 발전할 수 있거니와, 나아가 이렇게 방향을 잡을 때 인문학은 위기를 넘어 오히려 제2의 르네상스를 맞을 것이다.

2. 인문학 연구와 인문교육의 유리 현상

오늘 우리 한국의 사정을 보면, 아이러니컬하게도 인문학에 대한 사회적 수요는 매우 큼에도 불구하고 대학에서 인문학 분야는 점점 위축되고 쇠퇴하고 있는 양상이다. 외적으로는 산업화 과정에서 수단적 가치를 증대시키는 과학에 압도당하고, 내적으로는 실천적인 인문교육과 유리되는 이론화와 과학화의 길을 가면서 인문학은 본래의 제 역할을 다하지 못하고 있다는 진단은 틀림이 없지만, 이런 원인(遠因)에 더하여 아주 구체적으로 인문학의 위기를 조성하게 만든 직접적 근인(近因)은 현행의 대학 교육과정과 교육구조이다.

어느 대학의 경우를 보더라도 대체로 인문학 분야의 전공(학과)들에서는 소위 '전공과목'과 '교양과목'을 획연히 구분하고, 후자보다는 전자에, 즉 '인문교양교육'보다는 '인문학 전공교육'에 더 훨씬 큰 관심을 갖고 열중하고 있다. 전자는 전문적으로 '학문'으로서의 인문학에 종사하고자 하는 전공학도를 가르치며 지도하는 일이고, 후자는 인문학을 전공으로 하지 않는 대다수의 학생들로 하여금 일반적 교양의 핵심으로서 인간의 인간다운 삶에 대한 통찰과 안목을 갖도록 하는 일이다. 그러고 보니 현실적으로 대학은 본래적인 의미의 '인문교육'을 수행하는 '교양교육'으로서의 '인문교육'은 소홀히 하고, 전문 인문학자를 양성하는 것을 목표로 하는 '전공교육'으로서의 '인문학 교육'만을 중시하고 있는 셈이다. 이는 대학인이라면 다 아는 사실이다.

그러나 실제적인 교육수요의 측면에서 보면 인문교양교육에 대한 수요가 인문학 전공교육에 대한 수요보다 훨씬 더 크다. 그리고 진정한 의미에서의 인문교육은 전자에서 수행된다고 본다. 인문학 분야에서 인문학 전공교육을 받고 이어 대학원에 진학해 전문적인 인문학자의 길을 가려는 학생은 극소수에 불과하고, 대부분의 학생들은 인문교양교육을 받으면서 동시에 실용적인 직업관련 교육을 받고자 원한다. 따라서 진정한 의미에서의 '인문교육', 즉 과학의 모델을 좇아 전문적으로 이론화된 '인문학' 교육이 아니라 인간의 인간다움에 관한 성찰로서의 '자유/일반교육'인 인문교육은 바로 이 영역에서 수행된다고 보아야 할 것이다.

문제는 대학의 인문학 분야에서 교육과정을 두 가지로 확연히 구별하여 시행하는 데 있다. 실은 대학의 학사과정에서는 가능한 한 이 두 가지 학업의 길이 하나로 수렴, 통합되어야 할 것이다. 이를 가로막고 있는 통념이 있는데, '교양교육'은 상식적이고 피상적인, 학술적으로 수준 낮은, 입문적인 내용을 다루면 된다는 편견이 그것이다. 그러나 이 양자를 현행 교육과정에서처럼 철저히 구분하는 한, 본래적인 인문교육의 이념도 구현되지 않고, 인문학 연구를 매개로 한 인문학 전공교육도 소기의 성과를 거두기 어렵다고 본다.

한편으론, 전공과목 수강생이라 해도 소수의 학문지향적인 학생들을 제외하고는 그 과목에 큰 관심을 갖지 않고 소극적인 태도를 취하므로 학업상의 부적절성 내지 낭비가 문제된다. 내면적인 지적 요구나 개성적인 성향이 요인이 되어 자발적으로 인문학 전공을 택했다기보다는 대학 진학이라는 단순한 목적 때문에 성적에 따라 원치 않는 학문을 전공으로 삼았기 때문이다. 이들은 대체로 최소한의 전공과목 이수로 인문학 전공학업을 떠나며, 실질적으로는 다른 실용학문 강좌를 수강하여 외적 필요성에 부응하고자 한다. 사실 이들이 모두 전공학업에 적극적인 열의를 보여 장차 전문적으로 학문탐구의 길로 나아가고자 한다 해도, 이 또한 큰 문제가 아닐 수 없다. 전공교육으로서의 전문적 인문학 교육은, 아니 인문학 연구는, 대학원에서 본격적으로 이루어져야 할 일이다.

다른 한편, 인문교양과목들은 많은 경우 전임 중진 교수들의 기피로 인해 학문적 성숙이 아직 진행 중에 있는 젊은 강사들이 담당하게 되어 인문교육의 본래 이념에 충실히 부응하지 못하고 있는 것이 현실이다. 실은 이 인문교양과목이야말로 심도 있고 광범한 학문적 탐구 끝에 얻어지는 성과를 교육내용으로 해야 하는 것이지, 단순히 수준 낮은 초보적인 내용으로는 그 교육의 목표를 달성하기 어려운 것이다.

그러나 이 두 교육과정이 하나로 통합된다면, 그리하여 인문교양교육이 지금의 인문학 전공교육처럼 수준 높은 것이 된다면, 심도 깊은 인문학 연구가 인문교육의 심화로 자연스럽게 연계되어 명실상부한 인문교육이 이루어질 것이고, 이에 따라 그 확장된 교육 영역만큼 인문학 연구에 대한 수요도 확장될 것이다. 현행처럼 집토끼도 산토끼도 모두 놓치는 것이 아니라 일석이조(一石二鳥), 일거양득(一擧兩得)이 될 것이다.[96]

---

96) 졸고, 「교양교육과 전공교육의 균형과 수렴에 관해」, 『교양교육연구』 4권 2호, 2010 참조.

3. 인문학과 인문교육의 통합을 위한 교육과정

산업화라는 외부환경과 과학화라는 내부사정으로 인해 크게 왜곡된 인문학과 인문교육의 동원성(同源性)에 대해 각성한 바가 있다면, 이 양자를 다시 연계시킬 방안을 강구해야 할 것이다.

그 첫걸음은 앞서 말한 대로 인문학 분야 교육과정에서 전공과목과 교양과목의 차별을 없앰으로써 인문학 전공교육과 인문교양교육을 통합하는 일이다. 소수의 학생을 위해 특정 인문학 전공교육과정을 운영한다는 것은 현실적으로 수용되기 어려운 일이다. 바로 이런 점 때문에 몇몇 대학에서는 특정 학과를 폐과시키려 하기도 한다. 만일 인문학 전공교육과정과 인문교양교육 과정이 하나의 교육과정 안에 통합되어 운영된다면, 극단적인 예로, 그 특정 전공을 전공하려는 학생이 단 한 명도 없는 경우에라도 다수의 학생들에게 그 인문교양교육을 실시할 과제와 기회는 여전히 상존하므로, 그 인문학 분야 교육과정은 그대로 운영될 것이다.

그러기 위해선 먼저, 앞서 말한 '교양교육'에 대한 왜곡된 통념을 과감히 버려야 한다. 대학에서 교양교육이란 전공교육에 비해 볼 때 '하면 좋지만, 아니 해도 무방한 여분의 교육'이라는 피상적 편견은 버려야 할 것이다. 진정한 의미에서 교양교육은 전공교육과 나란히 대학교육의 한 축(軸)을 이루는 것으로 그 학문적 깊이와 성과가 오히려 전공교육보다도 더 높은 수준의 것이어야 한다. 나아가 교양교육의 내용은 학문적 깊이가 있으면서도 새로운 문화적 현실에 부응할 수 있기 위해 지속적으로 쇄신되어야 한다. 그러기 위해서는 학문적 연구 내용을 교과목으로 빚어내는 교육적 노력이 지속되어야 한다.

좀 더 구체적으로 강좌운영을 생각해 보자: 먼저 인문학 분야의 해당 전공 교과목들을 전공과 교양으로 구분하는 대신 그 이론적 수준에 따라 초급, 중급, 고급 단계로 구분하여 전공 학생에게나 비전공 학생에게나 차별 없이 수강토록 허용한다. 해당 학문을 전공할 생각이 전혀 없는 학생들에게도 지적 자극을 줄 수 있는 정련된 강의 내용을 초급강좌로 개발한다. 교과목을 초급, 중급, 고급 단계로 구분할 때 척도가 되는 것은 이론화의 수준이다. 즉 구체적인 현실의 체험 내용이나 그에 대한 사실과학적 서술 등이 차지하는 부분과 추상적인 이론에 관한 부분이 어느 정도의 비율로 이루어져 있느냐 하는 것이 단계를 구분하는 기준이 된다는 말이다. 그리하여 초급 강좌에서는 이론이 전면에 등장하지 않고 현실의 체험, 기술(記述), 진단, 비평 등이 주된 내용을 이루다가, 학기말쯤에 가서야 검토된 현실에 어떤 인문학적 문제가 도사리고 있는지 문제를 제기하고, 이 문제를 다루는 이론들을 약간 소개하는 정도로 그친다. 물론 중급 강좌를 거쳐 고급 강좌에 이르면, 거기서는 인문학적 이론들 간의 논쟁들이 주제적으로 다루어지고 이 논쟁에 대해 수강생들은 나름대로의 자기 견해를 가져보도록 유도된다.

초급 강좌를 통해 현실 속에서 인문학적 문제를 찾아내는 감각과 능력을 보이며 그런 학업에서 즐거움을 느끼는 학생은 자연스럽게 그 인문학을 전공하려 할 것이다. 이런 학생들은 다수는 아니겠지만 장차 '학문 후속세대'로 성장할 사람들이라고 보아도 무방할 것이다. 그 인문학을 전공으로 택하지 않는 학생이라도 어차피 '교양과목' 이수 규정에 따라 초급 강좌를 수강한 것이 계기가 되어 인문학적 성찰의 의의를 깨닫고 인문학적 탐구의 가치를 수긍하게 된다면, 그 강좌는 '인문교육'을 성공적으로 이끈 강좌일 것이다.

해당 인문학 강좌 중 (주로 초급 강좌가 되겠지만) 이러한 강좌군이 형성되면 이 강좌들은 자연스럽게 전공과목이자 동시에 교양과목으로 역할을 다하는 이른바 교양-전공 겸용과목으로 정착하게 될 것이요, 이들을 전공과 교양 양 영역에서 '중복 설강'(Double Listing)하는 것은 아주 자연스러운 일이 될 것이다. 전공교육과정과 교양교육과정의 전적인 통합을 준비하는 이러한 예비 단계가 성과를 거두고 해당 전공분야 교수들로부터 인정받게 되면 양 교육과정의 통합은 점차 추진될 수 있을 것이다.

이를 위해서는 학문적 숙성이 아직 진행 중인 젊은 강사에게 이런 강좌를 맡기는 관행을 깨야 한다. 고정된 '교과과정표'에서도 과감히 탈피하여 교수든 강사든 자신 있게 강의할 수 있는 내용의 강좌를 탄력적으로 개설 운영하는 것이 바람직하다.

4. 인문교육 정상화를 위한 교육구조

그러나 이 목표를 달성하기 위한 더 적극적인 작업은 교육구조의 개혁에 있다. 인문학 분야는 직업적 전망이 밝은 학문분야가 아니다. 대학교육의 의의를 직업교육에서 찾는 대다수의 학생들에게 인문학 학업은 무망한 일이다. 그러나 직업교육 자체를 위해서도 인문교육이 필요하고 인문학의 연구와 교육은 그 자체로 대학의 사명이므로 이를 방기(放棄)할 수는 없다. 균형 잡힌 교육을 통해 학생들에게 현실과 이상에 대한 깊은 통찰력과 폭넓은 안목을 갖추어 주기 위해서는 인문학 분야의 학업을 수행할 기회를 주어야 한다. 이를 위한 가장 바람직한 방책은 명실상부한 '학부'나 '학부대학'을 설치해 학생이 특정 전공학과에 '갇히지 않고' 여러 학문분야의 학업을 자유롭게 수행하게 하는 것이다. 산업사회와는 달리 정보사회에서는 지식, 기술, 산업 등이 모두 분화, 전문화보다는 융합, 종합화의 경향을 보인다. 오늘의 문화사회적 상황은 여러 문제영역들이 각기 분립되어 있지 않고 서로 연계, 융합되어 있기 때문이다. 따라서 새로운 정보사회에서는 문제해결을 위한 지적 능력도 어느 한 분야에서의 지식 습득만으로는 함양되기 어렵다. 해결해야 할 문제들이 총체적 맥락 속에서 한꺼번에 다가오므로 문제해결의 방식도 종합적일 수밖에 없고 따라서 문제해결의 능력도 융합적이어야 한다는 말이다. 인간의 인간다운 삶에 대한 성찰을 내용으로 하는 인문학적 소양이야말로 여기에 꼭 필요한 것이다. 그러므로 대학교육을 통해 이를 함양하는 일은 전공분야와 상관없이 중요한 것이다.

인문학의 입장에서 보더라도 특정 인문학을 전공하는 학생을 확보하여 '학과'를 유지하려는 기획보다 보다 광범한 영역의 학생들에게, 나아가 전교생에게 인문학 강좌를 제공하려는 기획이 앞서 말한 이유 때문에 더 성공적일 것이라 본다.97)

현실을 감안하여 차선책으로 생각할 수 있는 것이 복수전공 혹은 부전공의 의무 이수제이다. 내용인즉, 직업적 전망이 밝은 응용학문분야를 전공하는 학생들에게 인문학이나 사회과학이나 자연과학 등 기초 순수학문을 제2의 전공으로 혹은 부전공으로 공부하게 하는 제도이다. 그 이유 및 성과는 앞서 말한 바대로다.

복수전공이나 부전공제도가 추구하는 바와 유사한 교육적 의도로 추진하되, 특정 의도를 갖고 특정 방향으로 교육내용과 교육과정을 새로이 구성해 보고자 할 때 속칭 '연계전공'이라는 교육과정을 구성할 수가 있다. 이는 몇몇 전공분야의 과목들을 선정하여 이들을 특정 주제에 초점을 맞추어 재구성함으로써 일종의 복합학문적 교육과정을 구성하는 것이다. 이 복합학문적 교육과정이 어떤 주제에 초점이 맞추어져도 인문학은 그 본성상 필수적인 과목들을 제공하게 되어 있기 때문에, 연계전공제도도 인문학 연구와 인문교육을 위해 바람직한 기획이라 하겠다. 관건은 역시 이를 전담하는 교수진이 확보되어 열성적으로 새로운 교육수요에 부응하

---

97) 학부제, 학부대학에 관해서는 졸고, 「새로운 교육수요와 교양기초교육」, 『교양교육연구』 1권 1호, 2007; 「융복합 교육의 기초와 학부대학의 역할」, 『교양교육연구』 3권 1호, 2009 참조.

는 교육내용을 개척하는 데 있다.

이상의 방책들이 공히 전제로 하는 것은 교육구조의 '성층화'이다. 기초학문분야, 특히 인문학 분야의 학업과 다른 응용학문분야의 학업을 평면 위에 병치해 놓고 선택하도록 하는 현행의 '학과제'는 그 교육구조가 획일화된 단층구조이다. 직업지향성이 강한 응용학문분야의 학업은 반드시 기초학문분야의 학업을 기초로 하고 그 위에 이루어지도록 학업을 '성층화'시키기 위해 교육구조도 성층화되어야 한다는 말이다.

한국의 대학교육에서 한편으로는 인문학의 발전을 가로막고 다른 한편으로는 인문교육의 심화를 방해하는 또 하나의 특유한 학사구조가 있는데, '사범대학'이 바로 그것이다. 중등교사를 양성하는 교육기관으로 출발한 사범대학은 정부 수립 후, 그리고 한국전쟁 후, 국민교육의 공백을 메워 주는 엄청난 기여를 한 것이 사실이지만, 산업화가 어느 수준 달성되고 교육기구가 정비된 1980년대 중반 이후로는 한국 교육의 도약을 위해 순기능보다 역기능이 더 많은 교육기관이 되었다. 사범대학은 이제 학사과정에서는 물러나 '교육전문대학원'으로 격상되어 거듭날 때가 되었다.

사범대학은 학자를 양성하는 기관이 아니고 교사를 양성하는 기관이므로 학문적 탐구는 그 일차적인 중심과제가 아니다. (사범대학에 대학원 과정을 두고 있는 것도 원론적으로 숙고해 보면, 자가당착이다. 우수한 사범대학 졸업자가 교사로 나가지 않고 대학원 졸업 후 교수가 되는 것은 사범대 설립의 이념에 비추어 볼 때 난센스다.) 교사 양성 학사과정에서는 학문적 탐구가 중점적으로 요구되지 않는다. 실제로 학생들은 임용고사라는 시험에 대비한 공부를 열심히 하여 교사가 된다. 기능적 지식의 전수를 담당하는 교과에서는 몰라도 인문학 분야의 교과에서는 이러한 학업만으로는 교사로서 인문교육을 수행하기가 어려울 것이다.[98] 학생들이 청소년기를 보내

---

98) 사범대학에서도 (인문학 분야에서) 인문학적 탐구가 교육의 중심이 된다고 주장한다면, 이는 곧 사범대학이 인문대학과 교육과정상 다를 바가 없음을 시인하는 것이요, 그렇다면 (인문학 분야만큼은) 인문대학과 별도로 사범대학이 존속해야 할 이유

는 중등교육과정에서는 인문교육이 특히 더 중요할 텐데 교과교육 중에서
도 가장 중요한 핵심을 차지하는 이 인문교육이 인문학적 탐구를 심화시
킬 기회가 없었던 교사들에게 맡겨짐으로써 중등 인문교육의 수준을 고양
시키는 일은 기대하기 어려운 것이다.

　고급 전문 직업군의 하나가 되는 것으로 '중등교사'를 생각해 본다면,
교사군이야말로 학사과정에서는 기초학문분야의 학업을 학문탐구적 자세
로 수행하고, 특정 분야의 교사로서 활동하는 데에 필요한 전문적 노하우
는 전문대학원, 즉 '교육전문대학원'에서 연마하는 것이 바람직하다고 본
다. 인문학 분야에서 이 점은 더욱 두드러져 보인다.

　좀 더 시야를 넓혀 보면, 이공계 학문분야가 산업계와 연계되듯이, 인
문학 분야는 사회의 문화적 지형에 비추어 볼 때 중등 교육계와 연계되는
것이 자연스럽다. 구체적으로 말해, 인문학 분야에서 학문적 탐구에 종사
하고자 하는 후속세대가 중등교육에서 인문교육에 종사하도록 하는 것이
자연스럽다는 것이다. 대학에서의 인문학 연구와 중등교육에서의 인문교
육이 이렇게 제도적으로 연계되면, 한편으로는 인문학 분야의 학문후속세
대를 널리 확보함으로써 인문학의 진흥에 실질적인 토대가 마련되고, 다
른 한편으로는 인문학적 연구성과가 중등교육과정의 인문교육을 더욱 내
실화시켜 일거양득이 될 것이다. 인문학 진흥 및 중등 인문교육을 위해
정부가 취하는 그 어떤 행재정적 조치보다도 이 방안이 더 큰 결실을 거
둘 것이다. 그런데 이 방안은 교사양성을 전담하고 있는 사범대학제도가
엄존하는 한 현실적으로 구현되기 어렵다.

가 없을 것이다.

〈교양교육 내용 관련 주요 이슈 4〉

제9장 고전교육론
— 고전의 정체성 및 고전교육의 의의 —

1. 문해(文解, Literacy)교육의 의의

글을 읽고 그 뜻을 이해하는 것, 그리고 자신의 생각이나 감정을 글로 적어 표현하는 일, 이 두 가지는 문자시대가 열린 이래 교육의 근본이 되어 왔다. 이름하여 문해(文解, Literacy)능력의 계발, 연마라 한다. 교육받은 사람과 그렇지 않은 사람의 차이가 바로 이 문해능력의 유무에 있을 만큼 '글을 깨치는' 것은 교육의 근본이자 중심이었다. 왜 그랬을까?

주지하다시피 인간의 커뮤니케이션은 오감 가운데서도 특히 청각과 시각에 많이 의존되어 있다. 시각 커뮤니케이션은 감각내용을 동시적으로 한꺼번에 받아들이는 방식이다. 대상을 보고 전체의 상을 읽어 내려면 그 전체를 한꺼번에 동시적으로 봐야 한다. 부분 부분을 차례차례 보다가는 그림이 그려지질 않는다. 그래서 그것을 '모자이크적'(mosaic)이라 한다. 이에 반해 청각 커뮤니케이션은 감각내용을 시간의 흐름에 따라 차례차례 '순차적'(順次的, sequential)으로 받아들이는 방식이다. 도대체 감각내용이 우리에게 주어지길 순차적으로 주어지니 그럴 수밖에 없다. 이렇듯 선을 따라가며 이루어지는 방식이라 하여 '선형적'(線形的, linear)이라 한다.99)

그런데 이 선형적인 청각 커뮤니케이션에서는 청각 내용이 순차적으로 주어지기 때문에 앞서 들은 것과 뒤에 듣는 것을 연결해 가면서 들어

---

99) M. McLuhan의 표현, 앞의 각주 59) 참조.

야 그 의미를 이해하게 된다. 그리고 이 앞뒤를 이어주는 활동은 그저 수동적인 지각작용이 아니라 능동적인 사고작용이다. 이렇듯 청각적 커뮤니케이션에서는 수동적인 지각작용에 더하여 능동적인 사고작용 또한 있어야 의사소통이 이루어진다는 사실이 주목할 점이다.

이때 앞선 것과 뒤따르는 것의 연결에는 두 가지가 있는데, 하나는 논리적 연결이고 다른 하나는 인과적 연결이다. 이 연결을 수행하는 사고작용을 우리는 각각 논리적 사고, 인과적 사고라고 부른다. 논리적 연결고리는 공간체험의 독점적 배타성이 사고작용에 반영된 것이고, 인과적 연결고리는 시간체험의 불가역적 순차성이 사고작용에 반영된 것이라 볼 수 있다. 연원이야 어떠하든, 논리적으로 혹은 인과적으로 우리의 사고규칙이 수용할 수 없는 것이면, 그것은 '이해가 안 가는 것'이고 따라서 의사소통은 이루어지지 않는다. 인간의 구어적(口語的) 의사소통에 있어서는 특히 논리적 연결이 중요하다.

그런데 구어적 의사소통이 문어적(文語的) 의사소통으로 전환하게 되면, 이 점은 더욱 두드러지게 된다. 구어적 의사소통이든 문어적 의사소통이든 모두 선형적 커뮤니케이션 방식인 점에서는 같다. 그러나 전자에서는 어조나 표정이나 제스처 등 감각적인 요소가 의사전달 내용 자체에 덧붙여져 함께 작용하는 편이지만, 후자에선 이러한 것들이 거의 남김없이 배제되고 오직 의미 내용만 남아 이성적 사고의 활동만이 중심역할을 한다. 글을 눈으로 읽는다 해도 글자의 모양이나 크기, 색깔 등 시각적 감각내용은 여기서 별로 작용하는 바가 없다. 책에 쓰인 글을 읽고 이해할 때는 그 글의 의미 내용을 사고하는 것이 중심이지 글자의 모양이나 색깔 등에 대한 시각적 지각은 별로 작용하는 바가 없다는 말이다.

이렇게 보면, '글을 깨쳐 읽게' 된다는 것은 논리적 추론을 수행하는 합리적 사유의 능력을 갖추게 됨을 의미한다. 그리고 합리적 사유를 할 수 있다는 것은 아직 경험해 보지 못한 미지의 새로운 세계라도 이제까지의 경험을 바탕으로 사유의 힘에 의거해 이해하고 예측할 수 있음을 의미하고 나아가 그 미지의 세계에서 행할 미래의 행동을 기획할 수 있음을 의미한다.

교육이란 인간이 자연적 존재인 동물의 한 종에 머물지 않고 정신적 활동을 통해 문화적 존재로 고양하게 하는 것인바, 여기서 가장 중요한 것이 바로 '미경험의 세계를 대상화시켜 미래를 기획하는' 능력이다. 이러한 능력을 기르지 않고서는 교육이 제 할 일을 다 했다고 할 수 없을 것이다.

정보의 입수와 의사소통에서 이성적 사고활동이 중심이 되는 문자시대에 들어서면서 인간의 관리 가능한 세계는 감각적 경험세계를 벗어나 넓게 확장되었고, 인쇄술의 발명으로 글과 기록에 의한 정보 유통이 확산되면서 문자해독이 민중들 사이에서 보편화된 근대 이후 이는 더욱 광범화되었다. 안으로는 권위나 인습을 비판하는 합리적 사유가 공동체 성원 전체에서 작동하기 시작하였고, 밖으로는 기획 관리가 가능한 미경험의 세계가 예상 밖으로 대폭 확장되었던 것이다. 서양의 '근대세계'는 이렇게 열린 것이요, 이 모두 문자해독을 출발점으로 하는 대중교육의 성과였다.

미경험의 세계를 기획한다는 것은 경험 여부를 떠난 추상적 '대상' 영역의 확보를 전제로 하는 것인데, 이는 다른 관점에서 보면 일상적인 '생활세계'로부터 거리를 취하고 뒤로 물러서서 '전체를 관통하는 원리'를 탐색함을 의미하기도 한다. 근대 이래 전대미문의 과학적 성과가 인류문명을 폭발적으로 확장 발전시킨 것도 그 근원을 거슬러 올라가 보면 '선형적 사고교육의 대중화'에서 기인한다고 볼 수 있다.

2. '디지털' 시대의 의사소통 양상

그런데 지난 4반세기 사이에 일어난 의사소통 및 정보교류 방식의 변화는 우리의 의사소통활동에서 이러한 '근대적 선형성'을 약화시키거나 박탈해 가는 방식으로 전개되고 있다. 두말할 것 없이 디지털 기술이 탄생시킨 '전자매체'의 활용 때문이다. 전 지구를 하나의 마당으로 삼아 방향성 없이 '인터넷'에 넘쳐흘러 다니는 정보의 홍수는 말할 것도 없고, 전자메일(e-mail), 트위터, 페이스북, 카톡 등 각종 형태의 SNS(Social Network System, 사회적 연결 시스템), 소위 'e-Book'이라 불리는 새로운 형태의 '책 아닌 책'에 이르기까지, 문자에 의한 의사소통방식도 전례 없이 다양한 기상천외의 양식으로 등장하고 있다. 종래 한 가지밖에 없던 문어적 의사소통방식, 즉 '종이 위에 글을 쓴 문서나 책'이라는 매체는 이제 '탈현대'에는 어울리지 않는 '불편하고 비효율적인, 낡은' 근대의 유물에 되어 가고 있다.

이 새로운 스타일의 의사소통방식은 어떤 특성을 보이는가? 문어적 의사소통이 갖는 '근대적 선형성'을 약화시킨다는 것은 무엇을 일컫는 것일까? 이 새로운 스타일의 의사소통방식은 두말할 나위 없이 디지털 정보통신기술의 산물로서 그 특성도 이 새로운 기술의 속성을 반영하는 것이다. 그렇다면 이 새로운 정보통신기술의 속성은 어떤 것인가?

첫째, 그것은 사유와 지각의 융합 및 호환(互換)을 비생명적 물리적 공간 속에서 실현한다: 정보통신기술은 정보기술(Information Technology)과 통신기술(Communication Technology)이 결합된 것이다. 그런데 정보기술이란 실은 인간의 논리적 사유과정을 기계의 물리적 과정으로 변환시키는 인공지능기술에 기초한 것이고, 통신기술은 정보내용을 신속 정확하게 원거리에 전달하는 기술이다. 결국 정보기술은 인간의 사고기능의 확장을, 그리고 통신기능은 인간의 감각적 지각기능의 확장을 실현한 것이다.

둘째, 그것은 커뮤니케이션 영역에서 시간적 공간적 도구적 제약을 거의 남김없이 극복한다: 인공지능기술은 그 정밀도, 정확도, 그리고 속도와 지속성에서 인간의 자연지능을 크게 능가하고, 통신기술은 종전의 아날로그 방식과는 비교가 안 될 만큼 훨씬 더 신속 정확하게 온갖 정보를 지구 전체의 원거리에 전달해 준다. 따라서 이 두 기술의 결합은 자연 현실에서는 극복할 수 없었던 시공적 제약을 뛰어넘는다. 이른바 '유비쿼터스 커뮤니케이션'(Ubiquitous Communication)을 가능하게 만든 것이 그것이다.

이러한 디지털 기술이 의사소통활동에 불러온 새로운 양상은 어떤 것일까?

디지털 방식이란 아날로그적 정보를 수학적 연산처리 과정을 통해 해체했다가 다시 복원하는 것이다. 그런데 아날로그적 정보는 본래 감각적 지각내용이고 수학적 연산처리 작업은 정치한 사고활동이다. 따라서 디지털 방식이란 이 두 영역을 넘나들며 감각적 지각과 합리적 사고를 호환, 융합하는 것이다. 다시 말해 감각내용의 논리화, 사유내용의 감각화를 수행하는 것이다.

사유와 감각의 호환이 가능해짐에 따라 일상인들은 이제 사유 대상을 감각 대상으로 변환시켜 놓은 정보들에 의존하여 생활하기를 즐긴다. 즉, 선형적 사유에 필요한 긴장을 피하고 모자이크적 지각의 이완을 선호한다. 이는 달리 말하면 능동적인 선형적 사유의 노력을 수동적 감각적 지각의 향유로 대체시켜 나간다는 것이다. 사정이 이러하니, 기원(起源)이 실종된, 문맥에서 일탈된 '파편화'된 정보들이 범람하게 되고, 감각적 지각이 논리적 합리적 사고를 압도하는 새로운 현상이 등장하는 것이다. '문맥'을 짚어가는 것은 논리적 사유이지 감각적 지각이 아니기 때문이다.

모자이크적 시각 커뮤니케이션과 선형적 청각 커뮤니케이션 사이의 균형이 근대 초와는 반대 방향으로 깨지고 있음을 가리키는 것이다.

구텐베르크의 활자 인쇄술이 도서보급을 통해 의사소통, 정보습득의 양식을 논리적 사유의 원리에 따르게 했다면, 디지털 기술은 그와 반대로 논리를 넘어서는 총체적 지각 양식을 확산시키고 있다. 현상적으로 볼 때, 감각이 사유를 능가하는 삶의 방식이 급속도로 확산되고 있는 것이 사실이다. 그 극단은 아이러니컬하게도 '문맹적'(illiterate) 의사소통이 '문해적'(literate) 의사소통을 대체해 나가고 있는 데서 확인된다. 정보내용을 문장의 연속보다는 영상의 연속으로 전하고, 정보 입수의 코드조차도 문자보다는 아이콘을 이용하는 것이 바로 이런 현상을 말해 주고 있다. 문해능력이 없어도 고급정보를 교환하는 의사소통이 가능하게 된다는 말이다. 이는 마치 문자시대 이전에 기호나 상징으로 의사소통을 하던 방식과 표면상 유사한 일이다.

사유의 파편화, 논리적 사유에 대한 감각적 지각의 우위, 사유의 지속성을 압도하는 감각적 지각의 순발성, 맥락(con-text)이 사라진 '초 텍스트'(hyper-text)[100])의 횡행 등이 의사소통활동에서 사유의 '근대적 선형성'이 약화 위축되고 그 자리를 모자이크적 감각이 대체하는 격변의 현장이다.

3. 고전의 정체

이러한 디지털 시대의 '탈현대적' 상황에서 진부하게도 '고전'을 들먹이는 이유는 무엇인가? 특히 의사소통교육과 관련하여 고전 읽기를 독려하는 이유는 무엇인가? 그 배경을 이해하기 위해 '고전'(古典, Classic)의

---

100) 인터넷에서 url(uniform resource locator)의 첫머리에 적힌 http(hyper text transfer protocol)라는 약어의 뜻을 상기해 보자.

정체부터 재음미해 보자.

『국어국문학자료사전』에는 '고전'에 대해 다음과 같은 해설이 실려 있다:

옛 서적(書籍)을 뜻하는 말로 후세에 모범, 전형이 될 만한 예술작품을 일컫는다. 라틴어의 클라시쿠스(classicus)와 근대어의 클래식(classic) 등의 내용이 복합되어 단순히 옛것의 의미를 벗어나 복잡하고 심오한 의미를 가진다. 구미(歐美)의 경우 그 용례(用例)를 분류하여 보면, ① 문학에 있어서 표준적이고 뛰어난 작가나 작품을 가리키는 경우, ② 구미문화의 연원(淵源)으로서 중요한 의미를 지니는 그리스 및 로마 문물 전반을 가리키는 경우, ③ 그리스 로마문화의 황금시대 문예를 가리키는 경우의 세 가지로 구분할 수 있다. 라틴어인 클라시쿠스의 어의(語義)를 살펴보면, 이는 클라시스(classis)의 형용사로, 클라시스는 원래 '조(組)' 혹은 '부(部)', 즉 '소집된 시민의 집단'을 가리키는 말인데, 형용사로서의 클라시쿠스는 다시 일반화하여 제1급의 작가, 최량(最良)의 문학작품을 가리키는 말로 널리 사용되었다. 이 어의는 흔히 말하는 고전고대(古典古代, classical antiquity), 서양고전학(西洋古典學)을 의미하며, 위의 ①, ②의 경우에 해당된다.

그러나 문예비평이 진전됨에 따라서 고전이라는 말의 의미도 점차 그 폭이 확대되어 엄밀하게는 더 명확한 정의가 필요하게 되었다. 그리하여 생트-뵈브(C. A. Sainte-Beuve, 1804-1869)는 "인간의 정신을 풍부하게 하고 향상시키는 것으로, 그 표현이 고매(高邁)하고 순수하여 더욱 건전하고 영원성 있는 보편적인 문체를 가지는 것"이라 하였고, T. S. 엘리엇은 "일반적인 성숙, 균정(均整)한 감각 및 보편성, 관련성, 포용성(包容性), 부분적으로는 문장으로서의 아취(雅趣), 어조(語調)의 미(美)를 가지는 것"이라고 정의를 내리고 있다. 일반적으로 문학에 있어서는 성서를 비롯하여 단테, 셰익스피어, 라신, 몰리에르, 괴테, 톨스토이, 스탕달 등의 작품과 그리스 로마의 위대한 시인, 극작가 등의 작품이 고전에 속하며, 음악계에 있어서는 모차르트, 바흐,

베토벤 등의 작품이 고전으로 전한다.101)

또, 『문학비평용어사전』에는 다음과 같은 해설이 있다:

어원은 라틴어 클라시쿠스(classicus)이며, 원래 상층 시민계급을 일컫는 말이었으나, 점차로 가치를 드러내는 '뛰어난 것'이라는 평가적 의미로 전용되었다. 또한 이 말은 원래 오래된 서지(書誌)나 전적(典籍)을 뜻하였으나, 여기에 가치 개념이 추가된다. (중략)
고전은 일시적인 베스트셀러와는 대립되는 개념으로, 문학작품 이외의 음악 등 과거에 저작된 모범적이면서도 영원성을 지니는 예술작품을 뜻한다. 즉, 질적 가치가 인정될 뿐만 아니라 후세 사람들에게 끊임없이 영향력을 행사할 수 있는 작품이다. 고전은 결국 과거의 것이고, 질적으로 높은 수준을 지니고, 후세에 모범이 되며, 하나의 전통을 수립하고 지속시키는 데 기여하는 작품을 말한다. 엘리엇(T. S. Eliot, 1888-1965)은 고전의 조건으로 "정신의 원숙, 언어의 원숙, 보편적 문장의 완성"을 들고 있기도 하다.
동양에서는 중국의 오경(五經: 시경, 서경, 주역, 예기, 춘추)을, 서양에서는 (특히 르네상스 시대에 그리스, 로마의 예술의 가치를 높게 평가하여) 그리스의 호메로스, 로마의 베르길리우스 등의 뛰어난 작품을 가리키는 말로 쓰였다. 각국 예술사 속에서 오랜 세월에 걸쳐 비평을 이겨내고 남아서 널리 향유되는, 시대를 초월한 걸작을 일컫는다.102)

이상의 해설에서도 엿볼 수 있듯이 '고전'의 본질에 관해 우리는 다음과 같은 요소를 추출할 수 있을 것이다:

1) 고전은 인간의 문화적 삶에 등장하는 근본적이면서도 보편적인 난제를 제기한다. 시대와 문화권을 뛰어넘어 보편적으로 인간이 부딪치게

---

101) 『국어국문학자료사전』, 한국사전연구사, 1998.
102) 『문학비평용어사전』, 국학자료원, 2006.

되는 근본적인 문제, 명료한 답은 주어질 수 없으면서도 끊임없이 제기되는 난제(aporia)를 상기시키는 것이 고전이다.

2) 고전은 인간의 삶의 조건을 구성하는 다양하고도 이질적인 요소들을 가능한 한 광범하게 제한 없이 다루되 항상 이들의 유기적 연관 전체를 '총화적으로' 전개하고자 한다. 인간의 삶을 조건지우는 가능한 모든 이질적 제약조건들을 그 총체적 연관 속에서 드러내고 그들을 유기적으로 수렴하려는 시도를 하는 것이 고전이다.

3) 고전은 모든 가능한 인간의 조건을 남김없이 드러내며 피할 수 없는 인간의 숙명적 난제를 숨김없이 제기하면서, 동시에 이에 대한 총체적 대응으로 '보편가치'를 추구한다. 보편가치란 인간적 난제에 직면하는 지적 정의적 노력이 추구할 수 있는 최선의 것이지만 그것을 단정적으로 전제하거나 독단적으로 주창하지 않고 늘 독자의 자율적 사유에 맡기는 것이 고전이다.

4) 고전은 난제를 제기하고 그에 대한 대응으로 '보편가치'를 추구함에 있어 도중에 이를 중단하고 편리한 해답에 안주하지 않고 지속적으로 그 고통스런 모색을 이끌어나간다. 종국에 대한 전망 없이도 탐색적 사유의 과정을 멈추지 않는 것이 고전이다.

5) 고전은 이러한 사유의 도정에서 항상 인간적 삶의 전체성을 염두에 두고 시공적으로 무제약적인 '총체의 상'(總體相) 및 '영원의 상'(永遠相) 아래에서 보편성을 추구한다. 시대적 지역적 경계를 넘어 인간의 삶에서 보편적인 이상을 추구하는 것이 고전이다.

4. 고전 읽기의 교육적 의의(1): 교양의 성숙

'고전'의 '본질'이 그러하다면, 고전을 읽고 그 내용을 이해하는 것은 교육적으로 어떤 의의를 가질까?

그 의의는 말할 나위 없이 세계관, 인생관, 가치관을 확립하고 성숙시키는 데 있다. 인간은 고정된 실체가 아니라 형성되어야 할 가변적 과정의 존재다. 더구나 그 형성 과정은 외부로부터 타율적으로 주어지는 기성의 형태를 따르는 것이 아니라 늘 내부로부터 자율적으로 정립해 가는 자기규정을 따르는 자기형성의 과정이다. 개개 인간은 독자적 주체적 일회적 존재로서 자신의 상을 스스로 정립하고 형성해 나가는 유동적 존재다.

그러나 자기형성의 이 과정에서 1차적으로 조회해야 할 것은 그가 살아나갈 현실세계에 대한 인식이다. 그 세계를 어떤 모습으로 인식하느냐 하는 것이 그의 자기형성의 기본조건이기 때문에 세계관은 스스로의 인생관을 정립하는 기초가 된다. 세계관이 자기형성의 기초라면 가치관은 자기형성의 완성이다. 자신과 세계의 현실을 어떤 이상적인 상태로 구성해 나갈지를 결정하는 것은 '가치'이기 때문이다. '가치'란 아직 현실 속에 '있지 않은' 것이면서도 앞으로 '있게 될' 현실을 미리 결정하는 것이므로 나의 자기형성에 목표와 방향을 제시해 주는 것이다.

위에서 언급한 고전의 본질은 바로 모든 인간의 자기형성적 삶의 도정에 필수적인 세계관-인생관-가치관의 형성에 결정적 기여를 할 내용을 담고 있는 것이다. 이렇게 볼 때 고전은 본래적 의미에서의 '교양교육'이 지향하는 방향을 제시해 주는 방향타이자 그 내용을 제공해 주는 영양원이다.

그 내용에 대해 좀 더 세부적인 것을 언급하자면, 고전은 1) 융복합적 사고를 이끌어주고 2) 체험을 광역화해 주는 지적 영양원이며 3) 세계인식과 자아성찰을 동시에 수행케 함으로써 균형 잡힌 주관을 세워주는 지적 정의적(情意的) 균형추다.

1) 인간이 자기형성적 삶의 도정에서 만나는 문제들이란 늘 복합적인

것이요 따라서 복합적 요소들을 연관시켜 총체적 해법을 추구하는 '융복합적' 사고를 요구하는 것이다. 고전의 본질에는 이러한 사고를 이끌어주는 요인이 가득하다.

2) 삶의 도정에서 제기되는 문제를 해결하는 힘의 원천은 '체험적 인식'에 있다. '그저 아는' 이론지(episteme)보다는 '할 줄 아는' 실천지(phronesis)가 더 유력한 것으로 이는 바로 체험적 인식에서 우러나오는 것이다. 그러나 인간의 개인적 체험이란 지극히 제한돼 있는 것이요, 여기에 필요한 것이 이른바 '간접체험'인데, 고전은 이를 제공해 주는 가장 좋은 원천이다.

3) 세계인식에 치우치면 자기형성의 주체적 자율성이 위축되기 쉽고 자아성찰에 치우치면 개관적 보편성을 잃기 쉬운 것이 인간의 자기형성 과정이다. 인간적 조건을 '총체적으로' 다루는 고전은 이 점에서 값진 균형추 역할을 한다.

5. 고전 읽기의 교육적 의의(2): 사고력 함양

고전을 읽고 그 내용을 이해하는 것이 교양을 심화시켜 준다는 것은 실은 새삼스러운 것이 아닌 주지의 사실이다. 우리가 '새삼스럽게' 재음미하고 싶은 것은 '고전 읽기'의 과정 자체가 우리에게 다양한 형태의 사고력을 향상시켜 주는 데 결정적 도움을 준다는 사실이다.

앞에서 우리는 '디지털' 시대의 의사소통 양상에 대해 논하면서 사유의 파편화, 논리적 사유에 대한 감각적 지각의 우위, 사유의 지속성을 압도하는 감각적 지각의 순발성 등을 언급한 바 있다. 선형적 사유에 필요한 긴장을 피하고 모자이크적 지각의 이완을 선호하는 경향 가운데서 사유의 '근대적 선형성'이 약화 위축되고 그 자리를 모자이크적 감각이 대체하는 현장도 확인한 바 있다. 그렇다면 과연 디지털 시대에는 사고능력은 불필요한 것일까?

이런 시대일수록 사고능력의 함양이 오히려 더 절실히 요구된다는 것이 우리의 주장이다. 디지털 기술의 호환 및 융합 기능이 작동됨으로써 널리 확산된 이런 문맹적 의사소통방식에도 불구하고, 문해적 의사소통능력과 이와 긴밀히 연계되어 있는 사고능력은 근대 산업사회보다도 현대 정보사회에서 더욱 필요해진 지적 능력이다. 왜 그럴까?

새로운 정보를 창출하는 능력은 산출된 정보를 단순히 소비하는 데서는 길러지지는 않는다. 사유와 감각의 호환 기술을 활용하여 새로운 콘텐츠를 개발할 수 있기 위해서는 감성적 지각의 내용과 수학적 사유의 형식을 연계시킬 새로운 알고리즘(algorithm)을 개발해야 하는데, 이 알고리즘을 개발할 수 있는 능력은 기술적으로 역시 합리적인 과학적 수학적 사유의 능력이 기초가 되어야 한다. 달리 말해 사유내용의 감각화가 가능하기 위해서는 사전에 감각내용의 논리화 과정이 반드시 선행되어야 한다.

이 점을 간과해서는 정보문화 전체가 그 지반을 상실할 것이다. 이지적인 활동이 요구되는 활동과 감성적인 작용이 요구되는 활동을 동시에 수행할 수 있는 사람만이 새로운 정보사회에서는 유능한 지식인이 될 수 있다. 따라서 교수-학습과 관련지어 말하자면, 교수-학습의 현장에서는 '감각화된' 교육자료 및 교육환경이 지배적인 역할을 하는 것처럼 보이지만, 겉보기와는 달리 역설적으로 사고교육 및 이와 긴밀히 연관되어 있는 문해교육이 이제까지보다도 더 강하게 요청되고 있다는 것이다.

고전 읽기가 더 주목을 받게 되는 이유가 여기에 있다. 고전 읽기가 이러한 사고교육에 매우 바람직한 기여를 할 수 있는 이유는 다음과 같다:

1) 고전은 발산적 사고(논리적 사고)에서 수렴적 사고(예술적 상상)에 이

르기까지 다양한 사고 유형을 허용하고 구현하는 복합적인 내용을 담고 있다. 따라서 고전 읽기는 다양한 양태의 사고력을 함양하는 데 매우 적합하다.

2) 고전은 인문적 보편가치의 모색에 있어 편의에 따라 중단하지 않고 그 목표에의 도달 여부와 관계없이 지속적이기 때문에 고전 읽기는 지적 지구력의 함양에 적합한 학습자료이다.

3) 특히 고전은 이지적 요소뿐 아니라 정의적 요소도 풍성하게 담고 있기 때문에 지성과 감성을 오가며 그 연계를 모색함으로써 사유내용의 감각화와 감각내용의 논리화 과정을 구성해 내는 발상을 하는 데에 매우 적합한 학습자료이다.

6. 고전 읽기 교육의 방안

우리는 이제까지 고전의 독해가 특히 정보사회에서 지니는 교육적 의의에 대해 일별해 보았는데, 이제 교육의 현장에서 그 성과를 극대화하기 위해 어떤 방법이 좋을지 생각해 보기로 한다. 앞서 우리는 고전 읽기의 교육적 의의를 두 가지로 구분하여 검토해 보았는데, 이제 그 방법을 찾는 데 있어서도 이 두 가지 목표를 염두에 두고 생각해 보기로 한다.

6.1. 독해교육의 방안: 토론

첫째는 교양의 심화라는 교육목표를 염두에 둘 때 취할 수 있는 바람직한 고전 읽기 교육의 방법에 관해서다. 앞서 언급한 대로 고전에는 다양한 내용의 세계관, 인생관, 그리고 가치관이 담겨 있다. 고전이라면 물론 인간의 삶이 추구할 만한 '보편적 문화가치'를 추구하는 것이 사실이다. 따라서 어느 고전이든 시대적 지역적 제약을 넘어서려는 노력이 진지하게 전개되어 있는 것은 사실이다. 그러나 그럼에도 불구하고 그 출발점과 과정에는 특정의 주관적 관점과 당대의 사회적 배경이 부지불식간에 반영되어 있기 때문에, 이를 통해 종국적으로 추구하고자 하는 보편적 문화가치를 충실히 이해하기 위해서는 역시 이에 대한 다양한 관점에서의 다양한 해석을 두루 점검해 보고 이해의 폭을 넓히는 것이 필요하다.

이를 위해 가장 적절한 방법은 자유로운 토의(discussion)이다. 주제에 대한 깊이 있고 폭넓은 이해를 위해 토의가 제공하는 접근로에는 대개 두 가지가 있다.

1) 하나는 주어진 주제가 지니고 있는 다양한 요소와 측면을 두루 접할 수 있는 기회를 제공하는 것이고,

2) 다른 하나는 주어진 주제에 대한 다양한 해석을 서로 교환함으로써 주어진 주제를 보다 광범한 시야 아래서 이해할 수 있는 계기를 제공해 주는 것이다.

어떤 경우든 상대적이고 주관적인 관점을 넘어 보다 객관적이고 보편적인 관점을 취함으로써 문화적 '보편가치'의 인식과 이해에 도움이 되는 것으로, 고전의 내용에 관한 토의는 세계관-인생관-가치관을 모색, 정립, 심화시키는 데에 가장 신뢰할 만하고 안전한 적절한 고전 독해의 한 방법이다. 이를 통해 우리는 인간적 삶의 여러 부문과 영역을 연결시킬 수 있는 총체적 안목과 이론지를 넘어서는 실천지를 얻게 될 것이다.

6.2. 사고교육의 방안: 글쓰기

둘째는 사고교육의 내실화라는 교육목표를 염두에 둘 때 취할 수 있는 바람직한 고전 읽기 교육의 방법에 관해서다. 앞서 지적했듯 고전은

논리적 사고에서 예술적 상상에 이르기까지 다양한 사고 유형을 담고 있다. 또 고전은 지속적 사고의 전형을 보여준다. 그리고 또 고전은 이지(理智)와 정의(情意)를 함께 포함하고 있다.

어느 경우든 사고력 함양의 기본은 우선 사고 내용의 논리적 구성 훈련에 있다. 그리고 이 사고 내용의 논리적 구성 훈련은 이른바 '논변적'(論辨的) 글쓰기를 통해 가장 실효성 있게 수행된다. 논지를 제시하고 이를 뒷받침하는 논거를 정합적이고 일관성 있게 연결시키는 일이 사고의 구성 훈련에 가장 기본적이고 전형적인 방법인데, 이는 글쓰기를 통해 가장 확실하게 실행될 수 있다. 그저 머릿속으로 생각하는 것과 이를 말로 표현하는 것과 글로 쓰는 것 사이에는 사고과정의 엄격성과 일관성을 지키려는 긴장에 있어 큰 차이가 있다. 말할 것 없이 글쓰기 과정에서 이 긴장은 최고조에 달한다. 글쓰기를 시도할 경우, 사고과정은 글쓰기 단계에서 마무리되므로 사고과정에 논리적 오류나 비약이 있으면 글쓰기가 완결되지 않게 마련이다. 따라서 글쓰기를 완결시킨다는 것은 사고과정을 결함 없이 수행했음을 말해 주는 것이다. 그러므로 글쓰기는 사고훈련을 위한 최선의 방법이 된다.

발생적으로든 구조적으로든 총체적으로 볼 때 사고와 언어의 관계는 상호의존적이며 동시에 상호작용적인 이중성을 갖고 있다고 보는 것이 합당할 것이다. 언어 구사 없는 사고활동이 없고, 사고 내용 없는 언어활동이 있을 수 없는 것은 자명하다. 다만, 언어적 요소와 사고 요소의 상호 영향과 상호의존 가운데 어느 쪽의 역할이 더 큰지, 이 점에 있어서는 편차가 있을 터이고, 그 편차는 수렴적 사고에서 발산적 사고에 이르는 스펙트럼 상의 위치에 따라 달라질 것이다.

고전을 읽고 그 내용을 이런저런 요구에 따라 요약, 재구성, 변용, 혹은 비판하는 글쓰기를 시도한다고 할 때, 여기서 사고의 과정은 그 고전의 내용에 따라 다양한 양상을 띠게 될 것이다. 그 고전의 내용이 수렴적 사고에 가까운 것이라면 비교적 단순한 논변적 글쓰기가 이루어질 것이고, 그 고전의 내용이 발산적 사고에 가까운 것이라면 상당히 복잡한 복합적 글쓰기가 이루어질 것이다. 따라서 고전의 내용을 소재로 하여 글쓰기를 할 때, 사고과정은 그 고전의 내용에 따라 다양하게 스펙트럼을 이룰 것이고, 이 점에서 사고교육은 고전을 소재로 할 때 그 정점에 이를 것이다.

제10장 인성교육론[103]

— 오늘의 문화환경과 인성교육—

1. 과학적 지식과 인문적 지혜

인간이 살고 있는 세계는 복층적이다. 비유적으로 말해 아래층엔 자연의 세계가 있고 위층에는 문화의 세계가 있는 형세다. 아래층 자연의 세계는 인간에게 일방적으로 주어진 세계고, 위층 문화의 세계는 이 아래층을 토대로 하여, 혹은 이를 재료로 삼아, 그 위에 인간 스스로가 지어올린 세계다. 우리가 동물이 돼 보질 않아서 확실히는 모르겠으나, 그들이 사는 행태를 보면, 아마도 다른 동물들은 자연의 세계가 그들이 사는 세계의 전부인 것 같다. 동물의 세계는 이렇게 단층적이어서 그들의 삶은 잘 정리된 깔끔한 양상인 데 반해, 인간의 세계는 복층적이라서 그 삶이 복잡 다양하고 혼란스럽고 무질서하여 이해하기 어려운 것 같다. 동물의 세계에 희로애락이 있는지 잘 모르겠으나, 인간의 세계엔 분명 기쁨과 슬픔, 즐거움과 괴로움이 엇갈리고 평안과 불안, 번영과 파멸, 행복과 불행이 언제나 함께 있다. 인간에게 두 세계가 이렇게 성층지어져 있는 것이 왜 그리 문제가 될까?

문제는 이 두 세계가 그 자체로는 전혀 다른 세계인데 인간에게는 하나로 통합되어 있다는 데 있다. 두 세계를 구성하고 운영하고 통제하는

---

103) 『철학과현실』 2016년 겨울호에 게재된 글을 보완한 것. 일부 앞서의 다른 글과 중복되는 부분이 있음.

원리가 전혀 달라, 이 두 세계의 존재구조가 그 자체 전적으로 다른데, 이 이질성에도 불구하고 두 세계가 인간에게는 하나의 세계로 통합된 채로 삶의 터전이 되기 때문이라는 말이다. 유감스럽게도 인간은 이 두 세계를 '동시에' 살아내야 하는 '이중국적자'인 셈인데, 두 가지 '헌법'을 한 몸 안에서, '하나의 통합된' 삶 안에서 서로 충돌하지 않게 조정, 조화시키는 일이 쉽지 않은 것이다.

인간의 두 세계를 '자연의 세계'와 '문화의 세계'로 구분해 보았지만, 좀 더 정밀하게 살펴보면, 전자는 '있는 사실의 세계'이고 후자는 '있어야 할 가치의 세계'다. 관점에 따라서는 후자를 '있어야 할 당위의 세계'라 할 수도 있겠고, 아니면 '있기를 바라는 소망의 세계', '의미의 세계'라 할 수도 있을 것이다. 전자가 실시간의 흐름에 따라 '원인이 결과를 결정하는' 인과법칙의 세계라면 후자는 실시간의 흐름을 거꾸로 거스르며 '목적이 수단을 결정하는' 합목적성의 세계이다.

인간이 그의 생존과 번영을 위해 동원하는 힘은 뭐니 뭐니 해도 지적인 힘이다. 즉 앎의 힘이다. 그런데 인간이 살아내야 할 세계가 앞서 보았듯 두 가지인 바에는 인간이 이 세계를 헤쳐 나가는 데 필요한 앎에도 두 가지가 있게 된다. 하나는 '주어져 있는 사실'의 세계에 대한 '과학적 지식'이요, 다른 하나는 '있어야 할 가치'의 세계에 대한 '인문적 지혜'이다. 과학적 지식이 원인과 결과의 관계에 대한 객관적 지식이라면, 인문적 지혜란 행위의 목적, 삶의 목적에 대한 주관적 지혜다. 좀 더 풀이하자면, 전자는 인간이 개입할 수 없는 자연적 법칙에 대한 앎으로 구체적으로는 주어진 사태에서 시간적으로 선행하는 원인을 발견해 냄으로써 얻게 되는 지식이요, 이에 비하면 후자는 인간이 개인적으로든 공동체적으로든 시간적으로 미래에 구현될 삶의 목적을 설정하거나 또는 삶에 의미를 부여하는 내면적 통찰이다. 그래서 우리는 이를 지식과 구별하여 지혜라 이른다. 전자가 삶의 방향이나 목표에 대해서는 말하지 않는 '가치중립적'인 것이라면, 후자는 전적으로 그것에 대해 말하는 '가치연관적'인 것이다.

2. 파이데이아의 으뜸과 궁극

오늘 한국에서 교육에 종사하는 사람이라면, 지적 교육에 국한해 본다고 할 때, 우리가 그동안 앞서 말한 두 가지 중에서 어떤 것에 중점을 두어 왔는지 반성해 보지 않을 수 없다. 혹시 삶의 목적이나 의미에 대한 지혜교육은 거의 단념해 오지 않았나? 진지한 교육자라면, 과연 교육이란 근본적으로 무엇인지 되묻지 않을 수 없게 된다.

교육이란 아직 자연적 상태에 머물러 있는 미숙한 어린 사람을 문화적 상태로 이끌어 올려 성숙한 '사람다운 사람'이 되게 하는 활동이다. 그렇다면 문화란 무엇인가? 문화란, 라틴어 'animi culti'(경작된 영혼), 'cultura animi'(영혼의 경작) 등의 말이 보여주듯 "영혼, 정신을 경작하고, 갈고 닦아 가치가 창조된 것"이다.

따라서 교육이란 본래 '영혼을 경작하여' 인간다운 인간, 즉 문화적 존재가 되도록 지적 정서적 도덕적 자질, 능력, 덕성 등을 함양하는 일이다. 교육의 근본에 '인문교육'이 자리 잡고 있는 이유가 여기에 있다. 훌륭한 '인간다운' 삶을 살아갈 수 있는 능력과 자질을 갖게 하는 것이 곧 인문교육이기 때문이다.

실제로 대학과 학문의 역사를 보더라도 이는 타당하다. 본래, 인간과 세계를 총체적으로 이해하고 이를 바탕으로 인간이 그 세계 안에서 어떻게 살아야 하는지를 알고자 하는 것이 학문적 탐구의 중심과제였고, 이를 실천에 옮기는 능력을 가르치고 기르는 것이 교육의 과정이었다. 이러한 과정을 통해 지성과 덕성을 갖춘 성숙한 인격체로 성장하여 세계와 공동체에 대해 책임질 수 있게 되는 것이 교육의 근본 목표였고 핵심 과제였다.

근대 이후 서양의 대학과 학문은 이러한 인간중심적인 학문, 즉 인문학(Humanities)을 원점으로 해서 출발하였으며, 다양한 분과학문이 발전하고 이를 대학이 수용하여 전공 중심의 대학체제가 성립한 것은, 추후 과학기술이 발전하고 사회적 요구가 분화됨으로써 나타난 파생 현상이라고 보아야 한다. 이 점은 동아시아 문화권에 있어서는 더 두드러져 보인다. 시(詩), 서(書), 예(禮), 악(樂)을 중심으로 한 고등교육과정에선 학문탐구의 교육과 인격도야로서의 교육이 구분되지도 않았는데, 이는 인문교육의 이념이 항상 중심에 자리하고 있었기 때문이다.

단적으로 말해 교육의 근본은 본래 '인간교육'에 있다. 사람이 되게 하는 교육, 사람답게 살도록 북돋아 주는 교육에 있다. 진정 그렇다면, 되묻지 않을 수 없다: 우리의 교육에서 주어져 있는 사실세계의 인과관계에 대한 '과학적 지식'이 더 중요한가, 아니면 삶의 목적과 의미를 밝힐 '있어야 할 가치'의 세계에 대한 '인문적 지혜'가 더 중요한가?

3. 인문교육의 소외

그렇다면 한국에서 인간교육의 본령이라 할 수 있는 인문교육이 소홀히 된 까닭은 무엇일까?

말할 것도 없이 '조국 근대화'의 명분 아래 급속히 추진한 '산업화'가 그 가장 중요한 배경이었다. 세계사의 중심 조류에서 멀어져 마침내 국권마저 상실했던 국가공동체를 번영, 발전시키기 위해서 이는 불가피한 선택이었다. 인문적 교양을 근간으로 하는 유교적 교육 전통에 대한 강한 비판 아래, '능률과 실질'을 숭상하는 '경제제일주의'가 인문교육을 중시하기는 어려웠던 것이다. 경제적 가치를 핵심으로 하는 효율성과 기능성이 '인문적 소양'의 의미를 덮기에 충분했던 것이다.

그런데 이러한 교육 외적인 경제사회적 상황 못지않게 중요한 요인이 학문의 세계 안에 자리 잡고 있었는데, 그 요인 중 하나는 인문학 자체의 변질이요, 다른 하나는 과학적 인간관의 우세 현상이다. 인문학의 변질이란 실증과학의 강력한 영향 아래 인문학도 전통적인 인문교육과의 유대관계를 청산하고 스스로 실증화를 통해 '인문과학'으로서의 새로운 자기정체성을 모색하는 길을 간 것을 가리키고, 과학적 인간관의 우세란 역시 실증과학의 영향 아래 인간을 과학적 탐구대상으로 봄으로써 인문학적 성찰이 그 대상인 인간 자체를 상실하게 된 것을 가리킨다.

3.1. 인문학의 변질에 관해

인문학은 '사람다운 삶'에 대해 규범적으로 반성하고 연구하는 학문이다. 말하자면 사람다움의 이념이나 그 실현이 인문학의 중심 주제이다. 사람다운 삶의 실현을 문제 삼는다고는 하지만, 인문학은 인간의 인간적인 삶 자체를 성찰하는 지적 활동이요, 그러한 삶에 요구되는 물질적 재료나 도구, 또는 사회적 기구나 제도를 탐구하는 학문이 아니다. 이 후자들은 각기 자연과학과 사회과학에 해당하는 것이라 하겠다. 따라서 인문학은 언제나 총체적 인간을 문제 삼으며 인간의 활동을 총체적으로 반성하고자 한다. 인문학이 실천연관적으로 되지 않을 수 없는 이유가 여기에 있으며, 이 점은 인문학이 자연과학이나 사회과학과 획연히 구별되는 다음의 세 가지 특성을 필연적으로 지니게 한다.104)

그 첫째는 주관연관성이다. 인문학이 인간을 문제 삼을 때 그 인간은 그저 객관적으로 관찰 기술되는 대상적 존재가 아니라 언제나 스스로 행

---

104) '교양'도 그 핵심적인 부분은 이와 같은 특성을 지니고 있음을 앞에서(제1장 5절) 언급한 바 있음.

위의 주체가 되는 존재라는 말이다. 한마디로 자유의 주체로서의 인간이 인문학의 탐구대상이 된다는 말이다.

둘째는 가치지향성이다. 인문학은 어떤 방식으로든 평가적 내용을 담는다. 인간다운 삶의 이념에는 불가피하게 그것의 실현이라는 실천적 요구가 동반하게 마련이고 이 실천적 연관에는 가치평가가 개입하게 마련이기 때문이다.

셋째는 탐구지향의 반성성(反省性)이다. 인간의 의식활동에는 대상을 향해 '곧바로 나아가는' 직지향(直志向, intentio recta)적인 것과 자신에로 '휘어져 돌아오는' 사지향(斜志向, intentio obliqua)적인 것이 있다. 학문 가운데서도 사실과학들은 전자에 의해 수행되는 것인 반면 인문학은 그 탐구대상이 무엇이든 간에 사지향적 탐구활동에서 성립하는 것이다.

인문학의 이 세 가지 특성을 생각해 보면 인문학이 인문교육과 불가분의 관계를 지니고 있음을 알 수 있다. 사실 인문학은 인문교육에서부터 유래한다. 인문학은 인간다운 삶을 위한 가치창조와 관련되어 있으므로, 대상을 단순히 인지하는 것으로 끝나지 않고 가치실현의 활동으로 나아간다. 인간다운 삶에 대한 탐구가 인간다운 삶의 실현과 무관하다면 이처럼 부조리한 것이 없을 것이다. 대비시켜 보자면 지식(episteme)과 구별되는 지혜(phronesis)를 추구하는 것이 본래 인문학이다.

합리적 지식과 구별되는 인문적 지혜는 한 공동체를 존립시키는 문화적 역사적 조건들인 에토스에 의존되어 있는 것으로서, 반드시 보편성을 전제로 하는 것도 아니다. 그래서 본래 고전시대의 인문학은 실은 구체적인 인문교육과 연결되어 있었지, 이론적 독자성을 갖는 학적 체계를 추구했던 것이 아니다. 현대에 들어와 '인문과학'의 학문적 독자성을 추구하는 과정에서 이러한 특성이 희석된 것은 인문학이 인성교육의 역할 중심에서 벗어나게 된 배경이 된다.

3.2. 과학적 인간관에 관해

실증과학의 정초에 기여한 다음의 철학적 입장들은 인문학적 성찰의 대상인 인간 자체를 상실케 하는 역할을 했다. 그 내용을 일별해 보자:

① 물질주의, 기계주의: 근대 실증과학은 실체 문제에 관해 암암리에 그것을 공간 속에서 파악되는 물질적인 것으로 보는 형이상학적 견해에 기초하고 있다.

② 인과적 결정주의: 존재론적으로 물질주의를 기초로 하고 방법론적으로 기계주의를 취하는 근대의 실증과학이 그 탐구의 핵심을 인과적 결정방식의 구명에 둔다는 것은 당연한 일이다.

③ 탐구방법으로서의 환원주의: 모든 과학적 탐구는 가능한 한 단순한 원리로, 그 대상 영역 전체를 가능한 한 통일적으로 파악할 것을 목표로 한다.

④ 경험의 수학화: 근대의 자연과학은 공간적 측정내용에서 물리적 공간요소마저 사상하고 그것을 그저 양(量)으로만 표상하기에 이른다. 그리고 이 양을 수(數)로 표현하며 양적 관계를 수학적으로 정식화하게 된다.

실증과학을 특징짓는 이러한 요인들은 암암리에 인간관의 변화를 불러왔는데, 과학적인, 물리주의적인(유물론적인) 인간관의 등장이 바로 그것이다. 이를 명백히 보여주는 것이 '물리주의'가 주도적인 현대 심리철학의 사조이다. 인간의 정신적 활동 중 가장 핵심적이라 할 수 있는 자유로운 행동의 주체적 요소는 철저히 배제된 채, 심신 간의 인과적 관계가 물리주의적 세계관 아래서 어떻게 설명될 수 있는지를 미시적으로 치밀하게 따지는 상황에서 인간의 고유한 인간다운 삶의 의미와 목적을 성찰하는 인문학은 그 주제를 상실한 셈이다.

4. 인간교육의 회복: '인성교육'

그렇다면 현실적으로 교육과정에서 인간교육의 회복은 어디서부터 착수되어야 할까?[105) 유감스럽지만 인문학 분야의 전공교육에 이를 기대할 수 없는 것이 오늘 인문학계의 현실이다. 다행스러운 것은 적어도 명분상으로는 많은 교과목들이 '인간교육'과 관련되는 것들이라는 점이다. 자유교육, 이성의 계발, 전인교육, 인격의 완성, 올바른 가치관 배양, 지도자적 인격도야, 올바른 역사관, 세계관 및 국민의식의 배양 등 다양하게 '인간교육'과 관련되는 것이 각급 학교의 교과들에서 주종을 이룬다. 근래교육과정에서 '인성교육'이 강조되고 있는 것도 계기야 무엇이 되었든 바람직한 일이다.

인성교육은 이상적인 인간상을 전제한다. 그런데 문화적 문명적 존재로서의 인간에게 이상적인 인간상이란 단순한 '사실'로서의 인간의 본성이 아니라, 이를 극복함으로써 실현해야 할 '가치'로서의 인간의 이상이다. 두말할 것 없이, 이 이상을 실현하여 문화와 문명을 일구어내는 힘의 원천은 인간의 정신에 있다. 인간의 정신은 부단히 인간 스스로를 형성시켜 나가는 힘의 원천이요, 동시에 그 과정을 통해 거기서 성숙해지는 성과물이기도 하다. 정신의 이 자기형성 도정(道程)은 완결됨 없이 언제나 진행형인 것이요, 이 과정이 곧 인간의 역사다.

그러므로 이 과정에서 요구되며 동시에 얻어지는 모든 인문적 소양과 이를 거름주기 위한 학문적 탐구는 이 '가장 바람직한 인간다움'의 실현을 위한 토대요 노력이다. 거칠게 말하자면, 모든 인문적 소양은 이 이상적인 '인간다움'에 대한 지적 안목이요, 이를 감지하는 정서적 감수성이며, 그것에 가까이 다가가려는 의지적 태도이다. 인성교육이란 자라나는

---

105) 오늘의 한국사회가 보이고 있는 인륜성의 상황을 드러내는 글로 [부록 2]를 참조 바람.

세대로 하여금 각자의 개인적-공동체적 삶에서 이 '가장 바람직한 인간다움'을 실현할 수 있는 힘을 이 세 영역에서 골고루 길러주는 교육에 다름 아니다.106)

그렇다면 그 바람직한 인간다움의 내용, 즉 이상적인 인간상은 어떤 것일까?

첫째, 그것은 인간적 가치의 실현 주체로서 그 무엇으로도 대체될 수 없는 고유한 인격이어야 하며, 따라서 그 가치를 실현시킬 수 있는 자유가 주어진 존재이어야 한다.

둘째, 특정 성별 및 인종이나 국적에 국한되지 않을 뿐 아니라, 마찬가지로 특정한 신분이나 직업 영역에 국한되지 않는, 평등한 만인에게 보편적으로 타당한 것이어야 한다.

셋째, 그것은 내적으로 인간존재에게 보편적으로 잠재되어 있는 능력과 자질을 왜곡 없이 균형 있게 발휘할 수 있는 인격체이어야 한다.

이 세 가지가 잘 갖추어진 인간은 행복을 누릴 수 있는 기본 요건을 충족시킨 '훌륭한' 인간이라 할 수 있을 것이다.

5. 인성교육의 내용

첫째와 둘째는 공동체적 삶의 관점에서 고려한 것으로 그 실현은 사회적 제도의 틀 안에서 이루어지는 내용이라 할 수 있다면, 셋째 것은 개인적 삶의 관점에서 헤아려 본 것으로서 근래 강조되는 '인성교육'의 목표이자 그 내용이라 할 것이다.

그렇다면 인간에게 보편적으로 잠재되어 있는 보편적 자질과 능력이

---

106) '인간교육', '인격교육', '도덕교육', '가치교육', '시민교육' 등등, '인성교육'에 대한 여러 가지 교육학적인 정의가 다양하지만, 필자는 인성교육을 가장 포괄적인 의미에서의 '인간교육', 즉 '전인교육'으로 이해하고자 한다.

란 어떤 것일까? 인간의 정신활동을 그 본질적 특성에 따라 지(知)-정(情)-의(意)로 구분하는 것은 고전시대부터 오늘에 이르기까지 타당시해 온 상식이라 하겠는데, 바로 이 틀에 비추어 이 물음에 대한 답을 찾을 수 있을 것이다. 사물에 대한 참된 지식을 얻고 이를 토대로 자신의 행동에 대한 참된 지혜를 얻는 활동이 곧 지적 활동이요, 외부로부터의 자극을 민감하게 수용하되 그 자극의 층위에 따라 적절한 깊이의 내면적 정서작용을 빚어내는 것이 감정적-정서적 활동이요, 이 두 가지 활동의 결과를 바탕으로 자신의 욕망를 외부로 펼쳐 나가려는 행동의 준비가 의지적 활동이다. 이 세 가지 보편적 자질과 능력을 유감없이 잘 발휘하되, 그중 어느 한쪽에 치우치는 일 없이 균형을 잘 잡고, 그 결과 그 총합으로서의 정신적 활동이 인간적 가치의 실현을 극대화시킨다면, 그것이 가장 바람직한 인간다움의 실현일 것이다.

이렇게 생각해 본다면, 인성교육의 내용과 방법에 대해 보다 구체적인 제안을 할 수 있을 것이다.

첫째, 바람직한 지성교육을 실시해야 할 것이다. 자라나는 세대에게 지적 활동을 독려하되 '있는 사실'에 대한 객관적 지식을 증대시키는 '지식교육'에만 치중할 것이 아니라, '있어야 할 가치'를 성찰하게 하는 인문적 '지혜교육'을 강화시켜야 할 것이다. 삶의 목적과 가치와 의미에 대해 반성할 기회를 주지 않은 채, 그저 수단적 지식의 증대만을 독려하는 교육은 진정 바람직한 지성교육이 아니다.

둘째, 바람직한 정서교육을 실시해야 할 것이다. 신체적 감각의 차원에 머무는 쾌락 지향의 감성활동은 진정 인간 심성의 내면 깊은 곳에 자리 잡고 있는 인간적 정서의 가치를 길어내지 못한다. 자연과 인간에게서 아름다움과 사랑을 느끼는 정서적 활동이야말로 인간다움의 고귀한 요소를 구현하는 매우 중요한 계기임을 누구도 부인하지 못할 것이다. 정서적 체험의 기회가 주어질수록 감정과 정서의 깊이는 심화되고 고양되는 것이요, 이 규정하기 어려운 내면의 교화는 그 울림이 가장 깊고 먼 곳에 이르는 것이다.

셋째, 바람직한 의욕과 행동을 인도하는 의지적 실천교육을 실시해야 할 것이다. 욕구의 충족을 선으로 보는 근대 서구의 새로운 쾌락주의적-자유주의적 사상이 그 자체 잘못된 것은 아니나, 이 사상도 인간의 욕구 충족이 선이 되기 위해서는 '절제'라는 또 다른 균형추를 필요로 한다는 점을 간과하진 않는다. 인간은 식욕, 성욕의 신체적 욕구에서부터 학적 진리, 예술적 아름다움, 도덕적 선, 종교적 성스러움을 추구하는 욕망에 이르기까지 여러 층위의 의지적 활동을 펼치며, 그에 따라 역시 다양한 층위의 지향 목표를 갖는다. 그리고 이 다양한 의지 작용은 세계를 향해 인간이 펼치는 능동적인 활동이요 종국적으로 인간의 삶을 완성시키는 단계를 이룬다.

6. 인성교육의 현대적 상황

이렇게 보면 인성교육은 전혀 새로운 것이 아니고 오히려 동서를 막론하고 아주 고전적인 교육이념이다. 교육의 현장에서 첫째 것은 학식교육으로, 둘째 것은 예능교육으로, 그리고 셋째 것은 도덕교육으로 기획되고 실현되어 왔다. 그렇다면 21세기에 들어선 오늘에 와서 새삼스럽게 인성교육을 운위하는 것은 진부한 논의를 되풀이하자는 것일까? 결코 그렇지 않다. 실상은 전혀 그 반대다.

인류가 21세기에 들어오면서 문명의 전환을 맞고 있다는 진단은 어제 오늘의 일이 아니다. 그리고 그것을 드러내는 가장 뚜렷한 변화를 정보화와 글로벌화에서 찾는 것도 식자들의 공통된 견해다. 그렇다면 이 전환의 진원(震源)은 무엇일까? 그것은 뜻밖에도 '디지털 기술'이다. '디지털 기술'

은 지능의 강화인 '정보기술'(IT)과 감각의 확장인 '커뮤니케이션 기술'(CT)을 '정보통신기술'(ICT)이라는 하나의 기술로 융합한 데에 그 위력이 있다. 이러한 융합된 디지털 기술의 혁혁한 성과는 이른바 '유비쿼터스 커뮤니케이션'(Ubiquitous Communication)의 실현과 가상현실(Virtual Realty)의 출현에서 확연히 드러난다. 그리고 이 기술융합이 가져온 전대미문의 혁명적 성과는 첫째, 사유와 지각의 융합 및 호환(互換)을 비생명적 물리적 공간 속에서 실현시키고 있다는 데서, 그리고 둘째, 인간의 의사소통 또는 정보교환 활동에서 자연세계의 시공적 제약을 최소화시키거나 무화시키고 있다는 데서 확인된다.

이러한 혁명적 요인이 인간의 문명생활에 획기적인 변화를 불러왔을 것은 자명한 일이다.107)

그 첫째 변화는 디지털 기술이 사유 대상을 감각 대상으로 변환시킴으로써 사람들이 논리적 합리적 사고를 기피하고 감각적 지각을 선호하는 문화생활이 널리 확산되었다는 것이고,

둘째 변화는 디지털 기술이 자연적 물리적 세계의 시공적 제약을 극복함으로써 사람들이 동시적 총체적 욕구충족의 가능성을 기대하고 이를 추구하게 만들었다는 것이며,

셋째 변화는 세계체험의 근본이 되는 시공체험 양식이 변모함으로써 결과적으로 공동체의 삶을 '유목화'시켰다는 것이다.

이러한 문화사회적 상황에서는 '문맥이 없는', '기원(起源)이 소실(消失)된', 파편화된 정보들이 범람하여 우리의 삶 전체를 조망할 수 있는 지성도 결핍되고, 아름다움과 사랑을 추구하는 정서적 요구도 피상적인 감각적 쾌락의 추구에 자리를 내주고 말기 쉽다. 또한 높은 층위에 자리 잡고 있는 숭고한 가치를 의욕하고 이를 달성하려는 실천의지도 약화되고 만다.

---

107) 앞의 제3장 1절 참조.

오늘 한국에서 진지한 교육자들이 우려하는 것이 바로 이러한 현상이 아닐까? 오늘 우리가 새삼 인성교육을 중시하는 이유는 바로 이러한 문명의 전환기적 상황이 우리에게 그것을 긴절(緊切)하게 요구하고 있기 때문이다.

이젠 교육이 달라져야 한다. 초등, 중등, 고등 각 학교급별로 수준과 차원은 다르겠지만, 그 기본 오리엔테이션은 다 함께 바뀌어야 한다.

첫째, 지적인 학식교육에서는 무엇보다도 세분화된 분야들의 위상을 전체 속에서 가늠할 수 있는 통찰력을 길러줘야 한다. 정보사회에서 우리가 해결해야 할 중요문제는 대체로 여러 지식분야에 걸쳐 있는 복합적인 문제다. 이를 총체적으로 조망하는 능력이 없으면 부분에 관한 전문지식도 무력해지기 쉽다. 따라서 문제연관 전체를 조망할 수 있는 안목이 무엇보다 중요하다. 이 통찰력은 실은 여러 가지 자료를 하나의 틀 안에서 종합하는 능력에서 우러나오는 것이다. 융복합교육이 절실해진 배경이 이것이다.

둘째, 다양한 양식의 정서교육이 복원되어야 한다. 심미적 감수성도 길러줘야 하고 사랑의 숭고함도 각성케 해야 한다. 그리고 이러한 정서적인 것을 합리적 사유와 양립시키고 함께 수용할 수 있는 인격의 폭을 넓혀주는 교육이 복원되어야 한다. 즉 이성과 감성을 배타적으로 양자택일하는 것이 아니라, 이 양자를 함께 수용하여 넘나드는 능력을 길러줘야 한다.

셋째, '유목화'되는 공동체의 와해를 견뎌낼 만한 도덕적 힘을 길러줘야 한다. 디지털 기술은 시공간적 제약을 허물어뜨림으로써 제도적인 물리적인 제약을 통해 시행했던 도덕적 통제를 일거에 무력화시켰다. 이제 도덕성은 더더욱 각 주체의 내면적 자율성에 의존하게 되었고, 이 도덕적 '내재율' 없이는 공동체의 건강을 보장해 줄 외재적 방도가 매우 약해진 것이다. 세계화 현상을 염두에 두면서 강조되는 이른바 국제적 차원의

'경쟁력'이라는 것도 도덕적 지반이 붕괴되면 한순간에 무력해진다는 점을 새삼 각성케 해야 한다. '공동체적 삶'이라는 인간의 삶의 방식은 그 양상의 변화에도 불구하고 본질적으로 소멸되지 않을 것이기 때문이다. 자아와 타아를 연결시키는 도덕성의 토대 없이는 공동체 의식이라는 것도 공허해질 것이요, 공동체의 해체는 인간성의 와해로 이어질 것이기 때문이다.

그동안 한국의 교육은 산업화에 필요한 특정 분야의 전문능력의 함양에 중점이 주어져 왔었다. 강도 높은 산업화를 통해 급속히 국가사회를 근대화시키기 위해서는 선진 문물의 기초가 되는 특정 전문분야의 '지식과 기술'을 단기간 내에 대폭적으로 학습-수용하는 것이 절실히 요구되었기 때문이다. 그러나 이제는 한국사회도 달라졌다. 한국도 급속히 정보사회로 이행한 것이 현실이므로, 산업화에서 요구되었던 특정의 기성 지식이나 기술을 습득하는 것만으로는 교육이 제 역할을 다할 수 없는 시대가 된 것이다. 한마디로 말해 '전인적인 인성교육'이 특정 직업교육을 위해서도 필수적인 기초가 된 것이다. 오늘의 정보사회에서는 지식도, 기술도, 산업도 분화, 전문화보다는 융합, 종합화의 길을 가는 것이 일반적 추세인데, 거기서 요구되는 것은 세계와 삶을 전체적으로 조망할 수 있는 지혜요, 정서적인 감응능력이요, 주변을 이해하고 배려하고 협력하는 도덕적 자질인 것이다.

7. 인성교육의 길: 지-정-의의 종합

기성의 지식을 전달하는 데에 역점을 두어 왔던 종래의 교육은 주로 교실에서 진행되는 학식교육이었다. 이제 교육의 방법도 교육의 목표와 내용이 달라지는 데 따라 달라질 수밖에 없다.

지적 영역의 교육에서는 우선은 사실세계에 관한 지식교육에서도 여러 분야의 탐구성과를 연관시키면서 그 전체를 조망할 수 있는 지적 연결 지평을 확보해 주는 노력을 해야 할 것이고, 이에서 더 나아가서는 주어진 사실을 넘어서는 가치와 의미의 세계에 대해 성찰하는 반성적 능력을 함양해 주는 지성교육이 강화되어야 할 것이다. 흔히들 지적하듯, 일방적인 지식 전달이 아니라 문제제기와 대화, 토론 등의 방법이 채택되어야 할 것이다. 학생이 스스로 문제를 찾고 질문을 찾아 가슴에 품게 되도록 유도하는 교육이 되어야 할 것이다.

정서적 감응능력의 함양 교육에서는 신체적 체험을 포함한 정서적 체험을 깊이 함으로써 부지불식간에 감정이 순화되어 정서의 깊이가 더해지도록 입체적인 교육방법이 다양하게 채택되어야 할 것이다. 신체적 활동을 통한 심신 단련이나 음악 연주나 감상을 통한 감수성의 심화 교육은 매우 유익한 교육이 될 것이다. 물론 예체능계의 여러 분야에서 각 학교급에 아울리는 다양한 교육 프로그램을 체험 중심으로 개발 시행해야 될 것이다.

도덕성의 함양과 이를 기반으로 하는 공동체의식의 함양 역시 이론적인 지식교육을 통해서보다는 실천적인 활동을 통해서 이루어져야 할 것이다. 넓은 의미에서의 '사회적 체험'이 그 주요 내용이 될 것이다. 어떤 덕성을 함양하려면 크고 작은 사회적 관계 속에서 그런 덕성이 내포된 덕행을 몸소 되풀이하여 실행함으로써 그 목적을 달성할 수 있는 것이다. 겁이 나더라도 용감한 행동을 거듭하다 보면 자신도 모르게 점점 용감해지는 것이 그런 이치이다.

지성과 정서와 덕성의 함양 중 가장 긴절한 것은 역시 덕성의 함양이라고 본다. 많은 교육학자들이 인성교육을 거의 덕성교육과 동일시하다시피 하는 이유가 여기에 있는 것 같다.

근대 이후 서양 철학에서는 이성을 흔히 과학적 이성과 규범적 이성으로 구분한다.108) 전자가 주어진 사태를 합리적인 사고의 틀 속에 넣어 분석하고 그 결과를 다시 종합하여 자연적 사실에 대한 중립적 지식을 제공하는 지적 능력이라면, 후자는 주어져 있는 세계가 아니라 오히려 우리가 형성해 나가야 할 세계, 우리가 소망하고 추구하는, '마땅히 있어야 할' 세계를 찾고 이를 구현할 방도를 찾는 지적 능력이라고 할 수 있다. 이 규범적 이성은 그 규범적 이상을 실현하는 동력의 원천인 의지와 불가분의 관계에 있는 것이다. 쇼펜하우어(A. Schpenhauer, 1788-1860)가 "이성은 다만 의지의 종복(從僕)일 뿐"이라고 말한 것도 실은 이를 가리킨 말이요, 그에 앞서 칸트가 '순수한 실천이성'을 '선의지'라는 다른 말로 표현한 것도 이를 가리키는 것이다. 인성교육이 잘 이루어진 '훌륭한' 전인적 인격체에서는 이성과 의지가 유리되지 않는다.

삶에 목적을 설정하고 의미를 부여하며, 행위에 규범을 제시하고 행위가 실현해야 할 가치를 제시해 주는 이 지성은 이를 실천하는 의지와 불가분의 관계에 있을 뿐 아니라, 감정적-정서적 활동과도 잘 협동한다. "즐거워하되 음탕하지 말 것이며, 슬퍼하되 마음 상하지 말라"는109) 공자의 교훈은 감정-정서의 활동에 지성이 어떻게 관계 맺어야 하는지를 보여주는 말이다. 감정적 정서적 작용의 고유한 성격을 해치지 않되 그것이 '전인적 삶'의 균형을 깨트리지 않도록 균형추의 역할을 해주는 것이 지성이라는 말이다.

그리고 보면 지성은 감정-정서에 대해 중립적이거나 의지에 대해 종속적인 위치에 있는 것이 아니라 더 적극적으로 앞장서서 이 둘을 이끄는

---

108) Kant는 오성(Verstand)과 이성(Vernunft)으로, Hegel은 '계산적 이성'(raisonnierende Vernunft)과 '사변적 이성'(spekulierende Vernunft)으로, Horkheimer 같은 현대의 '비판이론가'들은 '도구적 이성'(instrumentale Vernunft)과 '해방적 이성'(befreiende Vernunft)으로 구분하지만, 상식적 언어로 바꾸면 이렇게 표현할 수 있다고 본다.
109) 論語, 八佾篇 "樂而不淫 哀而不傷"

위치에 있는 것으로도 생각된다.110) 유가(儒家) 식으로 해석해 보자면, 기쁘고 화나고 슬프고 즐겁고 좋아하고 싫어하고 욕심내는 마음111)을 선행(善行)의 원천이 되는 네 가지 덕112)을 낳는 마음, 즉 불쌍히 여기는 마음, (나의 허물을) 부끄러워하고 (남의 허물을) 미워하는 마음, 양보하려는 마음, 옳고 그름을 가리려는 마음113)으로 정련하고 고양시키는 것은 역시 이 지성의 힘이다.

---

110) 플라톤은 이성을 기백(氣魄)과 욕망이라는 두 마리의 말을 이끄는 마부와 같은 존재로 비유한 적이 있는데, 이 때 기백이란 의지의 힘을 가리키는 것이요, 욕망이란 감성의 경향을 가리키는 것이다. 이성이 감성과 의지를 모두 제어하고 통솔할 때, 인간의 삶은 조화로운 균형을 찾고 안정된 삶을 영위한다고 본 플라톤의 생각은 사실 서양 철학의 중심에서 오랜 전통을 형성해 온 사상이기도 하다.

111) 七情: 喜怒哀樂愛惡慾

112) 四端: 仁義禮智

113) 惻隱之心, 羞惡之心, 辭讓之心, 是非之心

제11장 핵심역량교육론[114]

1. 고등교육의 일반적 기초와 차별적 층위

종래의 산업사회에서와는 달리 21세기 지식정보사회에서 고등교육을 받은 이들에게 요구되는 것은 특정 전문분야에서의 지식이나 기술만이 아니라, 이들 분야를 전체적으로 조망하고 연계시킬 수 있는 융복합적인 지적 안목을 갖고 주어진 문제를 해결할 수 있는 종합적 창의적 사고능력이라는 견해가 지배적이다. 이는, 종래의 산업사회가 각 분야 간의 경계가 명확한 단순 분업사회였다면, 지식정보사회는 각 분야 간에 경계가 점차 흐려져 서로의 경계를 넘나들며 탐구하고 경험해야 문제해결을 성공적으로 할 수 있는 융복합적 후기산업사회이기 때문이라는 것이다.

그런데 지식정보사회에서 요구되는 이러한 종합적 창의적 사고능력 및 문제해결력은 기존 전공학과 중심의 학업과정에서는 배양하기 어렵고, 전공학문들을 가로지르는 다학문적 학제적 융복합교육을 받음으로써 더 만족스럽게 함양될 수 있는 것으로 보인다. 따라서 이런 교육을 실현하기 위해서는 기존의 대학 교육과정 및 학사구조를 전면적으로 재구조화해야 할 것이다. 그러나 전공학과의 경계가 엄존하는 현실에서 전면적인 대학 구조개혁이 어려운 것이 현실이라고 한다면, 우선적으로 대학교육의 틀을 규정하는 교육과정을 보다 유연하게 변경하는 일이 차선책이 될 것이다.

---

114) 한양대학교 기초·융합교육원에서 발표한 내용임(2014. 1. 7).

그중에서도 특히 융복합적 교육의 기초가 되는 교양교육과정을 재구조화하는 것이 매우 적절한 현실적 방안이 될 것이다.

결국 지식정보화 사회에서 요구되는 융복합적인 지식 및 융복합적 사고능력, 이를 토대로 한 창의적 사고능력 및 문제해결능력에 관한 논의는, 대학 교양교육과정의 목적, 내용, 그리고 방법('왜', '무엇을', '어떻게')에 대한 답을 얻을 수 있는 출발점이 된다.

그러나 이러한 교육적 요구, 즉 융복합적 교양교육에 대한 요구가 모든 대학에 동일한 수준으로, 동일한 방식으로 수용되기는 어렵다. 이는 우리 사회가 대학에 요구하는 교육적 요구가 다양하고도 복잡할뿐더러, 각 대학의 전통과 학풍, 그리고 설립목적도 다양하고, 또 각 대학이 처한 지역적 인적 물적 여건 등도 서로 다르기 때문이다. 또한 각 대학이 추구하는 교육목표 및 인재상도 다르다. 따라서 이러한 모든 것들을 종합적으로 고려하여 각 대학의 특성을 유형화하고, 이를 토대로 대학 유형별 교양 기초교육과정의 내용과 구조를 다양하게 구상하는 것이 필요하다.

대학의 수효가 400개에 이르며, 동일 학년도 학령인구의 80%에 이르는 청소년들이 대학에 진학하는 것이 근래 한국대학의 현실이다. 실로 놀라운 일이다. 극단적으로 말해 대학교육을 받기에 지적으로 미흡한 학생도 대학에 가는가 하면, 졸업 후 군이 대학의 고등교육이 필요가 없는 직업활동을 하게 되는 학생도 많다면, 이는 국가적 차원에서도 개인적 차원에서도 교육적 낭비가 아닌지 재고해 볼 일이다. 그러나 자유민주주의 국가인 대한민국에서 이를 그 어떤 정책적 강제로 바꿔놓는다는 것은 생각하기 어려운 일이다. 더구나 하늘을 찌르는(?) 한국인의 자존감과 평등의식이 이를 뒷받침하고 있다면, 이 현상은 불가피해 보인다.

그러나 그렇다 하더라도 적어도 이 많은 대학들과 이 많은 대학생들에게 동일한 교육적 기대를 한다거나 동일한 척도로 그 성과를 평가하려고 한다면, 이는 교육경제의 관점 외에 공정성의 관점에서 보더라도, 또

개인의 자기실현의 관점에서 보더라도, 합당한 일이라 할 수는 없다. 한
국사회가 대학교육에 거는 기대가 다양하다면, 그 다양한 기대에 걸맞은
다양한 교육이 이루어지는 것이 온당한 일이다. 이런 맥락에서, 길러내야
할 인재, 즉 교육목표에 따라 몇 가지 유형으로 대학을 구분하고, 그에
따라 교육과정 자체를 서로 달리 구성하는 것은 현재의 한국의 사정에 비
추어 볼 때, 필요한 조치라고 본다.

그러나 이러한 다양성에도 불구하고 모든 층위의 고등교육에 보편적
으로 요구되는 교육내용이 있다면 이것이야말로 우선적으로 관심을 갖고
추구해야 될 것이다. 근래 '핵심역량'이라는 말이 대학사회에서 광범하게
회자되고 있는데, 이것이 바로 그런 것이라고 본다.

그런데 그 '핵심역량'이라는 것은 대체로 각 전공학과의 교육을 통해
함양되는 것이라고 보기 어려운 것들이 많다. ACE 사업에 참여하고 있는
대학들이 핵심역량으로 제시하고 있는 것들을 보면 이를 어렵지 않게 인
지할 수 있다. 아래의 표는 각 대학들이 인재상, 교육목표, 또는 핵심역량
이라는 이름으로 제시한 내용을 수집, 열거한 것이다:

대학명	핵심역량
건양 대학교	휴먼역량(창의적 문제해결능력, 자기주도 학습능력, 글로벌 능력) 실용역량(건강한 육체와 정신, 봉사하는 리더십, 의사소통능력)
계명 대학교	핵심역량(도전정신, 감성지능, 외국어 구사능력, 문제해결능력, 현장적응능력, 도덕성, 문화적 포용력, 종합적 사고)
금오 공과 대학교	핵심역량(참된 인성과 봉사정신, 전문지식과 실천적 능력, 도전정신과 창조적 사고, 글로벌 마인드와 리더십)
동국 대학교 (경주)	핵심역량(자비 실천 역량, 창의적 역량, 도전성취 역량, 글로벌 역량, 직무 역량)

성균관 대학교	핵심역량(의사소통 역량, 글로벌 역량, 리더 역량, 문제해결 역량, 가치창출 역량, 종합적 사고 역량)
안동 대학교	교육목표(폭넓은 교양과 도덕성을 갖춘 민주시민 양성, 창의적인 능력과 성실한 태도를 지닌 인재양성, 전문지식과 기술을 갖춘 인 재양성, 전통문화를 이해, 발전시킬 수 있는 인재양성, 국제감각 과 외국어 능력을 겸비한 인재양성, 정보화 능력을 갖춘 인재양 성, 지역사회와 국가에 대한 봉사정신이 투철한 인재양성)
영남 대학교	핵심인재(지식과 정보를 수집, 분석, 가공하여 새로운 지식과 정보 를 창출할 수 있는 인재, 문제파악과 문제해결능력이 뛰어난 인재, 창의성과 진취성, 지성과 야성을 겸비한 인재, 냉철한 머리와 따뜻 한 마음을 가진 인재, 리더십과 조직융화력이 뛰어난 인재)
우송 대학교	핵심역량(의사소통능력, 다문화 이해 및 적응 능력, 자기주도적 학습능력, 평생적응 학습능력, 종합적 사고능력, 변화적응능력, 산 업체 맞춤형 실무능력, 학술연구능력)
울산 대학교	핵심역량(탐구자적 자세, 과학적 사고방식, 폭넓은 교양과 심미 안목, 진취적 자아혁신, 자주적 국제인의 자세, 진리를 지키는 용 기, 현장적응능력, 조직에 대한 헌신, 직업윤리의 실현)
충북 대학교	핵심역량(창의적 문제해결, 종합적 사고력과 의사소통능력, 자기관 리 역량, 대인관계 역량, 글로벌 역량, 융복합적 직무능력
한동 대학교	핵심역량(글로벌 역량, 창의적 문제해결 역량, 다학제 융합능력, 논리적 사고와 소통능력, 인성과 영성)
한림 대학교	핵심역량(풍부한 인간성, 창조적 지성인, 개방적 태도, 활력 있는 건강)
한밭 대학교	핵심역량(실무능력, 지역형 리더십, 인성과 윤리, 창의적 문제해 결, 의사소통, 글로벌)
한양 대학교	핵심역량(창의, 소통, 통섭)

외국어 구사능력, 전문지식과 실천적 능력, 정보화 능력, 산업체 맞춤형 실무능력, 융복합적 직무능력 등 전문분야의 교육내용이 될 수 있는 것들도 일부 있긴 하지만, 전체적으로 보면 역시 특정 학문분야에 국한되지 않고 이들의 기초를 이루는 영역에서, 혹은 이들을 '가로지르는' 학업을 통해 함양할 수 있고 또 그렇게 해야 하는 것들임을 알 수 있다. 더욱 유의해야 할 것은 이 핵심역량이라는 것에는 단순히 이지적 능력만이 아닌, 정서적 의지적 요인이 중심이 되는 정신적 자세나 태도를 가리키는 것들도 포함돼 있다는 사실이다.

적잖은 대학들에서 채택, 활용하기 시작하고 있는 소위 K-Cesa라는 것도 역시 전공교육 영역에 적용하기는 어려운 항목들로 구성되어 있음을 알 수 있다.

K-Cesa의 내용에 대해 그 대강을 살펴본다:

〈핵심역량들〉

의사소통 역량	글로벌 역량	자원 정보 기술 활용 역량
듣기, 읽기, 쓰기, 말하기 및 토론과 조정 능력	외국어 능력과 다문화 이해 및 수용능력	시간, 예산, 인적-물적 자원, 문자-숫자-그림 정보, 정보통신-과학원리-기기작동 기술 등을 수집, 분석, 활용하는 능력
종합적 사고력	대인관계 역량	자기관리 역량
고등 정신능력인 평가적 대안적 추론적 분석적 사고력	정서적 유대, 협력, 중재, 리더십, 조직에 대한 이해도	자기주도적 학습능력, 계획 수립 및 실행능력, 정서적 자기조절능력 및 직업의식

[진미석 외, 「2010년도 대학생 핵심역량 진단체제 구축」, 직업능력개발원 웹사이트]

상기 6개 역량 가운데서 특정 전공학업을 통해 함양될 수 있는 것이라면, 자원-정보-기술의 활용역량일 텐데, 이것도 실제로는 그 전문분야의 지식을 습득함으로써 함양된다기보다는 그러한 지식-자료들을 다루는 지적 능력을 단련시킴으로써 가능한 일일 것이다. 과연 대상내용에 관한 지적 탐구작업 없이 그 대상을 활용하는 능력을 기른다는 것이 가능할지는 의문이지만, 그렇다고 그에 대한 탐구나 습득만으로 이러한 능력이 함양된다고도 할 수 없는 일이다. 여기에 요구되는 것이 곧 일반교육(general education)으로서의 교양교육이다.

특정 전문분야의 지식이나 기술의 습득이 아닌, 이들 전문분야의 지식을 활용할 수 있는 기초적 능력의 함양이라는 점에서 '두루두루 통하는' 보통(普通)교육으로서의 교양교육이 바로 이러한 '핵심역량'을 길러주는 교육이 된다.

2. 기초교육과 교양교육의 구분

그렇다고 직업능력개발원에서 제시하는 '핵심역량'이 대학의 고등교육 과정에서 함양해야 할 역량의 전부라고 단정지어서는 곤란하다. 여기서 제시되는 역량들은 대체로 직업활동을 목적으로 하는 수단으로서의 역량을 가리키는 것인데, 이와는 달리 대학의 고등교육에서는 수단적 성격을 띠는 역량 이상의 것이 교육목표로 설정되어야 하기 때문이다. 그것이 바로 진정한 본래적 의미에서의 교양교육이다. 본래 교양교육은 직업적 관심에서 나오는 것이 아니라 오직 참된 인간다운 삶을 영위하기 위한 교육으로 거기서 성취하는 것은 다른 무엇의 수단에 머무는 것이 아니라, 그 자체가 목적이 되는 것이다. 상기 각 대학의 핵심역량 가운데, 다음의 것들이 바로 그러한 성격의 교육목표들이라 하겠다: 도덕성, 문화적 포용력,

종합적 사고(계명대); 참된 인성과 봉사정신(금오공대); 자비 실천 역량(동국대); 도덕성(안동대); 지성과 야성, 냉철한 머리와 따뜻한 마음(영남대); 심미 안목, 진리를 지키는 용기(울산대); 인성과 영성(한동대); 풍부한 인간성(한림대); 인성과 윤리(한밭대).

직능원이 제시하는 '핵심역량'에 대한 해설을 들어보자:

— 핵심역량(core competency)이란 '기초직업능력'으로 번역되는 개념으로 모든 직업활동에서 공통적으로 요구되는 핵심적인 기초역량을 말함.
— 특정한 상황이나 직무에서 준거에 따른(criterion-referenced) 효과적이고 우수한 수행의 원인이 되는 개인의 내적 특성으로서 동기, 자질(traits, 특질), 자기개념(self-image), 가치관, 태도, 스킬, 지식 등으로 이루어짐.
— 급속하게 변화하는 직업세계에서 핵심적인 역량은 직무수행을 위해 필수적인 역량이며, 이러한 중요성을 반영하여 미국, 영국, 독일, 호주 등 OECD 각국에서 핵심역량을 구성하는 요소와 이를 측정하기 위한 도구들을 만들어내고 있음.

여기서는 '가치관' 같은 진정한 본래적 의미의 '교양'조차도 탁월한 '직업능력'을 발휘하기 위한 수단적 성격을 띠는 자질이 된다. 참된 교양이 직업적 활동에서도 그 진가를 발휘하는 것은 물론 당연한 일이다. 그러나 이는 부수적으로 얻어지는 결과이지 처음부터 중심목표인 것은 아니다.

이런 점에서 우리는 대학의 교양기초교육에서 기초교육과 교양교육을 구분하여 각각의 정체성을 분명히 하는 것이 필요하다. 정보사회에 들어서면서 기초교육보다도 교양교육이 더 요구되는 것은 정보사회가 산업사회와는 다른 지적 지형을 갖게 되었기 때문이다.

3. 정보사회의 새로운 문화 지형[115]

어떤 점에서 그러할까?

21세기는 디지털 기술이 새로운 문명을 준비하는 시대이다. '디지털 기술'은 지능의 강화인 '정보기술'(IT)과 감각의 확장인 '커뮤니케이션 기술'(CT)을 '정보통신기술'(ICT)이라는 하나의 기술로 융합한 데에 그 위력이 있다. 이러한 융합된 디지털 기술의 혁혁한 성과는 이른바 '유비쿼터스 커뮤니케이션'(Ubiquitous Communication)의 실현과 가상현실(Virtual Reality)의 출현에서 확연히 드러난다. 그리고 이 기술융합이 가져온 전대미문의 혁명적 성격은 첫째, 사유와 지각의 융합 및 호환(互換)을 비생명적 물리적 공간 속에서 실현시키고 있다는 점과, 둘째, 인간의 의사소통 또는 정보교환 활동에서 자연세계의 시공적 제약을 최소화시키거나 무화시키고 있다는 점이다. 이 중에서도 후자가 더 결정적이다.

시간과 공간은 인간이 세계를 경험하는 근본방식이다. 시간적인 세계경험에서 근본 원리는 시간적 선후를 거스를 수 없다는 순차성(順次性)이고, 공간적인 세계경험에서 근본 원리는 두 개의 사물이 동시에 한 공간을 차지할 수 없고 한 사물이 두 공간을 동시에 차지할 수 없다는 독점적 배타성(排他性)이다.

자연을 삶의 토대로 삼아 자연 속에서 생존해야 하는 자연적 존재로서 인간이 이 두 원리를 엄격히 따를 수밖에 없음은 자명하다. 발생론적으로 보면, 모든 변화의 과정을 원인-결과의 연쇄로 파악하고 그 사이에서 어떤 법칙적 연결고리를 찾으려는 인간의 인과적 사유는 시간의 순차성에 대응하는 생존의 한 방식이라 할 수 있고, A가 A이면서 동시에 A가

---

115) 이 소절의 내용은 앞서(제3장 1절) 이미 언급한 내용이나 여기서 문맥의 흐름을 위해 요약 반복함.

아니라는 '모순'은 결코 허용하지 못하는 인간의 논리적 사유도 궁극적으로는 물리적 자연세계의 공간적 배타성에 적응한 결과라고 볼 수 있다.

그런데 '유비쿼터스 커뮤니케이션'에서나 '가상현실' 속의 체험에서는 이 시간적 순차성과 공간적 배타성이 더 이상 엄격히 작동되지 않는다. 특히 '가상현실' 속에서는 시간경험에서 순차성 대신 동시성이, 그리고 공간경험에서 매개성 대신 무매개성이 아무런 장애 없이 구현되어, 자연현실에서의 시공적 원리가 더 이상 경험의 원리로 작동하지 않는다.

시공체험의 방식은 인간에게 삶의 근본적 토대다. 그런데 여기에 이런 획기적인 변화가 온다면, 세계를 향한 인간의 욕구와 이의 충족을 위한 행동의 방식에 변화가 없을 수 없다. 즉 시간적 순차성과 공간적 배타성이 더 이상 인간의 생존조건으로 작동하지 않게 됨으로써 인간의 욕구 자체가 시간적으로는 순차성 대신 동시성을, 공간적으로는 매개성 대신 직접성을 추구하게 된다. 욕구 자체의 이러한 변화에 동반하여 그 욕구의 충족의 방식 또한 동시적 직접적인 것으로 변모하게 된다. 이러한 변화는 구체적으로 일상생활에서 시간적으로는 기다림 없이, 공간적으로는 장소 이동 없이 욕구충족의 행동이 이루어진다. 그 결과 욕구의 즉시적 무매개적 충족 가능성이 여러 가지 상이한 욕구들의 총체적 동시적 충족 가능성으로 확장하게 된다.

새로운 욕구충족의 기대는 이를 충족시키는 새로운 기술의 개발을 촉진한다. 여러 가지 욕구들을 총체적으로 동시에 충족시키기 위해서는 그 수단이 되는 기술에도 변화가 일어나, 복수의 여러 기술들이 통합하게 되고 이로부터 새로운 융합기술이 등장하게 된다. 그 융합의 과정에서 기술 간의 경계가 약화되고 기술의 고유 영역이 붕괴된다. 이는 그 기술들이 새로운 형태로 융복합화한다는 것을 가리킨다. 근래 어떤 분야든 정보통신기술이 참여하지 않은 분야는 없을 텐데, 이는 정보통신기술이 기술 간 융합의 매체가 되었기 때문이다. 기술의 융합을 웅변으로 말해 주는 것으로 우리는 휴대전화 제조기술을 꼽을 수 있을 것이다.

디지털 정보통신기술의 문화사회적 파장은 실로 광범하고도 심대하다. 특히 우리의 관심사가 되는 것은 지식사회의 지형 변화다. 새로운 기술의 출현과 발전, 그로 인한 공동체 삶의 변화 등이 지적 탐구에 광범한 영향을 주기 때문이다. 지식이 장기간에 걸쳐 어렵게 창출, 전수, 활용되던 과거와 달리 매우 용이하게 산출, 복제, 유통, 소비된다는 점, 산출되는 정보의 양이 천문학적으로 급증하며, 이렇게 생산되는 정보의 유통에는 시간적 공간적 제약이 거의 없다는 점, 문맥과 기원이 소실된, 파편화된 정보들이 범람하여 삶의 질을 고양시키는 정보를 취사선택하는 일이 어렵다는 점, 정보의 효용기간, 즉 수명이 급속히 단축된다는 점 등등이 이 지형 변화의 주요 현상이라고 할 수 있을 것이다.

4. 교양교육의 새로운 의의

그렇다면 지식 창출의 본산이라 할 수 있는 대학에서 교육은 이러한 변화에 어떻게 조응해야 할까?

우선, 지식교육에서 능력교육으로 전환해야 할 것이다. 기성 지식의 전수가 아니라 새로운 지식을 스스로 창출하고, 응용하고, 적응할 수 있는 기초적 사고능력의 함양에 중점을 두어야 한다. 즉 엄청난 양의 정보 가운데서 적실성 있는 유용한 정보를 선별할 수 있는 비판적 사고의 능력, 새로운 정보를 산출할 수 있는 창의적 사고의 능력, 주어진 사태 속에서 핵심적인 문제를 찾고 그것을 해결하는 능력을 길러야 한다. 이와 더불어 자신의 사유내용을 공동체 구성원과 공유할 수 있는 사회적 의사소통능력을 길러야 한다. 이들은 대체로 기초교육의 내용으로 상기의 직업능력과 상통하는 것들이다.

그러나 더욱 중요한 것은 특정 학문분야 내에서 전문지식을 쌓도록 하는 것과 나란히 세분화된 분야들의 위상을 전체 속에서 가늠할 수 있는 넓은 조망능력과 깊은 통찰력을 길러주고, 그리고 이에 기초한 세계관, 인간관, 가치관을 형성시켜 주는 교육이다. 이는 구체적으로 보자면 전문 영역들 간의 '지적 연결지평'을 갖도록 하는 일이다. 이제는, 대학교육은 전공학업으로만 이루어진다는 통념, 아니면 적어도 전공학업에서 대학교육이 완결된다는 통념에서 벗어나야 한다.

왜 이러한 전환이 필요할까? 앞에서 우리는 정보사회에 들어서면서 인간의 욕구 자체가 동시성과 총체성을 추구하는 방향으로 확장되고, 그 충족의 방식 또한 복합적 직접적인 것으로 변모하게 된다고 말했다. 따라서 정보사회에서 주어지는 중요문제는 대체로 여러 지식분야에 걸쳐 있는 복합적인 문제다. 그러므로 문제연관을 총체적으로 조망하는 능력이 없으면 부분에 관한 전문지식도 무용해지기 쉽다. 따라서 문제연관 전체를 조망할 수 있는 안목의 함양이 무엇보다 중요하다.

앞서 우리가 '기초학문 분야의 균형 잡힌 학업'이 직업활동을 위해서도 필요하다고 한 것은 바로 이 때문이다. 기초학문의 탐구성과는 다른 지식의 토대가 되며, 또 그 효용성의 수명이 길고 그 타당 범위가 넓기 때문에 급변하는 지식사회의 지형에서 우리가 의존할 수 있는 거점은 역시 기초학문이 될 수밖에 없다.

현실을 보아도 이는 수긍이 가는 진단이다. 대학을 졸업하기만 하면 곧바로 전문 직업인으로 활동할 수 있는 분야는 이제 별로 없다. 점차 대학의 4년 교육을 완성교육으로 이해할 수 없게 되는 것이 작금의 추세다. 이제는 많은 직종에서 대학을 마치고 취업과 동시에 곧 본격적인 직업생활을 시작하는 것이 아니라 일정기간 동안의 교육과정을 거쳐야 하는 것이 필수적인 코스가 되었다. 전문의나 법조인이 되는 것은 물론이고 그 밖의 여러 분야에서도 학사과정에서 습득했던 것보다는 훨씬 수준이 높은 전문지식을 계속 습득해 가야만 직업인으로 활동할 수 있는 직종이 늘어 나고 있다. 사회가 발전하면서 직업활동의 내용이 고급화되기 때문에 생 겨난 당연한 현상이다.

이제는 대학의 학사과정 4년 동안 배운 지식을 가지고 평생 전문가 노릇을 하면서 지낼 수 있는 직종이 있다면, 그런 직업은 사회발전에 보 조를 맞추지 못해 곧 없어질 사양 직업이거나, 애당초부터 그럴 필요가 없었던 아주 낮은 단계의 전문성만 필요로 하는 직업일 것이다. 그러니까 학사과정을 완성교육과정이라고 하는 것 자체가 시대에 뒤진 이야기가 된 셈이다.

그러니까 이제는 학사과정에서는 학생들에게 지식 주기가 특히 짧은 좁은 전공지식을 전수하기보다는 앞으로 계속 갱신되어 가는 전문지식을 습득할 수 있는 기초능력을 길러주어야 한다. 전문지식은 대학원 과정에 서 본격적으로 습득을 하고 나아가 직업 활동을 하는 중에도 다시 대학에 서 새롭게 공급받을 수 있는 기회를 가질 수 있도록 해주어야 한다. 사실 오래전부터 전문지식의 갱신 주기가 짧아지고 있으므로 학사과정에서 좁 게 배운 전공지식은 사회에 나가서 활용하려면 이미 쓸데없는 것이 될 것 이라는 우려가 있었다. 이런 생각에 따르면 직업교육에 관한 한 대학은 일 종의 평생교육(continuing education)의 기능까지 수행하는 기관으로 확장 되어야 한다. 교양교육의 의의가 새롭게 더 커진 배경이 여기에도 있다.

5. 교양교육의 구체적 내용

교양교육에 대한 정의가 다양하여 그 강조점에 다소 편차가 있기는 하나, 대체로 우리가 앞에서 언급한 핵심역량(기초능력)교육과 균형 잡힌 융합교육이 교양교육의 핵심적인 내용으로 포함되어 있다고 할 수 있다.

필자는 교양교육에 대해 이렇게 정리한 적이 있다: "교양교육이란 올바른 세계관과 건전한 가치관을 바탕으로 세계화된 새로운 정보사회에서 비판적 창의적 사고와 원활하고 개방적인 의사소통을 통해 공동체적 문화적 삶을 자율적으로 주도할 수 있는 주체적인 지도자로서의 자질을 함양하기 위한 것으로서, 학문계열을 넘어서서 모든 학생들에게 동질적인 내용을 교수하는 교육이다."

교양교육의 의의에 대해 아주 현실적으로 생각해 보자. 가령 공학도에게 수학을 가르칠 때, 공학적인 응용 가능성이 없는 순수한 이론적인 문제는 배제하고 소위 공학수학으로 한정된 내용만을 집중적으로 숙달시켜야 한다는 주장은 과연 옳은가? 또 영어 과목은 영어로 공학 정보를 얻고 전달할 수 있는 능력을 키워준다는 뚜렷한 교육목적을 가지고 수업이 이루어져야 한다는 주장은 어떤가? 셰익스피어의 작품의 한 구절을 감상할 줄 아는 것은 훌륭한 엔지니어의 역할과는 정말 아무 상관이 없을까?

그런 주문은 공학도의 활동 가능성을 교육과정에서부터 미리 부당하게 제한해 버리는 일이 될 수도 있다. 특별한 응용을 염두에 두지 않고 지적 호기심만으로 탐구한 수학적 문제가 언제 또 어떤 영감의 원천이 되어 생각하지 못했던 공학적 성취를 이루게 해줄지 알 수 없는 일이다. 또, 외국어를 배우면서 다른 문화권의 사고방식을 깊이 이해하게 되는 것이 그 문화권에 속한 사람들이 사용하게 될 소프트웨어를 개발하는 데에 결정적인 도움을 줄 수도 있다.

지식의 세계에서는 어떤 아이템이 다른 아이템과 어떻게 교배를 이루어 새로운 창조로 이어질지 결코 쉽게 예측되지 않는다. 그렇기 때문에 학생들에게 지적인 모험을 할 수 있는 기회를 제공하는 것은 아주 중요한 일이다. 오직 자신의 분야만을 염두에 두고 교육과정을 꾸며야 한다고 고집하는 교수는 본의 아니게 자신의 전공분야에서 창의적인 아이디어가 나오는 원천을 막는 역할을 할 위험이 있다. 교양교육과정을 통해 학생들의 시야를 넓혀주는 것이 종국적으로는 그들이 종사하게 될 전문분야를 위해서도 무시할 수 없는 효과를 가져올 수 있다는 점을 유념해야 할 것이다. 노벨상은 이런 교육을 받은 사람들의 창의성이 원천이 되어야만 나올 수 있는 것이다.

한국도 이제는 정보사회다. 앞서 암시했듯 정보사회에서는 지식도, 기술도, 산업도 분화, 전문화보다는 융합, 종합화의 길을 가야 더 큰 산업적 성과를 가져온다. 각 전문분야들의 지식도 서로 결합되지 않는다면, 문제의 해결에 도움을 주지 못한다. 오늘의 문명적 삶이 영역별로 분립되어 있지 않고 서로 융합되어 통합되기 때문이다. 정치와 경제가 융합됨은 물론, 산업과 문화가 융합되고 예술과 공학이 융합된다. 해결해야 할 문제들이 총체적 맥락 속에서 그 맥락과 더불어 한꺼번에 다가온다면, 문제해결의 방식도 총합적일 수밖에 없다.

바로 여기에 각 전문분야들의 지식을 폭넓고 깊이 있는 안목 아래서 조망하고 연결시켜 주는 '지적 연결지평'이 요구되는 것이다. 이러한 지적 연결지평은 '균형 잡힌 다학문적 학제적 학업'을 통해 얻어질 수 있다. 복수전공 혹은 연계전공이라는 이름으로 시도되는 교육과정의 개선이 목표로 삼는 것도 실은 이러한 '균형 잡힌 융합교육'이다. 정보사회에 들어와 본래적 의미에서의 교양교육은 바로 이 융합교육을 통한 창의성 함양에 새로운 의의가 있다. 따라서 대학교육을 통해 함양해야 할 결정적 핵심역량은 겉보기와는 달리 진정한 의미에서의 본래적인 '교양'에 있다는 것이 필자의 생각이다.

제3부

교양교육 실행론

제12장 교양교육과정론
— 대학 교양교육과정 편성의 바람직한 방향 —

1. '교육과정' 문제의 내실

일상어에서 '교육과정'이란 교육현장에서 전개되는 교수-학습의 구체적인 활동을 중심으로 하여 그 선후 맥락에서 이루어지는 교육활동 전체의 흐름을 뜻한다. 거기에는 한편으론 교수자의 교수를 위한 연구 및 방법적 준비(강의 준비) 및 학습자의 학업성과에 대한 평가활동이 포함되고, 다른 한편으로는 학습자의 학습을 위한 준비(예습) 및 그 성과에 대한 추후적인 확인 및 보충 작업(복습)도 포함된다. 한마디로 교육이 이루어지는 전 과정 자체를 뜻한다. 하지만, 교육학에서 전문용어로 쓰이는 '교육과정'이란 시간적 경과를 바탕으로 하여 기획된 교수-학습 내용의 단계적 체계적 구조를 뜻한다. 즉 "정해진 교육목표를 달성하기 위하여 선택된 교육내용과 학습활동을 체계적으로 편성, 조직한 것으로, 교육의 모든 과정을 마칠 때까지 요구되는 교육내용, 그 내용을 학습하기에 필요한 연한, 그 연한 내 학습시간 배당을 포함한 교육의 전체계획"[116]이요, 일상어로는 차라리 '커리큘럼'(curriculum)이라는 외래어가 오해 없이 쓰이는 더 적확한 표현일 것이다. 여기서 우리가 다루고자 하는 것도 물론 이런 전문용어에 담기는 의미의 '교육과정', 즉 커리큘럼이다.[117]

---

[116] 『교육학용어사전』, 서울대학교 교육연구소, 1995, '교육과정' 항. 한편 『한국민족문화대백과』에서는 "학교와 같은 교육기관에서 교육목표를 달성하기 위한 다양한 교육활동의 기준을 체계적으로 선정, 조직한 계획된 문서이며, 나아가 이를 실행하는 과정과 성취한 결과를 포함하는 일련의 총체적 과정"이라고 정의하고 있음.

물론 교육학의 한 전문분야로 교육과정 연구가 있는데, 거기서 다루어지는 전 분야를 여기서 우리가 논하자는 것은 아니다. 그 전문분야는 대체로 ① 교육내용으로서의 교육과정, ② 학습경험으로서의 교육과정, ③ 학습계획으로서의 교육과정, ④ 학습성과로서의 교육과정 등 네 가지 영역으로 구분되는데,118) 우리가 여기서 대학의 교양교육과 관련해 중점적으로 살펴보고자 하는 것은 ① 교육내용으로서의 교육과정과 ③ 학습계획으로서의 교육과정이다. ② 학습경험으로서의 교육과정은 수강생의 학업동기, 학습심리, 학업수요, 교수자와의 상호작용 등을 염두에 두는 교육과정을 뜻하고, ④ 학습성과로서의 교육과정은 학습성과 및 그에 대한 평가를 염두에 두는 교육과정을 가리키는 것으로, 별도의 논의 대상이 되는 것들이다.

① 교육내용으로서의 교육과정에서 가장 중요한 문제는 교육목표를 달성하기 위해서 어떤 교과목들을 제공할 것이며 그 교과목들 속에 어떤 지식 내용을 포함시켜야 할 것인가 하는 것이다. 그리고 ③ 학습계획으로서 교육과정에서 가장 중요한 문제는 교육내용의 편성, 조직, 그리고 수업 시수 및 시간 배당 등 구체적인 교수-학습 과정을 사전에 충실히 계획하는 일이다. 물론 이것도 최선의 학습효과를 얻어 교육목적을 달성하기 위한 것임은 자명하다.

우리는 앞서 교양교육의 목표를 설명하는 자리에서119) 교양교육과정에서 함양해야 할 능력 내지 자질을 제시했는데, 이들이 곧 교양교육의 내용이 되는 것이고, 이들을 어떤 구조 속에서 함양해 내야 할 것인지를 구안(具案)하는 것이 바로 교육과정의 편성 문제다. 우리는 여기서 문제의 성격을 고려해 형식적 구조적 문제인 ③항의 문제를 먼저 살펴보고, 그에

---

117) 제2장 3절 각주 30)을 참조할 것.
118) 『한국민족문화대백과』 '교육과정' 항(이성호, 『교육과정론』, 양서원, 2009).
119) 제4장 3절.

이어 교육내용의 문제인 ①항의 문제를 나중에 고찰하기로 한다.

2. 교양교육과정의 편성

2.1. 현행 대학교육 전체의 구도

교양교육과정의 편성에 앞서 대학교육 전체의 교육과정에 대한 개관을 할 필요가 있다. 이는 교양교육과정이 그 전체 가운데서 어떤 위상을 점하는 것이 바람직한지를 알기 위해서다. 각 대학의 교육과정을 일별해 보면 그것은 대체로 전공교육, 교양교육, 그리고 일반선택으로 구분되어 있다. 그러나 '일반선택'이라는 영역 구분은 '선택이냐 필수냐' 하는 학생들의 수강 방식을 고려해 설정한 것이지, 전공교육이나 교양교육처럼 교육목표와 그 내용의 고유한 특성, 정체성에 비추어 설정한 영역 구분이 아니다. 현실적으로 학생들이 '일반선택'이라는 영역에서 선택해 수강하는 교과목들은 대부분 교양교과목이고, 특별한 경우 본인의 전공학과 외의 타 학과 전공과목이다. 결국 오늘날 대학의 고등교육은 교양교육과 전공교육으로 이루어지고 있음을 확인할 수 있다.

유심히 살펴보아야 할 것은 오히려 교양교육과정 안에 본래적 의미의 교양교육 교과목이라고 보기 어려운 것들이 포함돼 있다는 사실이다. 이 점에 유의하여 현행 대학 교육과정을 분석해 보면 그 전체는 대체로 다음과 같은 영역으로 구분된다:

① 각 학과별 전공교육 + ② 계열별 전공 기초교육 + ③ 일반 기초교육
+ ④ 본래적 교양교육 + ⑤ 기타 특수교육(종교교육 + 실용교육)

이들 각 영역에 대해 부연하자면 다음과 같다:

① 각 학과별 전공교육: 기초학문분야 및 응용학문분야의 각 학문분야별 전문교육

② 계열별 전공 기초교육: 인문/사회/자연 등 광범한 학문영역별 전공교육을 받기 위한 예비적 기초적 교육 [예: 미적분학, 일반물리학, 일반화학, 제2외국어, 고전어 등]

③ 일반 기초교육: 전공과 상관없이 대학교육 일반을 받기 위해 필요한 도구적 성격의 기초학업교육 [예: 영어, 논리학, 전통적 문해(글쓰기, 발표와 토론), 정보문해(CS/SW/IT)]

④ 본래적 교양교육: 평생에 걸쳐 전문적 직업활동과 무관하게 한 계몽된 문화인으로서 인간다운 삶을 영위할 수 있는 지적 정서적 의지적 소양과 능력을 길러주는 교육 [예: 철학, 역사, 문학, 예술, 윤리/사상/종교, 정치, 경제, 과학 영역의 과목들]

(정서적 신체적 사회적 체험을 통한 '인성교육'도 이 영역에 속하는 것은 사실이나, 이들은 현실적으로 일반화할 수 있는 교안(실라버스) 작성이나 객관적 정량적 평가가 어려워, 정규교육과정보다는 비정규교육과정에서 시행하는 것이 더 적절하다고 봄)

⑤ 기타 특수교육(종교교육 + 실용교육): 특별한 선교 목적으로 설립된 고등교육기관에서 건학이념을 심화시키기 위해 특별한 교과목을 설치할 수도 있고, 고등교육의 본래 목적에서는 벗어나나 학생들의 긴요한 현실적 수요에 부응키 위해 실용적 목적의 강의를 설강할 수는 있음. [예: 기독교 신앙, 유교윤리, 진로와 직업 선택, 미래의 직업 등]

각 대학의 현황을 보면 이상과 같으나, 교육의 이념 자체에 비추어 볼 때 ① 전공교육을 제외한 나머지 모든 교육 영역을 교양교육과정에 포함시키는 것은 부적절한 조치다. 이에 교양교육과정이 바람직하게 구성하려면 어떤 점을 유의하고 어떤 관점을 견지해야 할지 숙고해 보기로 하자.

2.2. 교양교육과정 편성의 유형

교양교육과정 편성에는 크게 두 가지 유형이 있겠는데, 핵심교양 커리큘럼(Core Curriculum) 방식과 균형분배 커리큘럼(Distributive Curriculum) 방식이 그것이다.

1) 핵심교양 커리큘럼(Core Curriculum)

핵심교양 커리큘럼 방식은 다양한 전공 선택과 상관없이 모든 학생들에게 필요하다고 생각되는 교양교육의 핵심내용을 담아내는 공동의 과목군으로 교양교육과정을 편성하는 방식이다. 미국의 컬럼비아대학에서 20세기 초에 시작된 이 편성방식은 물론 그 후에 '핵심교과'에 대한 견해의 변화도 겪었지만,[120] 예일대학을 비롯한 다른 많은 대학들로 확산되어 자유학예교육(liberal arts education)의 적합한 토대로서 여전히 교양교육의 유력한 방식으로 채용되고 있다. 컬럼비아대학의 예를 들어보자면, 이 대학에서는 다음과 같은 교과들로 이 교육과정을 구성한다.[121]

— 문학: 서구 문학의 고전적 작품들을 개관

— 현대문명: 서양 철학 및 사회이론의 고전적 저술들을 개관

— 예술: 서양 미술의 걸작들을 개관

— 음악: 서양 음악의 걸작들을 개관

— 학술적 글쓰기: 대학 수준의 글쓰기 역량 배양

— 외국어: 중급 수준의 외국어 시력 배양

— 첨단 과학: 과학적 사유의 함양

아울러 컬럼비아대학에서는 이 핵심교양 커리큘럼의 특성을 이렇게

---

120) 고전어 대신 현대 외국어를 포함하는 등.

121) 이하 http://www.college.columbia.edu/core/center/visiting-prof/curriculum 참조.

기술한다:

— 이 교과들은 모든 학생들에게 부과된다.
— 이 교과들은 2차 문헌을 피하고 원저만을 다룬다.
— 이 교과들은 작은 규모로, 토론 위주로 수업을 진행한다.
— 이 교과들은 전문학술적인 수업이 아니어서 학제적 교수진에 의해
　 교수된다.

국내에서 핵심교양 커리큘럼을 모범적으로 운영하는 사례로는 경희대
학교 후마니타스 칼리지를 들 수 있을 것이다. 경희대학교의 핵심교양 커
리큘럼은 다음의 세 과목으로 구성돼 있다:122)

과목명	중심 주제	수강 시기	학점수
문명전개의 지구적 문맥 Ⅰ: 인간의 가치탐색	인간의 이해	1학년 1학기	3시간 3학점
문명전개의 지구적 문맥 Ⅱ: 우리가 사는 세계	세계의 이해	1학년 2학기	3시간 3학점
문명전개의 지구적 문맥 Ⅲ: 빅뱅에서 문명까지	자연의 이해	전학년	3시간 3학점

'핵심교양 커리큘럼'에 대한 경희대학교의 해설은 이러하다:

후마니타스 교양교육 프로그램은 학부 교양교육을 대폭 강화하기 위해
신입생 전원이 공통필수로 이수해야 하는 세 개의 중핵과목을 설치합
니다. … 후마니타스 교양교육은 '반드시 가르쳐야 하는 것'으로 '인간

---

122) 이하 http://hc.khu.ac.kr/v2/02/03.php 참조.

의 이해'와 '세계의 이해', '자연의 이해'라는 세 가지 주제를 선정했습니다. 1학년 1학기 핵심과목은 "문명전개의 지구적 문맥 Ⅰ: 인간의 가치탐색"이라는 이름을 달고 있는데, 이 과목의 중심주제는 '인간의 이해'입니다. 2학기 핵심과목은 1학기 과목의 '시퀀스'로서 "문명전개의 지구적 문맥 Ⅱ: 우리가 사는 세계"라는 제목으로 '세계의 이해'를 시도합니다. "문명전개의 지구적 문맥 Ⅲ: 빅뱅에서 문명까지"의 중심주제는 '자연의 이해'로 과학적 사고방식을 키우고자 합니다.

자유학예교육을 통한 교양교육의 실현이라는 점에서 핵심교양 커리큘럼 방식은 이상적인 교양교육 방식이다. 그러나 현실적으로 극복하기 어려운 두 가지 난점이 있어 특히 한국에서는 교양교육과정 전체를 이 방식으로 편성하는 것을 기대하기는 어렵다. 그 난점이란 첫째 한 학년 학생 수가 1,000-2,000명에 이를 만큼 수강생 수가 많은 대학의 경우 해당 주제영역의 학업을 위해 한 과목으로 이들을 모두 수용하기가 어렵다는 점과, 둘째 다학문적 연구를 통해 학제적 식견을 갖춘 교수진의 확보가 어렵다는 점이다.

다른 이유도 있지만, 이런 사정 때문에라도 핵심교양 커리큘럼 외에 균형분배 커리큘럼 방식이 교양교육과정 편성에 많이 채택되고 있다.

2) 균형분배 커리큘럼(Distributive Curriculum)

배분이수 방식이라고도 하는 불리는 이 방식은 교양교육과정을 몇몇 영역으로 구분하고 그 각 영역에 다양한 교과목들을 배치하는 방식이다. 물론 이때 영역 구분을 학술적 교육적 관점에서 볼 때 영역 간의 균형이 적절히 이루어지도록 해야 하는 것이 핵심적으로 중요하다. 그 영역 구분을 학문체계에 따라 하거나 다학문적 간학문적 주제군의 설정에 따라 하거나 간에, 한 영역에 여러 교과목을 설치해 교양교육과정을 편성함으로써 핵심교양 커리큘럼이 지니는 난점이 여기서는 생기지 않는다. 현실적으로는 대학마다 이 방식을 채택하는 경우가 많아 이에 관해 더욱 상론이 필요하다고 본다. 중핵과목을 설치함으로써 핵심교양 커리큘럼을 운영하는 경희대학교에서도 그와 병행해 이 배분이수 방식도 함께 채택하고 있다.

2.3. 교양교육과정 편성의 원칙

대학의 교양교육을 정상화시켜 그 내실을 강화하기 위해서 실제적으로 가장 근간이 되는 중요한 일은 바로 이 '커리큘럼'을 제대로 바르게 편성하는 일이다. 그렇다면 제대로 된 바람직한 교양교육과정 편성은 어떤 기본 원칙 위에서 추진되어야 할까? 기존의 교양교육에 대한 왜곡된 통념과 불합리한 관행을 염두에 두고 볼 때, 먼저 다음과 같은 사항을 그 편성 원칙으로 삼아야 할 것이다:

1) 현실적으로 교양교육과정에 포함시킬 수밖에 없지만, 본래적인 의미의 교양교육과는 성격이 다른 '기초학업교육' 영역을 별도로 설정하여 교양교육의 정체성에 혼란이 없게 한다. 특히 계열별 전공 기초교육을 교양교육으로 '위장'시켜 해당 교과목들을 교양교육과정에 배속시키는 일은 하지 말아야 한다.

2) 마찬가지로 위에서 '기타 특수교육'으로 정리한 교육을 교양교육이라고 '강변'하여 해당 교과목들을 교양교육과정에 배속시키는 일도 하지 말아야 한다.

3) 교양교육을 해당 분야 전공교육을 낮은 수준에서 시행하는 초보적인 교육으로 간주하여 교육과정상 저학년에서 완료하도록 하는 교육과정 체제는 대폭 개선해야 한다. 진정한 의미에서의 교양교육은 전공교육과 더불어 대학교육의 중심축을 이루는 것으로 오히려 고학년에서 전공교육

과 나란히 시행되어야 그 교육적 성과를 얻을 것이다. 따라서 교양교육과 정은 전 학년을 대상으로 편성되어야 한다.

4) 대학교육 전체에서 교양교육이 차지하는 비중이 적어도 30%는 되 도록 교육과정을 편성하도록 한다. 특히 직업교육의 성격이 강한 응용학 문분야에서 전공을 택하는 학생에게는 이 비율이 엄격히 적용되어야 한 다. 이는 기초학문교육을 충실히 함으로써 응용학문분야의 학업이 더 큰 성과를 거두게 하기 위함이다.

5) 교양교육과정의 영역 구분은 (A) 기초학문의 학문분류의 체계에 따라 인문학 분야, 기초사회과학 분야, 기초자연과학 분야로 구분하여 하 거나, (B) 학문 간 구분을 가로지르며 나타날 수 있는 다학문적(multi-disciplinary) 간학문적(inter-disciplinary) 주제군의 다양성에 따라 하거나 한다. 기존의 각 학문분야의 구분을 그대로 존중해 그 여러 기초학문분야 에서 두루두루 과목을 균형 있게 선택하여 이수케 하는 방식이 전자이고, 교양교육에 필수적이라고 생각되는 중심주제(군)을 설정하고, 이 각 주제 (군)에 대해 다학문적 복합적 관점에서 입체적으로 탐구한 것을 교육내용 으로 하면서 이 여러 주제(군)에 걸쳐 과목들을 이수하게 하는 방식이 후 자다.

학문체계에 따라 영역 구분을 함에 있어 유의할 점은 각 학문분야 간 균형이 잘 잡히도록 해야 한다는 것이다. 대체로 어느 대학교든 자연과학 분야의 교과목 편성이 미흡한 경우가 많은데, 이 점은 속히 극복되어야 한다. 각 분야의 내부에서도 다양한 학문들이 균형 있게 분포되어야 함은 물론이다. 이를테면 인문학 분야를 예로 든다면, 문학과 역사와 철학이 골고루 편성되어 있어야 한다는 말이다. 사회과학 분야에서는 정치학, 경 제학, 사회학, 심리학 등이, 그리고 자연과학 분야에서는 수학, 물리학, 화학, 생물학 등이 고루 균형 있게 편성되도록 해야 한다.

6) 전체 대학교육 중 교양교육은 기초학문분야가 전담하도록 함에 있

어, 중요한 과제는 기초학문분야에서의 전공교육과 기초학문이 참여하는 교양교육을 연계시키는 일인데, 이를 위해서는 우선 해당 분야 각 전공 교과과정에 교양과목으로도 활용될 수 있는 전공과목들을 선별 혹은 개발 하여 전공과 교양 영역에서 '중복 설강'(Double Listing)을 할 수 있도록 교육과정을 조정 개선하는 것이 필요하다.

2.4. 교양교육과정 편성의 내역

이러한 원칙을 지켜 교양교육과정을 편성한다면, 다음과 같은 구도가 하나의 모범 사례가 될 것이다.123)

대영역	세부 영역
기초교육 영역	① 사고교육 영역: 논리학, 수리 · 통계적 사고, 비판적 사고, 창의적 사고
	② 정보문해교육 영역: 소프트웨어 문해(Literacy)
	③ 의사소통교육 영역 I (한국어)
	④ 의사소통교육 영역 II (영어)
	⑤ 의사소통교육 영역 III (기타 외국어)
	⑥ 수학 및 기초과학교육 영역

---

123) 이하 한국교양기초교육원의 표준모델 참조: http://konige.kr/sub02_08.php

	B형: 주제별 영역 분류	A형: 학문분야별 영역 분류	
교양교육 영역	① 자연 및 과학	인문학	① 문학, 예술
	② 기술의 본성 및 성과		
	③ 인간의 본성 및 조건		② 역사, 철학, 종교
	④ 문화현상과 현대문명		
	⑤ 사회적 현실	사회과학	③ 정치학, 경제학
	⑥ 역사적 현실		
	⑦ 인륜성 탐구와 도덕적 추론		④ 사회학, 문화학, 심리학
	⑧ 종교적 가치		
	⑨ 미적 가치	자연과학	⑤ 수학, 물리학, 화학, 생물학, 지구과학 (또는 수학, 물질과학, 생명과학으로 구분)
소양교육 영역	① 신체적 체험교육		
	② 정서적 체험교육		
	③ 사회적 체험교육		
	④ 교시 구현/신입생 정착/학생지도		

각 영역에 대한 소략한 해설을 덧붙인다:

1) 기초교육: 대학교육을 받기 위한 기초지식 및 기본적인 지적 언어적 능력을 함양하는 교육을 가리킨다. 분석적 종합적 사고력, 비판적 창의적 사고력, (논변적 글쓰기, 공적 스피치 및 토론 등을 위한) 의사소통능력, (IT/SW 포함하는) 정보문해능력 등의 함양이 그 내용이다.

2) 교양교육: 인간, 사회, 자연에 대한 학문적 탐구성과를 두루 습득함으로써 여러 근본문제에 대한 이해와 식견을 갖게 하는 교육이다. 외부의 객관적 세계에 대한 일관된 체계적 총괄적 견해인 세계관, 그 세계 속에서 삶을 영위하는, 자신을 포함한 인간존재에 대한 균형 잡힌 총괄적 견해인 인간관, 주어진 세계를 넘어 실천을 통해 실현되어야 할 가치와 당위의 세계에 대한 일관된 견해인 가치관의 확립을 위한 학업이 그 주요 내용을 이룬다. 따라서 교양교육은 여러 분과학문의 교육을 통해 얻는 특정 영역들의 기본지식을 조망하고 연계시키고 종합할 수 있는 시야와 통찰력을 길러주는 교육이어야 한다.

3) 소양교육: 포괄적 의미에서 '인성'을 함양하는 교육을 가리키는 것이다. 지성인이 되기 위해 대학생들이 지녀야 할 소양에는 미적 감수성으로 나타나는 정서적 자질과 공동체적 삶을 가능케 하는 인애(仁愛), 정의, 배려, 정직 등의 도덕성이 핵심적인 것으로 자리한다. 대학의 교양교육과정에서 이 부분을 별도 영역으로 설정하는 이유는 이 영역에서의 교육은 지적 영역의 교육과 달리 그 교육의 내용과 과정이 매우 다양하고 경우마다 고유하여 정규 수업만으로는 감당해 내기 어려울 뿐 아니라 정량적인 객관적 평가가 어렵기 때문이다.

2.5. 교양교육과정 편성의 형식적 조건

아울러 교양교육과정의 편성에서 유념해야 할 구성상의 형식적 요건을 살펴보면 다음과 같다.

1) 유사한 교과목들의 통합

교육목표, 교육내용이 유사하다면, 이들을 하나의 교과목으로 통합하는 것이 바람직하다. 그 이유는 교육과정 전체의 균형과 짜임새를 도모하기 위함이다. 교육목표, 교육내용이 유사하다 하더라도 그 자료의 세부 사항이 다양하게 차이가 난다면, 이 다양성은 가급적 통합된 해당 교과목에서 되살아날 수 있도록 강의안(Syllabus)을 재구성해야 할 것이다. 혹은 교과내용의 다양성을 살리기 위해 하나의 통합 교과목 이름 아래 학기별로 다소 달리, 즉 부분적으로 달리, 강의안을 짤 수도 있을 것이다.

2) 영역 간의 균형 유지

교양교육은 인간과 세계에 대한 넓은 시야와 사물에 대한 깊은 통찰력을 함양하는 교육이므로 이를 가능케 하는 이른바 '지적 연결지평'을 확보하기 위해서는 기초학문분야의 다양한 영역에 걸쳐 학업을 수행함이 바람직하다. 따라서 영역 간 균형을 갖추는 것이 요청된다.

3. 교양교육 교과목의 선정

교육과정을 이상적인 형태로 잘 편성했다 하더라도 거기에 설치되어 운영되는 교과목들이 교양교육의 목표들을 달성할 수 없는 부적절한 것들로 채워진다면, 이 또한 교양교육의 정상화에 반하는 일이 된다. 이에 교양교육과정을 채울 교과목들이 어떤 질적 수준을 견지해야 할지 숙고하게 된다. 이제 그 원칙을 생각해 보자.

3.1. 교과목 선정의 원칙

[적극적 기준] 교과목의 내용적 조건에 관해 각 영역별로 다음과 같은

교과목들이 설치되도록 한다.

1) 기초교육 영역

① 분석적-종합적, 비판적, 창의적, 수리적, 통계적 사고력 등 고등
교육 수학능력의 기본인 다양한 방면의 사고력 함양 교과목

② 문헌독해 및 의사소통을 위한 언어교육 교과목. 특히 논변적 글
쓰기, 공적 스피치 및 토론 등 사고력에 기초한 의사소통능력
함양 교과목

③ 타문화 이해의 기초인 외국어 실력 배양 교과목

④ 자연계 이해를 위한 수학 및 기초과학 교육 교과목

⑤ 디지털 문명의 자료, 정보(Software)를 해독, 창출할 수 있는 정
보문해능력 개발 교과목

2) 교양교육 영역

① 인문, 사회, 자연과학 등 기초학문분야에서 학술적으로 핵심성
과 보편성을 갖는 주제를 다루는 교과목

② 단순히 전공교육의 기초가 되는 교과목과는 구별되어 그 고유
한 정체성을 갖는 교과목

③ 여러 학문분야를 가로지르는 '지식 융복합적' 성격의 교과목

④ 학문적 전통이 깊은 '고전적인' 주제를 다루는 것과 병행해 새
로운 문화적 현실을 반영하는 새로운 주제를 다루는 교과목

3) 소양교육 영역

① 신체적 정서적 사회적 체험을 내용으로 하는 인성교육을 위한
교과목

② 각 대학 고유의 설립 이념을 구현하고자 하는 특별한 교과목

[소극적 기준] 아울러 현실적으로 '교양교육'의 본래적 목적을 해치는

다음과 같은 교과목은 지양한다.

1) 기초학문분야 밖의 실용적 지식을 포함하는 과목들

원칙적으로 경제생활 분야(경영학 등), 시민생활 분야(사회복지학, 신문
방송학 등), 공공생활 분야(행정학 등), 법률생활 분야(법학 등), 기술생활 분
야(공학 등) 등의 응용학문이나 실용학문 관련내용을 교양교과목으로 편성
하는 것은 가급적 지양한다.

2) 단순 취업 및 창업 관련 교과목

직접적인 취창업지도 교과목은 비교과 영역으로 돌려 취창업 관련 부
서에서 특강 등의 형식으로 기획 관리하도록 함이 바람직하다. 전공의 차
별성에도 불구하고 '모든' 학생이 취창업을 해야 된다는 이유로 이에 관
한 교육을 '교양교육과정'에서 시행하도록 하는 것은 문자 그대로 '범주오
류'다. 오히려 전공분야에서 전문적인 실력을 더 길러야 할 것이다.

3) '자격시험' 준비를 위한 교과목

특정 전문분야의 자격증을 취득하기 위한 학업이야말로 전공 영역에서
시행해야 할 것이다. 아울러 토익, 토플 등 특정 외국어 능력 시험 준비는
정규 교양교과목에서 추진할 일이 아니다. 대학교육의 위상을 격하시키는
일이다. 이를 위해서는 학생들도 학원가를 이용하는 것이 현실이다.

4) 취미생활을 위한 정보제공이나 상식의 확장을 위한 비학술적인 내
용의 교과목들

일반상식의 확장, 취미생활의 보조, 흥미 충족 등을 위한 강좌들은 대
학의 고등교육 차원에서 시행해야 할 것들이 아니다. 대학생활의 여유와
활기를 돋운다는 차원에서 일부 비교과 활동의 일환으로 시도할 수는 있
겠으나 기초학문교육이 중심이 되어야 하는 정규 교양교육과정에 이런 교
과목을 편성하여 교육할 수는 없는 일이다. 특히 학생들이 선호한다는 이
유로 이를 추진한다면 대학교육의 질은 점점 떨어질 것이다. 대개 이런

과목들은 학생이 열심히 공부하지 않고 재미있게 수강할 수 있는 것들로 재학 시에는 선호할지 모르나 졸업 후 사회생활을 하면서는 이런 과목을 설강한 모교를 결코 자랑스러워하지 않는다.

제13장 교양교육과정 운영론

1. 기초학문교육 전담 교육기관의 이중 과제

　교양교육과정을 바람직한 모습으로 편성한다 하더라도 이를 충실히 지속적으로 운영할 기관이 확실하지 않으면, 교양교육 정상화의 성과를 거두기가 어렵다. 특히 오늘의 한국 대학의 현실을 보면, 교양교육에 대한 인식 자체부터 왜곡되어 있는 경우가 많아 제도적 장치가 견실하지 않으면, 프로그램 기획만으로는 소기의 성과를 달성하기가 어렵다. 교양교육을 그 본래적인 목적에 맞게 정상화하려면, 교양교육을 담당하는 독자적 교육기관이 필요한데, 이 문제는 대학 전체의 교육구조와 긴밀히 관련되어 있으므로 우리는 자연스럽게 대학 전체의 교육구조에 대해 문제의식을 갖게 된다.

　교육구조를 살피기에 앞서, 아무튼 대학교육에서 전공분야의 차이를 막론하고 기초학문교육이 더욱 필요해진 것이 21세기 정보사회의 사회문화적 상황이라면, 이를 실현할 현실적 방안 중 최적의 것으로서 교양교육을 강화, 정상화하는 일의 중요성을 재확인해야 할 것이다. 그리고 이의 실현 방안은 불가불 교육구조와 연관이 된다는 사실을 인식해야 할 것이다. 사실, 대학원 연계 교육과정이 아니라 학사과정 완결형 교육과정이 우리의 중심 주제라면, 실은 이러한 학사과정에서는 학생이 원한다면 특정 '전공' 없이 기초학문교육만을 균형 있게 받을 수 있는 교육과정이 제도적으로 정착되어 있는 대학도 있을 수 있다. 미국의 유명한 자유학예대학(Lieberal Arts College)들이 바로 그것인데, 이들이야말로 우리가 말하는 '교양교육'을 가장 이상적인 형태로 실시하는 교육기관들이다.124) 이 대학들은 응용학문분야의 특정 전문교육은 전문대학원에게 맡기고 자신들은 기초학문 중심의 교양교육을 교육의 중심과제로 삼는 대학들이다. 물론 이 대학들에도 학문체계에 따라 구분되는 학과들은 있지만, 학생들이 특정 학과에 '전속'되어 그 학과의 교육만을 받도록 되어 있지는 않다. 학생들은 학과의 구분에 상관없이 원하는 과목을 자유롭게 수강함으로써, 학업 도중이든 종료 후든 아무 때나 주요학업(Major)이나 부차적 학업(Minor)을 '표명'할 수 있고, 아예 그런 '표명'조차 없이 전 과정을 수료할 수도 있다.125)

한국에서도 이와 동일하지는 않지만 학생의 자유로운 학업을 추진하려는 취지로 기획한 소위 '학부제'라는 교육 프로그램이 1990년대 중반에 정부에서 주도한 '5·31 교육개혁' 안에 제시된 바 있지만, 당시 이 새로운 개혁정책은 대학들의 이해 부족 및 현실적 여건의 미성숙으로 인해 실행 초기부터 왜곡되어 결국 좌초하고 말았다. 그 자유학예교육의 이념은 단순히 학과들(department)을 병합한 편제상의 학부가 아닌, 진정한

---

124) 2019년 평가에 따른 상위 10위권의 우수 리버럴아츠칼리지들은 다음과 같다: 교명 다음은 소재지.
1. Amherst College, Amherst, Massachusetts
2. Williams College, Williamstown, Massachusetts
3. Pomona College, Claremont, California
4. Wellesley College, Wellesley, Massachusetts
5. Swarthmore College, Swarthmore, Pennsylvania
6. Claremont McKenna College, Claremont, California
7. Carleton College, Northfield, Minnesotta
8. Middlebury College, Middlebury, Vermont
9. Haverford College, Haverford, Pennsylvania
10. Smith College, Northampton, Massachusetts
125) '어느 한 분야를 전문적으로 연구한다'는 뜻의 '전공(專攻)'이라는 용어와 '더 많이 공부하는, 주요한'이라는 뜻의 'major'라는 용어는 그 근본 의미부터 다르다.

의미의 '학부'(faculty)를 구성해, 이 안에서 전공의 구분 없이 다양한 이질적인 여러 기초학문을 교육받게 하고, 더 나아가서는 학부들마저도 통합한 '학부대학'(university college)을 그 본래적인 형태로 운영함으로써 온전히 실현될 것이다.126)

거듭 강조하거니와 기초학문교육을 내실 있게 실시하기 위해서는, 현재 한국 대학의 현실을 감안해 볼 때, 교양교육을 그 본래의 교육이념에 충실하게 정상화하는 것이 최우선의 최선의 방책이다. 물론 이와 더불어 응용학문 전공 학생에게 기초학문분야에서 또 하나의 전공 학업과정을 복수전공 혹은 부전공으로 택해 이수하도록 의무화하는 것도 또 다른 바람직한 방안이다. 대학마다 복수전공이나 부전공을 시행하며 널리 권장하기 시작한 것도 십수 년이 되었지만, 현실적으로는 기초학문을 전공하는 학생이 졸업 후 직업활동을 고려해 응용학문을 복수전공 또는 부전공으로 택하는 것이 상례여서, 그 본래의 취지가 살아나지 못하고 있는 실정이다.

기초학문교육을 전담하는 교육기관을 설치, 운영함으로써 실질적으로는 이 기관에 속한 교수진으로 하여금 한편으로는 기초학문분야의 학술적 연구를 수행하고 다른 한편으로는 그 연구의 성과를 내용으로 하여 모든 학생들에게 기초학문교육을 제공하는 이중과제를 부과할 수 있는 교육구조의 정착이 절실히 필요하다. 그렇게 함으로써 연구와 교육의 기본과제를 충실히 이행하는 '대학다운 대학'의 모습을 회복하는 일이 가능할 것이기 때문이다.

2. 기초학문교육 전담 교육기관의 구성 및 역할

교양교육의 내용이 기초학문분야의 탐구성과로 채워져서 교양교육이

---

126) 학부제 및 학부대학의 기획 운영에 대해서는 졸고, 「대학의 학사구조 개편과 교양기초교육의 위상」, 『교양교육연구』 3집, 2008을 참조할 것.

명실상부하게 기초학문교육이 되어야 함이 타당하다면, 기초학문분야 전공학과가 다수 설치돼 있는 대학에서는 교양교육을 담당하는 교육기관과 이 전공학과들 간의 관계가 제도적으로 어떻게 정해지느냐 하는 것이 심각한 교육구조의 문제로 부상된다.

무엇이 문제일까? 문제의 핵심은 한마디로 말해 '학과중심주의', '전공주의'에 있다. 한국 대학의 경우 거의 모든 대학들이 학문체계에 대한 각별한 인식 없이 기초학문과 응용학문의 상이한 학문적 본성을 고려하지 않은 채, 한편으로는 ① 기초학문분야와 응용학문분야를 구별하지 않고 동일 평면에 나란히 병행 설치해 놓고 있으며, 다른 한편으로는 ② 교육과 연구가 모두 학과의 범주를 벗어나거나 넘나들기 매우 어렵게 학과 중심으로 제도화되어 있는 것이 현실이다. 학생들은 기초학문과 응용학문 가운데서 어느 한쪽을 선택하게 되어 있으며, 게다가 대부분의 학생들은 기초학문분야의 학과보다는 응용학문분야의 학과를 선호한다. 그 결과 응용학문분야에서 전공을 선택하게 되는 대다수의 학생들은 기초학문교육을 받을 기회가 거의 없게 된다.

교양교육을 기초학문교육으로 실시한다면, 기초학문분야의 학과들은 마땅히 해당 학과에 소속된 학생뿐 아니라 전교생을 상대로 기초학문교육을 실시해야 할 테지만, 앞서 말했듯 교육이 학과의 벽을 넘어가지 못하도록 제도적으로 제약을 받고 있다면, 이런 제도 아래에서는 전교생을 대상으로 하는 기초학문교육, 즉 교양교육은 파행을 면치 못할 것이다.

근래에 사정이 더욱 악화되는 것은 신입생 수가 감소하는 추세를 고려하여 대학마다 지원자가 줄어드는 학과는 변신, 통폐합, 폐쇄되고 있는데, 이런 '구조조정'을 당하는 학과가 대체로 기초학문분야의 학과라는 점이다. 이러한 조치는 일차적으로 해당 학과가 그 기초학문교육이라는 본래적 교육 목표와 내용을 외면하고 다분히 현실적인 직업교육의 성격을 띠는 것으로 변질시키는 양상으로 나타나는데, 이는 단적으로 말하자면 재직하고 있는 교수진을 보존하고 학과를 유지시키기 위해 교육 목표와 내용을 변경하는 것이다. 여기서 더 나아가 교수진이 퇴임하게 되면 그 공석을 충원하지 않음으로써 점차 교수진의 공백상태를 만들어 학과 자체를 폐쇄하는 경우가 흔한데, 이런 상황에서는 기초학문교육은 실종될 수밖에 없게 된다.

교양교육을 그 본래의 이념대로 정상화시키고자 한다면, 바로 현행의 이러한 교육구조는 보다 유연하고 개방적인 형태로 개선되어야 할 것이다. 여기서 우리는 대학마다 다양하게 상이한 교육구조를 갖고 있다는 사실에 유의하여 이를 유형별로 구분하여 문제해결을 위한 접근을 해야 하리라 본다.

기초학문분야의 학과들이 어느 수준으로 설치되어 있느냐에 따라 대략 3개 유형으로 분류해 보고, 그 각각의 경우에 교양교육의 내실화를 위한 교육과정의 편성과 운영을 어떻게 해야 할지 생각해 보도록 하자:

① 기초학문분야 학과들이 인문학, 기초사회과학, 기초자연과학 분야에 걸쳐 거의 모두 설치돼 있는 대학교[127]
② 기초학문분야 학과들이 일부만 설치돼 있는 대학교
③ 기초학문분야 학과들이 거의 설치돼 있지 않은 대학교

①의 경우에는 기초학문분야 학과들이 모두 하나의 교육기관에 소속되도록 하여, 각 학과는 학과 소속 학생들에게 전공교육을 실시하는 것과 병행해 동시에 전공학과에 상관없이 전교생을 대상으로 하는 기초학문교육, 즉 교양교육을 실시하도록 한다. 여기서 문제되는 것은 이 학과들이 자과 학생들에게 제공하는 전공교육 교과목과 타과의 전교생에게 제공하

---

127) 인문학, 기초사회과학, 기초자연과학에는 주지하다시피 문학, 역사, 철학; 정치학, 경제학, 사회학, 심리학; 수학, 물리학, 화학, 생물학, 지구과학이 각각 포함된다.

는 교양교육 교과목을 어떻게 구분지어 구성할 것인가 하는 것이다.

　해당 학과는 일차적으로 자과 학생들을 위해 가능한 한 해당 학문분야의 전 영역을 망라할 수 있도록 커리큘럼을 구성할 것이다. 해당 학문을 '전공'하는 학생들인 만큼 이들을 위해서는 문자 그대로 전문가로서의 지식과 탐구능력을 갖출 수 있도록 특수한 주제들까지도 다루게 할 것이다. 기초학문이라는 점을 고려한다면 이 교육과정은 암암리에 대학원 연계 교육과정으로 기획되어 있을 것이다. 그러나 이 '전공자'들 외의 타과 학생들을 위한 교양교과목으로서는 이 전공교육과정에 편성돼 있는 교과목들 중에서도 '해당 학문분야에서 기본적이고, 그래서 핵심적이고 보편적인 주제를 다루는 교과목'들을 선별해 제공해야 할 것이다. 그렇게 되면 이렇게 선정된 교과목들은 말하자면 전공과목이면서 동시에 교양과목으로서, 이중적인 역할을 하게 될 것이다.128)

　②의 경우에도 사정은 ①과 비슷하다. 기초학문분야의 학과가 존립하는 한 해당학과는 ①의 경우와 마찬가지로 전공교육과정에 제공되는 교과목 중 일부, 즉 '기본적이고, 그래서 핵심적이고 보편적인 그런 주제를 다루는 교과목'들을 선별해 교양교과목으로 제공해야 할 것이다. 문제는 기초학문분야의 학과가 없는 학문분야의 교과목들을 누가 어디서 제공하느냐 하는 것인데, 이 문제에 대해서는 부득이 해당 분야의 교수진을 별도로 충원하는 방식으로 대학 당국이 대처해야 할 것이다. 여기서 전향적으로 요구되는 것이 바로 '교수진이 속한 교육단위 겸 교무행정 단위로서의 학과'와 '학생의 학업과정'은 반드시 합치하지 않아도 좋다는 개방적 사고다. 학과에는 '전속(專屬) 교수'와 '전속 학생'이 '공속'(共屬)해야 한다는 기존의 통념을 깬다면, 학생 없는 학과, 즉 신입생 모집단위가 아닌 학과도 교육단위로서 제 기능을 발휘할 수 있다는 말이다.129)

---

128) 제12장 2.3절 6)항 참조.
129) 이 경우에 해당되는 대학으로서 교양교육을 기초학문교육으로 시행하기 위해 '리

③의 경우는 교양교육을 전담하는 독자적인 별도의 교육기관을 설립하여, 응용학문분야의 학과들로부터 간섭받지 않고 교양교육의 교육적 정체성을 견지하면서 교양교육을 그 본래적인 이념에 충실하게 실시할 수 있도록 해야 할 것이다. 물론 이 경우에도 기초학문분야에서 학문적으로 성숙한 교수진이 있어야 함은 자명하다.

3. 대학의 유형화, 교육구조의 다양화

이제 우리로서는 시야를 더 넓혀 전공교육까지를 포함한 대학교육 전체의 교육구조에 대해 숙고해 보아야 하겠다. 왜냐하면, 교양교육이 단지 대학교육의 한 부분에 그치는 것이 아니라 그 근본이념은 대학교육 전체의 교육목적 및 성격과 긴밀히 연관되어 있기 때문이다.

교양교육의 내용이 되는 기초학문이란 그 탐구영역의 광범성, 탐구내용의 보편성 및 근원성을 고려해 볼 때, 많은 다양한 특수 문제들을 다루는 데 있어 그 적용 가능성의 무제약성을 담보해 주는 것이다. 교양교육은 그 어떤 특정한 직업적 요구나 특정 집단이나 상황의 요청에 매이지 않고 단지 인간으로서 훌륭한 삶을 영위하기 위해 지녀야 할 지혜와 능력과 자질과 품성을 함양하는 것을 목적으로 한다. 교양교육은 따라서 기초학문의 탐구성과를 그 중심 내용으로 함으로써, 오늘날 날로 더 복잡하고 광범해지는 문제복합체에 대응할 수 있는 융합적 식견을 함양하는 데에 더욱 그 필요성이 긴절해진 교육이다. 그렇다면, 구체적인 교육목표가 다르고 (전공학과들의 설치 편제, 즉) 교육구조가 다른 다양한 대학교들에서 이 교양교육을 어떤 틀에 담아 실시할 것인지도 획일적으로 구상할 수 없는 일이요, 그 대학교의 '유형'에 따라 상이한 형태를 띠도록 기획해야 할

버럴아츠칼리지'를 설립해 운영하고 있는 사례가 대전대학교이다. 이런 사례는 국내에서 유일하므로 그 시행과 관련한 구체적인 사항을 [부록 3]에 소개한다.

것이다.

군이 교양교육과의 연계를 논외로 하고 전공교육 자체만 문제 삼더라도 교육구조의 변화는 불가피한 일이다. 산업구조의 변화 및 이로 인한 직업세계의 변화 등 정보사회에 돌입한 한국사회의 사회문화적 변화가 전공교육에 대해서도 그 내용과 방법의 변화를 요구하고 있는 상황이어서, 새로운 전공의 개발 및 전공 간의 융합 등 교육구조의 개선 및 변혁은 불가피한 일이다.

그러나 교양교육의 정상화를 논하는 우리로서는 교양교육과 전공교육 전체의 다양한 구조를 염두에 두면서 대학 교육구조의 다양한 유형을 제시해 보고자 한다. 교양교육의 정상화는 교양교육을 기초학문교육으로 인지하는 데서 출발한다는 인식을 공유하는 이상, 기초학문분야의 단과대학 및 그 산하의 전공학과들과 교양교육을 전담하는 교육기관과의 관계를 재조정하는 일은 대학의 교육구조의 변화와 관련해 불가피한 일이다.

이런 사정을 고려해 한국의 4년제 대학 전체로 시야를 넓혀 교육구조의 다양한 유형을 고려, 양성화할 것을 주장하면서 변화를 위한 기본적인 밑그림을 제안해 보기로 한다. 물론 이때 유형 구분의 준거는 해당 대학의 실질적인 교육목표다. 학자를 양성할 대학과 기능직 직업인을 양성할 대학이 동일한 교육구조를 가질 수는 없을 것이다. 그리고 여러 단과대학들로 구성돼 있는 소위 '백화점식' 종합대학교의 경우, 이 유형의 구분은 단과대학별로, 나아가서는 학과군별로 이루어져야 할 것이다. 철학과도 있고 호텔경영학과도 있는 거대 종합대학교가 어떤 하나의 유형에 속할 수는 없을 것이다. 어느 대학이, 혹은 어느 단과대학이 여기 제시되는 유형들 중 어느 것에 해당될 것인지는 해당 대학 자신이 선택해 결정할 문제지 외부의 어떤 기관이나 평가자가 결정할 문제는 아니다.

이런 맥락에서 우리는 교육목표에 따른 대학의 유형화를 다음과 같이 시도하면서 그 각 유형의 대학에 적절한 교양기초교육과정의 비중을 영역

별로 제시해 본다:130)

A유형: 기능직 양성 중심의 직업교육 대학 [각종 전문대학]
　　― 교육내용: 기초교육+전문 직업교육
　　― 교육구조: 기초교육학부+전문기능 중심 전공학과들

※ 교양기초교육 편성: (　) 안은 졸업학점 중 점유비율을 가리킴
　　― 심화교양교육은 제한적(10% 이상). 그 자리에 (앞서의 영역 구분
　　　에는 없는) 실용지식교육을 다소 배분(5% 내외).
　　― 기초교육을 중심으로, 기본인성교육이 부가되는 구성
　　― 기초교육은 실용적 글쓰기/실용영어/정보교육 중심으로 충실하
　　　게 구성(20% 이내)
　　― 기본인성교육은 자아확립/대학생활/직장예절 등 최소의 소양교
　　　육으로 구성(3% 이내, 또는 무학점 비교과)

B유형: 일반 직업인 양성을 위한 교육중심 대학 [소규모 일반대학]
　　― 교육내용: 기초교육+최소 교양교육+(직업관련) 전문분야 전공교육
　　― 교육구조: 교양기초교육학부+(직업관련) 전문분야 전공학과들

※ 교양기초교육 편성:
　　― 기초교육을 충실히 하고, 그에 더해 심화교양과 기본인성교육이
　　　부가되는 구성
　　― 기초교육은, 비판적 사고/학술적 글쓰기/영어/수학 및 과학 등
　　　으로 구성(20%)

---

130) 이 부분은 필자의 초안이 보완되어 현재 한국교양기초교육원의 〈교양교육 표준
　　 안〉에 별첨으로 포함돼 있음.

— 심화교양은 인문학/사회과학/자연과학을 균형있게 배분(10%)
— 기본인성교육은 자아/대학인/일반시민/직업인으로서의 덕성을
함양하는 내용으로 구성(3% 이내 또는 무학점 비교과)
— (상기 영역 구분에는 없는) 실용지식교육도 다소 배분(5%)

**C유형: 교양 있는 보통시민/중견직업인 양성을 위한 교육중심/연구병진
대학 [중소규모 일반대학]**
— 교육내용: 기초교육+교양교육+(직업지향적) 응용학문분야 전공
교육
— 교육구조: 교양기초교육대학(이 대학 내에 교수가 속한 학과는 있을
수 있음)+응용학문 전공학과들

※ 교양기초교육 편성:
— 충실한 기초교육 위에 균형 잡힌 심화교양을 충분히 배정, 학술
적 탐구를 이해하게 함
— 기초교육은 비판적 사고/학술적 글쓰기/국제어/수학 및 과학
등으로 구성(15% 내외)
— 심화교양은 인문학/사회과학/자연과학을 균형 있게 배분(15%
내외)
— 기본인성교육은 자아/대학인/일반시민/직업인으로서의 덕성을
함양하는 내용으로 구성(3% 이내 또는 무학점 비교과)

> 이상 A, B, C 유형의 대학에서는 기초학문분야에는 전공학과나 대학
> 원이 없는 것이 자연스러움. 물론 교양기초교육대학에는 기초학문분
> 야 교강사가 다수 재직함이 요청됨

D유형: 교양과 학식을 갖춘 지도급 인재 양성을 위한 연구중심/교육병진 대학 [학문지향적+직업지향적인 다수의 중대규모 종합대학]

— 교육내용: 기초교육+교양교육+기초학문분야 및 응용학문분야 전공교육

— 교육구조: 교양기초교육대학+기초학문 및 응용학문분야 전공학과들+기초학문 및 응용학문분야 대학원

[교양교육과 기초학문분야 전공교육의 접근 통합 필요, 기초학문분야 전공학과들 소속 교수들은 교양기초교육대학에 겸직]

※ 교양기초교육 편성:

— 충실한 기초교육 위에 균형잡힌 심화교양을 충분히 배정, 학술적 탐구를 체험하게 함

— 기초교육은 비판적 사고/학술적 글쓰기/국제어/수학 및 과학 등으로 구성(15% 내외)

— 심화교양은 인문학/사회과학/자연과학을 균형 있게 배분. 융복합 탐구영역도 추가(20% 내외)

— 기본인성교육은 자아/대학인/일반시민/지식인/리더로서의 덕성을 함양하는 내용으로 구성(3% 이내 또는 무학점 비교과)

— 상기 C, D 유형의 대학들은 대부분 서로 다른 성격의 여러 학문분야를 포함하는 '종합대학교'들이므로, 실제로는 단과대학별로 대학유형(교육목표와 교육과정)을 다양화할 필요가 있음.

— 특히 순수학문지향적인 기초학문분야와 직업지향적인 응용학문분야의 구별이 필요함.

— 응용학문분야의 교육은 기초학문분야의 교육을 기초로 하도록 교육과정이 성층화되어야 함.

> ― 기초학문분야 전공교육은 교양교육과 연계, 수렴, 통합이 필요함.
> ― 기초학문분야 전공학과 소속 교수들은 교양기초교육 기관에 겸직
> 하여 교양기초교육을 의무적으로 담당해야 함.

E유형: 교양과 학식을 갖춘 학문후속세대 및 연구직/전문직 지도급 인재
양성을 위한 연구중심 대학 [학문지향적 중대규모 종합대학 내 기초학문분
야 중심]

― 교육내용: 기초교육+교양교육+기초학문분야 및 응용학문분야
전공교육 [여러 기초학문분야의 균형 잡힌 다학문적 교육이 곧 교양
교육]

― 교육구조: 기초학문분야 전공학과들, [응용학문분야는 없음], 기초
학문분야 및 전문직 응용학문분야(전문직 분야) 대학원
[교양교육과 기초학문분야 전공교육의 접근 통합 필요]

※ 교양기초교육 편성:

― 충실한 기초교육 위에 균형 잡힌 심화교양을 충분히 배정, 학술
적 탐구를 체험하게 함

― 기초교육은 비판적 사고/학술적 글쓰기/국제어/수학 및 과학
등으로 구성(15%)

― 심화교양은 인문학/사회과학/자연과학을 균형 있게 배분. 융복
합 탐구영역도 추가(25%)

― 기본인성교육은 자아/대학인/일반시민/지식인/리더로서의 덕성
을 함양하는 내용으로 구성(3% 이내 또는 무학점 비교과)

F유형: 고급 전문직 양성을 위한 특정 분야 전문교육 특수대학 [과학기술대학, 경찰대학, 사관학교, 교원대학 등]

- 교육내용: 기초교육+교양교육+기초학문분야 교육+응용학문분야 교육
- 교육구조: 교양기초교육학부, 기초학문 및 전문분야 전공학과

※ 교양기초교육 편성:

- 충실한 기초교육 위에 균형 잡힌 심화교양을 충분히 배정, 학술적 탐구를 체험하게 함
- 기초교육은 비판적 사고/학술적 글쓰기/국제어/수학 및 과학 등으로 구성(15%)
- 심화교양은 인문학/사회과학/자연과학을 균형 있게 배분. 특히 전공영역과 이질적인 학문영역의 학업을 강조. 융복합 탐구영역도 추가(25%)
- 기본인성교육은 자아/대학인/일반시민/지식인/리더로서의 덕성을 함양하는 내용으로 구성(3% 이내 또는 무학점 비교과)

G유형: 고급 연구직/전문직 엘리트 양성을 위한 교육중심 자유학예 대학 [학부완결형 교육]

- 교육내용: 기초교육+교양교육+기초학문분야 교육
- 교육구조: 기초교육과정, 교양교육과정, 기초학문 전공학과

※ 교양기초교육 편성:

- 충실한 기초교육 위에 '전공'으로서의 심화교양 학업내용을 충분히 배정, 학술적 탐구를 함
- 기초교육은 비판적 사고/학술적 글쓰기/국제어/수학 및 과학

등으로 구성(15%)

— 심화교양은 인문학/사회과학/자연과학을 균형 있게 배분. 융복합 탐구영역도 추가(85%)

— 기본인성교육은 자아/대학인/일반시민/지식인/엘리트 리더로서의 덕성을 함양하는 내용으로 구성(3% 이내 또는 무학점 비교과)

H유형: 고급 연구직/전문직 엘리트 양성을 위한 연구중심 자유학예 대학 [대학원 연계교육]

— 교육내용: 기초교육+교양교육+기초학문분야 교육

— 교육구조: 기초교육과정, 교양교육과정+기초학문 전공학과, 대학원 전공과정

※ 교양기초교육 편성:

— 충실한 기초교육 위에 '전공'으로서의 심화교양 학업내용을 충분히 배정, 학술적 탐구를 체험하게 함

— 기초교육은 비판적 사고/학술적 글쓰기/국제어/수학 및 과학 등으로 구성(15%)

— 심화교양은 인문학/사회과학/자연과학을 균형 있게 배분. 융복합 탐구영역도 추가(85%)

— 기본인성교육은 자아/대학인/일반시민/지식인/엘리트로서의 덕성을 함양하는 내용으로 구성(3% 이내 또는 무학점 비교과)

이상의 기술 중 전체 졸업학점 중 교양기초교육에 할당되어야 할 최소 이수 학점수를 한눈에 볼 수 있도록 도표화하면 다음과 같다.

	기초 교육	교양 교육	소양(=인성) 교육	실용 지식 교육	계
A. 기능직업교육중심 대학	20% 이내	10% 이상	3% 이내 또는 [비교과]	5% 이내	35% 이상
B. 일반직업교육중심 대학	20% 내외	10% 내외	3% 이내 또는 [비교과]	5% 이내	35% 이상
C. 교육중심/연구병진 대학	15% 내외	15% 내외	3% 이내 또는 [비교과]	-	35% 이상
D. 연구중심/교육병진 대학	15% 내외	20% 내외	3% 이내 또는 [비교과]	-	40% 이상
E. 연구중심 대학	15% 내외	25% 내외	3% 이내 또는 [비교과]	-	40% 이상
F. 특정 전문분야 특수대학	15% 내외	25% 내외	3% 이내 또는 [비교과]	-	40% 이상
G. 학부완결 자유학예대학	15% 내외	85% 내외	3% 이내 또는 [비교과]	-	100 %
H. 대학원연계 자유학예대학	15% 내외	85% 내외	3% 이내 또는 [비교과]	-	100 %

[대학 유형별 졸업학점 대비 교양기초교육 최소 이수 비율]

4. '자유학예'교육기관(Liberal Arts College)

이상 제안된 대학의 유형 가운데 우리로서 특히 주목해야 할 것은 G 유형의 대학이다. 앞서 언급한 미국의 리버럴아츠 칼리지들이 바로 이것 인데, 고전적 형태의 '자유학예교육'(Liberal Arts Education)을 중심으로 하는 이런 대학이 오늘날 한국의 대학교육에서 왜 필요한지 숙고해 볼 일 이다.

자유학예교육이란 본래 특정 신분이나, 직업활동 또는 교조적 이념으 로부터 자유로운 참된 인간다운 인간의 형성을 지향하는 교육으로 전문교 육, 직업교육, 기술교육과 구별되는 교육이었다. 중세에 이르기까지의 고전시대에는 소위 3학 4과131)가 그 교육내용이었고, 근대 이후에는 인문학, 사회과학, 자연과학 등 순수 기초학문132)이 그 내용이었다.

앞서(제5장) 우리는 대학의 교양교육은 자유학예교육이 되어야 한다고 역설하였다. 디지털 기술이 문명의 전 분야에 확산되어 있는 첨단 정보사회에서 과연 창의인재 양성을 위한 교육으로 이 고전적인 교육이념이 여전히 타당할까? 역설적으로 들리겠지만, 그렇다. 특히 급속한 산업화 과정에서 특수한 전문분야의 전공교육에만 매진해 왔던 한국의 대학에서 이제 대학교육의 이러한 방향전환은 그간의 통념과 관행에 비추어 볼 때 상당히 어렵겠지만, 문화사회적 교육환경의 변화를 고려해 보면, 이는 불가피하다.

오늘 한국의 대학교육은 대체로 직업교육에 경도되어 있는 것이 현실이다. 창의성 교육을 강조하지만, 이러한 현실을 도외시한 교육이라면 수용될 수가 없다. 창의적 사고의 함양이 균형 잡힌 기초학문교육으로 달성될 수 있다 해도, 이것이 또한 직업교육을 위해서도 필요한 것임을 시인하는 입체적 사고가 요구된다. 이러한 사정을 염두에 두고 '자유학예교육'의 실현을 위한 구체적 대안을 교육구조의 변경에 초점을 맞춰 제시해 본다.

1) 대학교 안에 인문학-기초사회과학-기초자연과학을 망라하는 학문분야 학과들로 구성된 '자유학예대학'(Liberal Arts College)을 설치한다. 학생 수가 적은 소형의 대학인 경우, 이 대학만 설치할 수도 있다.

2) 이 대학에서는 직업교육이 아닌 기초학문교육을 실시하되, 전교생을 대상으로 한다. 물론 이를 가능케 하는 교육과정을 편성해야 한다. 이 교육이 곧 종래 교양교육이라는 이름으로 시행해 오던 교육이 되도록 한

---

131) trivium: verbal arts: grammar, logic, rhetoric(문법, 논리학, 수사학).
    quadrivium: numerical arts: arithmetic, geometry, music, astronomy(대수학, 기하학, 음악, 천문학).
132) humanities, social sciences, natural sciences.

다. 즉 이 대학 외의 타 단과대학에 재학하는 학생들도 이 대학 학과들의 전공교과목들 중에서 일정 수의 과목을 학문분야별로 균형을 갖춰 수강하도록 교육과정을 편성한다.[133]

3) 이 대학 안에서는 점차 교양과목과 전공과목의 구분을 없애나가되, 가급적 많은 수의 과목이 교양교육을 위해서도 학문탐구를 위해서도 적절한 내용을 담는 과목이 되도록 교과목 개발에 각별한 노력을 기울인다. 즉 모든 학생이 수강하는 교양과목이지만 장차 대학원에 진학하여 학문탐구의 길을 가려는 학생들에게도 그 학술적 깊이가 충분히 만족스러운 내용이 되도록 교과목을 개발한다.

4) 이 대학 내의 학과들은 그 학과에 반드시 '전공 학생'을 '전속'시키려 하지 않는다. 즉 신입생 모집단위를 유연하고 탄력적으로 하며(이를테면 계열별 모집, 전 대학단위 모집 등), 전공을 정해 입학한 학생이라도 추후 자유롭게 타 학과 교육을 받을 수 있도록 전공 변경을 자유롭게 하고, 부전공, 연계전공, 복수전공 등의 제도를 활성화시킨다.

이 학과들은 '전속되어 있는' 전공 학생이 한 명도 없는 경우에도 학과를 유지하고 학과 교수진도 (강좌 수 등) 교육수요에 맞게 보강한다. 학문탐구의 길을 가고자 하는 학생이 있을 경우 교수별로 특별지도를 하는 제도를 마련하며, 대학원 과정에서 학문후속세대 양성을 위한 교육을 받을 수 있도록 준비한다.

5) 이 자유학예대학의 커리큘럼은 학문분야별로 한 학문만을 학습하는 단일 전공교육과정 외에 복수전공용 및 부전공용 교육과정을 동시에 제공하여 학생들이 학과 소속과 무관하게 자유로이 선택하도록 한다. 물론 학생들의 수요에 맞게 이 중 어느 한 가지 교육과정만 제공할 수도 있게 한다.

---

133) 대전대학교의 혜화리버럴아츠칼리지에서 설치 운영하는 '리버럴아츠 핵심교육과정'이 바로 이런 교육 프로그램의 시범이다. [부록 3] 참조.

이렇게 보면, C, D, E 유형을 자임하는 종합대학교에서는 그 안에 하나의 단과대학으로 이 G 유형의 대학을 설치하는 것이 적극 요망되며, 특히 F, H 유형의 대학에는 이 단과대학의 설립은 필수적으로 요청된다.

학령인구가 감소하는 오늘의 한국 상황에서 대다수의 학생들이 선호하는 응용학문교육이 아닌 자유학예교육을 강조하는 것은 비현실적인 반시대적 태도라고 비판할 사람들이 대학 내에도 많을 것이다. 그러나 이는 통념과 관행을 넘지 못하는 근시안적인 판단이다. 멀리 내다보며 지속적인 대학발전의 길을 모색하는 진지한 대학인이라면, 아니 국가적 차원에서 이를 모색하는 정치인이라면, 자유학예대학의 설립과 운영에 지대한 관심을 갖게 될 것이다.

제14장 교수-학습 방법론

— 디지털 기술시대 교수-학습 환경의 양가적 변화 —

1. 머리말

의사소통방식의 변화가 교수-학습의 방식을 바꾸어 놓으리라는 추론은 너무나 타당하다. 교수-학습 과정의 중심에 의사소통활동이 자리하고 있는 것이 자명하기 때문이다. 아무리 신체적 정서적 작용에 호소하는 체험교육이라 하더라도 무엇을 매체로 삼든 교수자와 학습자 사이의 의사소통 없이는 이루어질 수 없을 것이다.

이에서 나아가 좀 더 심층적으로 보면, 결국 의사소통방식의 변화는 의사소통의 매체의 변화에 거의 절대적으로 의존되어 있음도 분명하다. 의사소통의 매체, 그에 의거한 의사소통방식이 한 시대의 문명양식을 결정하며, 그것의 기술적 변화가 문명사적 전환의 핵심 계기가 된다는 문명사관은 20세기 후반에 들어와 특히 큰 반향을 일으켰다. 이 시대에 전자통신기술의 비약적인 발달이 의사소통의 매체 영역에서 또 한 번의 획기적인 변화를 몰고 온 것이 그 배경이 되었다. 주지하다시피 의사소통의 매체는 1) 구어, 2) 문자에 의한 기록, 3) 인쇄술에 의한 도서에 이어 4) 각종의 전자통신 기제로 변모하면서 인류의 문명이 그 패턴부터 변화하게 된 것이다.

사정이 이러하니 이 변화가 교육 전반에 심대한 영향을 미칠 것은 명약관화한 것이다. 인쇄술에 힘입은 도서의 다량 생산과 광범한 보급이 대중교육을 가능하게 함으로써 근대가 열렸다면, 전자통신 기제의 급속한 발달에 힘입은 각종의 의사소통 매체는 인간의 문화생활 전반을 바꾸어 놓음으로써 이른바 포스트모던 시대를 열게 되었는데, 이로써 종래의 고전적인 교육내용과 교육방법에도 변화가 오게 됐다. 교육의 이념 자체가 변모한 측면도 적지 않다.

필자는 여기서 교육 일반의 변화를 모두 조망할 수는 없기 때문에, 다만 교육의 방법이 변함에 따라 확산하게 된 교육의 행태가 실은 이 변화 때문에 더욱 요청되는 교육을 가로막고 있다는 모순적 상황에 국한하여 주목하고자 한다. 그리고 그 변화의 실상과 배경을 점검해 보고 앞으로의 방향을 전망해 보고자 한다. 그 모순적 상황이란 달리 말해 의사소통방식의 획기적인 변화가 몰고 온 교수-학습 환경의 변화가 심층적으로 보면 내부 상충적인 양가적 성격을 띠고 있다는 것이다.

의사소통방식의 변화를 범용적 표현으로 널리 사용되는 '정보화'로 지칭하고 그것이 의사소통활동을 중심으로 하는 문화생활에 실질적으로 어떤 변화를 가져오는지부터 살펴보기로 한다. 이 배경의 검토는 물론 교수-학습 환경의 변화가 어떤 양가적 측면을 갖는지를 살펴보기 위한 예비이다.

2. '정보화'로 인한 의사소통방식의 변화

21세기 인류가 맞고 있는 현대문명의 본질적 특성을 언급할 때 글로벌화와 정보화를 말하지 않는 사람은 없다. 이 두 가지 메가트렌드는 서로 긴밀히 연계되어 있으며, 이 점 때문에 우리는 이 두 가지를 현대문명의 특성이라기보다도 차라리 변모하는 인류문명의 새로운 근본 바탕이라고 말해야 할 것이다. 즉 정보화가 글로벌화를 불러왔고, 글로벌화는 정보화를 더욱 촉진시키고 있다는 것이다. 정보화는 문명의 지형 변화를 불러온 것이라 할 수 있고, 글로벌화는 이로 인한 문명의 지평 변화라 할 수 있다. 지형 변화와 지평 확대가 상호 상승작용을 하고 있다고 말할 수도 있다.

문화생활 전반을 변화시켜 온 의사소통방식의 변화는 글로벌화보다는 정보화와 더 깊은 관련성이 있다고 하겠다. 그런데 그 '정보화'의 진원(震源)은 새로운 전자공학의 첨단에서 개발된 '디지털 기술'에 있다.134) 이 기술의 근본은 물론 이른바 디지털(digital) 방식의 공학적 실현에 있다. 디지털 방식이란 어떤 형태의 정보라도 바이너리 코드를 이용해 정보의 단위를 1과 0이라는 비트(bit)로 분화시켜 이의 연속된 흐름으로 '해체'했다가 이를 '복원'하는 방식이다. 이 디지털 방식의 정보 처리 및 전달 과정에서는 음성, 문자, 영상 등 모든 정보 형태가 등질화되어 획일적으로 처리된다. 한마디로 말해, 각종의 정보를 그 질적 성격에 구애받지 않고 오직 0과 1로 이루어지는 디지털 코드로 전환시킴으로써 정보자료에 대한 동일한 방식의 수학적 연산처리를 가능케 하는 것이 이 기술이다. 이 새로운 기술은 의사소통 영역에서 두 가지 기술로 구현되었고, 이 두 가지 기술은 하나의 기술로 통합됨으로써 '혁명적' 성격을 띠게 되었다.

그 두 가지 기술 중 하나는 '정보기술'(Information Technology)이고, 다른 하나는 '통신기술'(Communication Technology)이다. 전자는 이른바 '인공지능'(Artificial Intelligence) 기술을 기초로 하여 인간의 논리적 사유과정을 기계의 물리적 과정으로 변환시키되,135) 그 정밀도, 정확도, 그리고 그 속도에서 인간의 자연지능을 크게 능가하는 '정보 산출 및 처리의' 기술이요, 후자는 이렇게 산출된 정보내용을 종전의 아날로그 방식보

---

134) 이하 제3장 1절에서도 언급된 내용.
135) Alan Turing, "Computing Machinery and Intelligence", *Mind* LIX, 1950에 그 이론적 기원이 있다.

다 훨씬 더 신속 정확하게 지구 전체의 원거리에 전달하는 이른바 '커뮤니케이션 기술'이다.

이 두 가지 기술이 하나로 융합되어 제3의 기술, 즉 하나의 통합된 '정보통신기술'(ICT)로 구현됨으로써, 이른바 '디지털 혁명'이 일어난 것인데, 이 '혁명'의 핵심은 다음 두 가지에 있다. 하나는 의사소통(커뮤니케이션)에서 시공적 제약을 거의 제로에 가깝게 극복했다는 것이고, 다른 하나는 사유와 지각의 융합(融合) 및 호환(互換)을 비생명적 물리적 공간 속에서 현실화시킴으로써 의사소통의 방식을 근본적으로 변모시켰다는 것이다.

먼저 시공적 제약의 극복에 대해 생각해 보자. 시공적 제약이 거의 없는 의사소통은 인간에게 새로운 양상의 정보 취득 가능성을 열어준다. '유비쿼터스 커뮤니케이션'(Ubiquitous Communication)이란 말이 회자(膾炙)될 정도로 이제 의사소통에 공간적 장애가 없어졌다. 공간적 장애가 사라지면 자연히 시간적 제약도 그와 더불어 사라진다. 이 새로운 세계는 물리적 공간의 핵심적 원리인 공간 관계의 배타성(排他性)이 더 이상 작동되지 않음으로써 연장성(延長性) 즉 거리(距離)가 사라지고, 그 귀결로 이 공간 안에서의 사건들은 역시 자연적인 실제 시간의 흐름, 즉 시간의 순차성(順次性)에서 벗어난다. 디지털 기술은 인간의 의사소통활동에서 이렇듯 시공간적 제약을 벗어나게 할 뿐 아니라, 아예 시공간적 제약이 없는 세계를 만들어 인간의 생활세계에 편입시킨다. 가상현실(Virtual Realty)이 바로 그것이다.

자연적 물리적 세계의 시간적 순차성(順次性)과 공간적 배타성이 무력해짐으로써 시공간적 제약이 사라진다면 우리에겐 어떤 변화가 일어날까? 거리(距離)의 소멸, 시간의 증발은 놀랍게도 사람들로 하여금 욕구충족의 순차성과 단계성을 뛰어넘어 동시적 총체적 욕구충족의 가능성을 기대하게 만든다. 우리는 더 이상 공간 이동을 위해 노력하지 않고 시간의 흐름을 기다리지도 않는다. 그런 가운데서도 동시적 총체적 욕구의 충족을 기대하는 것은 이를 가능케 하는 다양한 기술융합이 일어나고 이에 기초하여 산업들도 경계를 넘어 서로 융합하기 때문이다. 이런 현상은 디지털 기술이 불러온 새로운 상황에 부응키 위해 전개되는 것이다.

시공간적 제약의 소멸은 거기서 그치지 않고 자연히 인간의 시공체험 양식을 변모시킨다. 그리고 이는 나아가 인간의 사회적 관계와 공동체적 삶의 방식도 변화시킨다. 시공체험 양식은 세계체험의 근본이기 때문이다. 무엇보다도 공동체를 이루는 조직들이 구성되고 운영되는 방식이 달라진다. 사회조직은 거대하고 강고한 고정적 피라미드형 체계에서 작고 유연한 유동적 네트워크로 변화한다. 자연히 그 폐쇄적 독자성이 와해되는 가운데 개방적 관계가 지배한다. 그 결과 사회적 활동 영역의 경계가 흐려진다. 이를 사회조직의 '탈중심화', '탈영토화'라 일컫기도 한다.

이런 와중에서 개인 간의 직접적인 인격적 사적 관계는 축소, 약화, 피상화된다. 혈연적 지역적 연고에 의한 공동체적 유대도 약화, 와해된다. 사회 구성원의 개체화가 강화되고 개인의 고립화 현상이 심화된다. 계층이 다원화, 분산화된다. 한마디로 삶의 '유목화' 현상이 두드러진다. 이 유목화 현상이 가장 넓은 영역에서, 최대 규모로 전개된 것이 곧 '글로벌화'다. 글로벌화 현상은 정보화의 결과로 온 것이요, 정보화는 글로벌화의 기술적 인프라인 셈이다. 글로벌화를 문제 삼을 때, 우리가 '정보화'를 동시에 문제 삼아야 하는 이유가 여기에 있다.

그러면 다음으로 이제는 사유와 지각의 융합 및 호환에 대해 생각해 보자. 정보기술이란 결국 인간의 사고기능을 보완, 강화, 확장하는 기술이고, 통신기술이란 감각적 지각의 기능을 보완, 강화, 확장하여 그 작용 범위를 시공적으로 최대한 확대시키는 기술이다. 따라서 이 두 기술의 융합은 실은 사유와 지각의 통합을 가리키는 것이요, 좀 더 구체적으로 말하자면 사유활동과 지각작용을 융합(融合) 및 호환(互換)하는 것으로, 자연 종(種)으로서의 영장류 동물이 아닌 기계 속에서, 즉 비생명적 물리적 공간

속에서 이를 실현하는 것이다.136)

온갖 정보를 수학적으로 분절하여 처리하는 이 기술, 그리고 시공적 제약을 극복하는 이 기술이 교육과 긴밀히 관련되는 지식사회에 불러온 변화는 어떤 것일까? 다른 무엇보다도 사유와 감각의 호환이 불러온 변화는 지식-정보의 파편화와 사고에 대한 감각의 우세 현상이고, 시공적 제약의 극복이 불러온 변화는 복합적 욕구충족의 기대에 부응하려는 지식 및 기술의 융복합화 현상이다. 하나씩 좀 더 구체적으로 고찰해 보자.

3. 감각의 우세, 문맹적 의사소통의 재등장

먼저, 디지털 기술이 사유와 감각의 융합(融合) 및 호환(互換)을 비생명적 물리적 공간 속에서 현실화시키게 되면, 이는 인간의 의사소통활동에서 어떤 변화를 몰고 올지 살펴보자.

사유와 감각의 호환을 수행하는 디지털 기술은 사유 대상을 감각 대상으로 변환시킴으로써 사람들로 하여금 '선형적'(線形的) 사유를 위한 긴장(緊張)을 피하고 '모자이크적' 지각의 이완(弛緩)을 즐기게 한다. 즉, 논리적 합리적 사고를 기피하고 감각적 지각을 선호하는 문화생활을 확산시킨다. 디지털 기술에 친숙한 젊은 세대가 독서보다는 동영상 감상에 더 많이 경도되는 것도 이를 나타내주는 현상이라고 본다. 선형적 의사소통과 모자이크적 의사소통이란 무엇을 말함인가?

인간의 커뮤니케이션은 오감 가운데서도 특히 청각과 시각에 많이 의존되어 있다. 그런데 이 두 가지는 서로 다른 방식으로 서로 다른 차원에서 동시적으로 이루어지면서 서로 보완한다. 시각 커뮤니케이션은 감각내

---

136) 감성적 지각(aisthesis)과 이성적 사유(noesis)는 Platon 이래 인식론 철학에서 서로 융합하거나 호환될 수 없는 인식의 두 근원으로 간주되어 왔다. Kant는 이들을 각각 직관(Anschauung)을 제공하는 감성(Sinnlichkeit)과 개념(Begriffe)을 제공하는 이성(Verstand)으로 구분했다.

용을 동시적으로 한꺼번에 받아들인다. 그러나 그렇게 받아들인 것은 전체가 아니고 부분들이기 때문에, 이들을 '짜깁기'함으로써 현실을 지각한다. 시각 커뮤니케이션은 이처럼 '모자이크적'(mosaic)이다.[137]

이에 반해 청각 커뮤니케이션은 '선형적'(線形的, linear)이다. 청각적 지각에 주어지는 정보는 한꺼번에 주어지는 것이 아니라 시간의 흐름에 따라 '순차적'(順次的, sequential)으로 주어진다. 청각 커뮤니케이션에서는 현재의 메시지를 이해하려면 반드시 앞선 메시지를 이해해야 한다. 인과적 연결이든 논리적 연결이든 하여튼 일관성 있게 앞뒤를 연결하는 파악작용이 요구된다.

모자이크적 커뮤니케이션에서는 이지적 사고활동보다는 감성적 감응활동, 즉 감각적 지각작용이 더 필요하겠지만, 선형적 커뮤니케이션에서는 인과적 논리적 고리를 이어 나가는 강한 사고활동이 요구된다. 인간에게 주어진 이 두 가지 유형의 의사소통방식은 세계와의 교통에서 서로 보완하면서 균형을 잡도록 되어 있었다.

그런데 문자의 출현과 더불어 시작된 글에 의한 커뮤니케이션은 말에 의한 커뮤니케이션의 선형성을 더욱 극단화시킨다. 말을 하고 들을 때는 표정, 몸짓, 어조, 음색 등 말하는 이의 언어외적 의사표현 요소가 함께 작용하며, 그뿐만 아니라 특정의 시간과 장소가 지니는 맥락적 상황이 또한 의사전달에 있어 간접적인 역할을 하므로, 시각 커뮤니케이션의 모자이크적 요소가 어느 정도 함께 작용한다. 그리고 말에 의한 커뮤니케이션에 있어서는 듣는 이의 반응이 말하는 이에게 직접 전달되어 상호작용이 일어나기도 한다. 그러나 글로 쓰인 기록을 통해 의사전달이 이루어질 때는, 이러한 주변적 상황적 요소들은 모두 증발하고 오직 전달되는 사유내용만 남게 된다. 따라서 글에 의한 커뮤니케이션에서는 자연히 그 사유내

---

137) 이하의 내용은 앞서 제9장 1절에서도 언급된 것임.

용의 정합성, 일관성 등 논리적 성격이 강하게 작용한다. 즉 청각 커뮤니케이션의 선형적 요소가 주도적으로 강하게 작용한다. 더욱이 글에 의한 커뮤니케이션에서는 듣는 이의 '반향'이 주어지지 않으므로 그 일방적 선형성이 말에 의한 커뮤니케이션에서보다 더 극단적으로 된다.

이 점을 숙고해 볼 때, 구텐베르크의 활자 인쇄술 개발은 결과적으로 다수의 대중에게 논리적 사유능력을 계발시켜 주는 결과를 낳았다는 것을 알 수 있다. 활자 인쇄술은 도서의 다량보급을 가능케 함으로써 다수의 보통사람들이 글을 통한 커뮤니케이션에 참여할 수 있게 하였고, 그 결과 순차적 논리적 합리적 사고에 익숙해지게 되었다는 것이다.

이렇게 글과 기록에 의한 정보 유통이 확산되면서 모자이크적 시각 커뮤니케이션과 선형적 청각 커뮤니케이션 사이의 균형이 깨지고, 인간의 커뮤니케이션에서 전자가 중심적인 것으로 자리 잡는 결과가 나타나게 되었다. 이 현상은 순차적 논리적 사고에 익숙해짐으로써 합리성을 삶의 원리로 받아들이는 교육받은 대중의 등장으로 이어졌고, 이것이 바로 근대의 정치사회적 신질서의 토대가 되는 결과를 가져오기도 했다. 그리하여 도서의 보급은 여러 방면에서 이성적 사유가 삶의 원리가 되는 근대를 연 문명사적 전환점이 된 것이다.

이렇듯 근대 이후의 사회가 특히 더 이성적이고 자율적인 '개인'을 출현시켰다면, 이는 바로 인쇄술과 도서의 보급으로 인한 이러한 커뮤니케이션의 변화 때문이었다고 말할 수 있다. 정보의 입수와 의사소통에서 이성적 사고의 활동이 중심이 되는 문자시대에 들어서면서 인간의 관리 가능한 세계는 감각적 경험세계를 벗어나 끝없이 확장되었고, 그 세계는 인간의 이성에 적합한 객관적 획일적 법칙적 동질적 세계로 재구조화된 것이다.

그런데 20세기 후반부터 정보화와 더불어 이 지적 지형에 변화가 온 것이다. 정보화가 진행된 오늘날에는 사정이 어떻게 달라졌나? 신문보다는 TV가, 도서보다는 영상물이 더 큰 영향력을 행사하는 오늘날 커뮤니케이션을 둘러싼 문화적 환경에 찾아온 변화의 심층적 내용은 어떤 것일까? 앞에서 우리는 디지털 기술이 지능의 강화인 '정보기술'(IT)과 감각의 확장인 '커뮤니케이션 기술'(CT)을 '정보통신기술'(ICT)이라는 하나의 기술로 융합함으로써 인공적 기계 속에서 사고활동과 감각활동을 결합시키는 데 성공하였음을 언급하였는데, 사유와 지각의 융합 및 호환(互換)을 비생명적 물리적 공간 속에서 실현시킨 이 기술이 사고작용과 연계된 의사소통활동에 불러일으킨 변화는 과연 무엇일까?

결론부터 말하자면 감각적 지각작용이 논리적 사유활동보다 우세해짐으로써 문해적(literate) 의사소통의 자리를 문맹적(illiterate) 의사소통이 상당 부분 차지하게 되었다는 것이다. 디지털 기술의 본질을 다시 생각해 보자. 앞서 말했듯, 디지털 방식이란 바이너리 코드를 이용해 어떤 정보든 그 단위를 1과 0이라는 비트로 분화시켜 이의 연속된 흐름으로 해체했다가 이를 복원하는 방식이다. 달리 말해 각종의 정보를 그 질적 성격에 구애받지 않고 오직 0과 1로 환원시킴으로써 정보자료에 대한 동일한 방식의 수학적 연산(演算)처리를 수행하는 방식이다.

그런데 여기서 질적 성격이란 감각적 지각의 대상으로 우리의 감성 및 감정을 움직이는 것이고, 바이너리 코드로의 분화와 이의 연산 작업은 전적으로 논리적인 수학적 사고활동이다. 따라서 이 두 영역을 넘나든다는 것은 정서적 감응과 합리적 사고가 호환되고 융합함을 뜻한다. 이 사유와 감각의 호환기술은 이제 감각내용의 논리화, 사유내용의 감각화를 수행함으로써 정서적 감응과 수학적 사고 사이의 간극을 다리 놓아 이들을 연계시키는 일을 해낸다. 컴퓨터 음악의 탄생, 포토샵을 이용한 사진예술의 정교화 등이 그 좋은 예가 될 것이다.

사유와 감각의 호환이 가능해짐에 따라 일상인들은 사유 대상을 감각 대상으로 변환시켜 놓은 정보들에 의존하여 생활하기를 즐긴다. 즉, 선형적 사유에 필요한 긴장을 피하고 모자이크적 지각의 이완을 선호한다. 이는 달리 말하면 능동적인 선형적 사유의 노력을 수동적 감각적 지각의 향유로 대체시켜 나간다는 것이다. 젊은이들이 도서보다는 영상물을 즐기는 이유가 여기에 있고, 비디오 컨텐츠의 범람이 이를 말해 준다. 사정이 이러하니, 기원(起源)이 실종된, 문맥에서 일탈된 '파편화'된 정보들이 범람하게 되고, 감각적 지각이 논리적 합리적 사고를 압도하는 새로운 현상이 등장하는 것이다. '문맥'을 짚어가는 것은 논리적 사유이지 감각적 지각이 아니기 때문이다. 모자이크적 시각 커뮤니케이션과 선형적 청각 커뮤니케이션 사이의 균형이 근대 초와는 반대 방향으로 깨지고 있음을 가리키는 것이다.

구텐베르크의 활자 인쇄술이 도서보급을 통해 의사소통, 정보습득의 양식을 논리적 사유의 원리에 따르게 했다면, 디지털 기술은 그와 반대로 논리를 넘어서는 총체적 지각 양식을 확산시키고 있다. 사유와 감각의 호환기술은 이제 사유내용의 감각화를 수행함으로써 합리성의 문명을 용해시키고 그 자리에 초합리성의 문화를 구축하고 있는 상황이다. 현상적으로 볼 때, 감각이 사유를 능가하는 삶의 방식과 문화의 양식이 급속도로 확산되고 있는 것이 사실이다. 그 극단은 아이러니컬하게도 문해적 의사소통을 문맹적 의사소통이 대체해 나가고 있는 데서 확인된다. 정보내용을 문장의 연속보다는 영상의 연속으로 전하고, 정보 입수의 코드조차도 문자보다는 아이콘을 이용하는 것이 바로 이런 현상을 말해 주고 있다. 문해능력이 없어도 고급정보를 교환하는 의사소통이 가능하게 된다는 말이다. 이는 마치 문자시대 이전에 기호나 상징으로 의사소통을 하던 방식과 표면상 유사한 일이다.

사고능력 함양의 상수항적 필요성
그러나 디지털 기술의 호환 및 융합 기능이 작동됨으로써 널리 확산된 이런 문맹적 의사소통방식에도 불구하고, 문해적 의사소통능력과 이와 긴밀히 연계되어 있는 사고능력은 근대와 마찬가지로 여전히 필요한 지적 능력이다. 아니, 근대 산업사회보다도 현대 정보사회에서 더욱 필요해진 지적 능력이다.

새로운 정보를 창출하는 능력은 산출된 정보를 단순히 소비하는 데서는 길러지지는 않는다. 사유와 감각의 호환 기술을 활용하여 새로운 콘텐츠를 개발할 수 있기 위해서는 감성적 지각의 내용과 수학적 사유의 형식을 연계시킬 새로운 알고리즘(algorithm)을 개발해야 한다. 그리고 이 알고리즘을 개발할 수 있는 능력은 기술적으로 역시 합리적인 과학적 수학적 사유의 능력이 기초가 되어야 한다. 물론 그 기술적 형식에 담아야 할 내용은, 예술적 감수성, 인문학적 직관, 도덕적 성찰 등이 제공해 주어야 한다. 감각과 사유의 호환 시스템을 구성하기 위해서는 이렇게 한편으로는 수학적 사유의 능력이 요구되고 다른 한편으로는 감각적 지각능력, 비이지적인 정서적 감응능력이 요구된다. 이 양자가 갖추어질 때, 저 호환과 융합은 가능해지는 것이다.

여기서 당연한 것은, 사유내용의 감각화가 가능하기 위해서는 사전에 감각내용의 논리화 과정이 반드시 선행되어야 한다는 것이다. 이 점을 간과해서는 정보문화 전체가 그 지반을 상실할 것이다. 이지적인 활동이 요구되는 학업과 감성적인 작용이 요구되는 학업을 동시에 수행한 사람만이 새로운 정보사회에서는 유능한 리더가 될 수 있는 이유가 바로 여기에 있다.

따라서 교수-학습과 관련지어 말하자면, 교수-학습의 현장에서는 '감각화된' 교육자료 및 교육환경이 지배적인 역할을 하는 것처럼 보이지만, 겉보기와는 달리 역설적으로 사고교육과 이와 긴밀히 연관되어 있는 문해(Literacy)교육이 이제까지보다도 더 강하게 요청되고 있다는 것이다. 문해교육이 사고교육과 긴밀히 연관되어 있는 것은 글을 읽고 쓰는 과정에서 기성 지식의 암기보다는 독자적인 사고가 더 요청되기 때문이다. 이 점이 바로 정보사회에서 교육환경의 변화가 양가적 성격을 띠고 있다는 주장의 심층적 내용이다.

우리는 여기서 문명의 탄생 이래, 특히 계몽기 이후, 글 읽기와 글쓰기, 즉 문해교육이 교육의 기본이 되었던 이유를 알아차릴 수 있다. 글 읽기와 글쓰기의 교육적 성취요인이 무엇인지 재음미해 보자. 문해교육은

첫째, 스스로 생각하게 함으로써 사고력, 판단력을 길러준다.

둘째, 논리적인 결함이나 비약을 허용하지 않는 논리적 사유를 하게 한다.

셋째, 비판적-창의적-논리적 사유내용을 체계적으로 조직화하고, 이를 언어적으로 구성, 표현하는 능력을 길러준다. 즉 의사소통능력의 기초를 다져준다.

넷째, 이러한 사고능력, 언어능력을 토대로 다른 지식 습득이나 학습이 더 충실해지도록 한다.

다섯째, 사물에 관한 통찰력을 키우고, 나아가서는 세계관, 가치관의 형성에도 기여한다.

문해교육이 지배하던 근대사회는 정보의 입수와 의사소통에서 이성적 사고의 활동이 중심이 되는 문자시대였고, 이에 힘입은 이성적 사고의 신장은 인간의 관리 가능한 세계를 감각적 경험세계를 넘어서서 끝없이 확장했거니와, 그 세계는 인간의 이성에 적합한 방식으로 재구조화된 객관적 획일적 법칙적 동질적 세계였다.

4. 융복합 지식의 요구

그럼 이제 지식사회의 외부적 여건 변화, 즉 시공적 제약의 극복이 불러온 변화를 생각해 보자.

근대 이래 최근의 현대까지도 전통적으로 지식인이 추구해 온 '학적 지식'(episteme)은 보편적 불변적 필연적 존재에 대한 보편타당한 지식이었다. 그것은 가능한 한 일상적 삶의 현실로부터 거리를 취해 직접적인 이해관계를 넘어설 때 얻을 수 있는 객관적인 진리의 체계였다. 이런 지식은 쉽게 얻어지지도 않았거니와 일단 공준을 받으면 그 타당성은 장구한 기간 동안 지속적으로 영향력을 행사하는 '힘의 원천'이기도 했다. 그리고 그런 지식은 장기간의 노력 끝에 다음 세대에 전수되었고 언제나 사회 상층부의 지배 엘리트에 의해 독점되는 것이 보통이었다.

이러한 의미에서의 고전적 지식은 그 산출, 보존, 공유, 전파 등이 안정된 제도적 장치에 의해 관리, 통제되었고, 이런 제도를 뒷받침하는 물리적 토대와 규제가 동반하게 마련이었다. 쉽게 변하지 않는 교육제도, 연구 시스템, 도서 출판 활동, 이에 종사하는 인력 양성의 여러 규약 등이 제도적인 것들이라면, 각급 학교, 연구소, 도서관 등의 시설과 교수 학습의 여러 수단들이 물리적 토대로서 지원과 규제의 역할을 한 것들이었다. 이들 유형무형의 시설과 제도들은 한결같이 시간적 공간적 제약을 구성하는 것들이었고, 교육받는다는 것, 연구를 통해 새로운 지식을 산출한다는 것은 모두 이 시공적 제약 아래에서 수행되는 일이다.

이러한 양태의 지식사회에서는 특정 분야의 지식이 독자적 자율성을 갖고 그 전문적 실효성을 인정받기에 충분했다. 학문은 분화되어 나갔고 그 분화된 학문분야들은 세계와 인간에 관해 특정 영역을 탐구하고 지식을 쌓아왔다. 이른바 학문의 '체계'가 견고하고 안정적으로 구축되어 왔다. 부단한 분업화의 과정이 연속되던 산업화 시대에는 주어지는 중요 실용문제들 자체가 대체로 분절적인 것이어서, 산업의 분업화에 조응(調應)해 등장한 많은 분과과학들의 탐구성과를 기초로 해결할 수 있었기에, 학문의 체계 내에서의 분화는 불가피하기도 하고 바람직하기도 한 것이었다.

그러나 오늘의 정보사회에서는 지식의 본성과 관련해 사정이 크게 달라졌다. 정보통신기술의 혁명적 발달에 의해 세계가 하나의 촌락으로 좁아진 만큼, 광범한 문화의 교류와 공존은 불가피한 것이 되었고 이 다문화적(multi-cultural) 교류문화적(inter-cultural) 시대의 문화적 지형은 관계성, 다양성, 상대성, 가변성으로 특징지어지게 되었다. 사회적 삶이 고정적 체계보다는 유동적인 그물망(network)의 형태 속에서 이루어지게 됨으로써, 그 자체로서 지속적 독자성을 갖는 '지식'이 수행하던 역할은 이제 더없이 유동적으로 된 현실의 삶에 형식을 부여하는('in-formatio') '정보'에게 넘겨진 것이다.

이러한 정보는 장기간에 걸쳐 어렵게 창출, 전수, 활용되던 '지식'과는 달리 매우 용이하게 산출, 복제, 유통, 소비된다. 산출되는 정보의 양은 천문학적으로 급증하며, 이렇게 생산되는 정보의 유통에는 시간적 공간적 제약이 거의 없다. 정보의 소비가 오히려 더 어렵게 된다. 삶의 질을 고양시키는 정보를 취사선택하는 일이 어려울 뿐 아니라 삶의 질을 떨어뜨리는 저질 정보의 홍수 속에서 유혹을 물리치는 일이 어렵다. 정보의 효용기간이 급속히 단축되는 것도 심각한 문제다. 결과적으로 지식사회는 고정된 지식의 비축과 독점에 머물 수 없고 유동적 정보의 유통과 공유를 향해 개방될 수밖에 없으며, 부와 권력의 형성이나 작용 양상도 다원화 다양화하게 된다.

더구나, 정보사회에서 우리가 해결해야 할 중요문제는 대체로 여러 지식분야에 걸쳐 있는 복합적인 문제다. 따라서 문제연관 전체를 조망할 수 있는 안목이 무엇보다 중요하다. 이 총체적 조망 능력이 없으면 부분에 관한 전문지식도 무력해지기 쉽기 때문이다. 각 전문분야들의 지식을 폭넓고 깊이 있는 안목 아래서 조망하고 연결시켜 주는 '지적 연결지평'이 요구되는 것이다. 이제는 지식의 세계도 분립된 개개의 학문분야가 그 자체 독자적 완결성을 갖는 피라미드적 체계로 이루어지는 게 아니라 유연하게 유동하면서 다각적으로 상호 연계되는 가변적이고 개방적인 네트워크의 모습을 띠게 된 것이다. 융복합적 지성이 요구되는 배경이 바로 이것이다.

유목화된 사회에서 기술과 산업에서의 융복합 현상은 이렇듯 지식사회의 지형변화와 자연스럽게 상호작용한다. 이는 물론 다음과 같은 시대상을 직간접으로 반영하는 것이다:

첫째, 지식사회에 기원(起源)이 실종된, 문맥에서 일탈된 '파편화'된 정보들이 범람하게 되고, 감각적 지각이 논리적 합리적 사고를 압도하는 경향이 두드러진다.

둘째, 기업문화가 시공적 제약을 넘어서는 욕구충족의 기대에 부응하기 위해 기술과 산업의 융복합을 촉진하는 쪽으로 급선회한다.

셋째, 공동체적 삶의 세계에는 도덕적-사회적 규범이 점점 무력화되고 그 자리에 유리(遊離)된 유목적(遊牧的) 개인이 등장하게 된다.

넷째, 불가피하게 확장되는 글로벌화 현상에 대해 그 동질적 획일화를 비판하는 성찰 끝에 지역적 역사적 문화 고유성과 보편문화와의 균형 및 조화를 역설하는 '글로컬리즘'이 등장한다.

이렇게 보면 새로운 산업의 전망과 기획에는 정치경제적 사회의 변화, 그 기초를 이루는 문화의 흐름, 현대의 역사적 위상, 시대의 사상적 기조 등에 대한 이해와 안목, 더 나아가 규범적 가치론적 문제에 대한 인문적 소양 또한 동시에 요구된다. 이는 모두, 그 근원에 들어가 보자면, 시간과 공간의 제약을 현격히 약화시키는 정보통신기술의 등장이 인간의 복합적 욕구를 복합적으로 충족시킬 수 있는 길을 열어가기 때문이다. 인간이 넘어설 수 없는 시간적 공간적 제약은 인간으로 하여금 그 욕구충족에 있어 오직 순차적 단계적으로만 수행할 수 있게 해왔는데, 이제 그 기본양식이 변모하고 있는 것이다. 이런 관점에서 보더라도 융복합적 지식이 요구되는 것은 불가피해 보인다.

인간 경험의 내부로 눈을 돌려 이 새로운 요구를 좀 더 천착해 보기로 하자:138) 인간이 자연의 일부로서 자연적 현실 속에서 삶을 영위하는 한, 인간은 자연의 시공체계를 벗어날 수 없고 따라서 인간의 모든 행동은 시간의 불가역적 순차성과 공간의 배타적 독점성이라는 두 원리를 엄격히 따를 수밖에 없다. 인간의 모든 활동은 이 원리를 대전제로 하여 이루어지며, 이런 의미에서 이 원리들은 인간의 모든 기획과 실천에서 하나의 제약이자 동시에 그 기반이다. 모든 사태에서 원인-결과의 고리를 찾으려는 인간의 인과적 사유는 시간의 순차성에 대응하는 생존의 한 방식이라 할 수 있고, 모순을 허용하지 않는 인간의 논리적 사유도 궁극적으로는 물리적 세계의 공간적 배타성에 적응하려는 노력의 결과로 얻어진 것이라고 볼 수 있다.

그런데 디지털 기술에 의한 인간의 경험에는 이러한 시공간적 원리가 더 이상 작동되지 않는다. '유비쿼터스 커뮤니케이션'에서는 'ubiquitous'라는 말 자체가 뜻하는 것처럼139) 시간적 순차성과 공간적 배타성이 더 이상 극복 불가능한 인간의 한계로 작용하지 않는다. 더욱이 '가상현실'이란 시간경험에서 순차성 대신 동시성 및 즉시성이, 그리고 공간경험에서 매개성(간접성) 대신 무매개성(직접성)이 구현되는 곳이므로 정보문화의 세

---

138) 앞의 제11장 3절 참조.
139) "遍在하는, omni-present"

계에서는 자연현실에서의 시공적 원리가 더 이상 경험의 원리로 작동하지 않는다.

삶의 근본적 토대가 되는 시공체험의 방식에 이런 획기적인 변화가 오는 한, 세계를 향한 인간의 욕구와 이의 충족을 위한 행동의 방식에 아무런 변화가 없을 수는 없다. 인간의 생존조건인 동시에 한계이던 시간적 순차성과 공간적 배타성이 무력해짐으로써 인간의 욕구 자체가 동시성과 직접성을 추구하는 방향으로 확장되고, 그 충족의 방식 또한 동시적 직접적인 것으로 변모하게 되었다. 이와 병행해 여러 가지 욕구의 동시적 충족에 대한 기대 또한 일상화된다. 즉 장소의 이동을 통해서만, 혹은 시간적 지속이나 대기를 통해서만 가능하던 욕구충족이 이러한 종래의 전통적 행동방식을 넘어서서 가능해지게 된 것이다. 한편으로는 한 가지 욕구의 즉시적 무매개적 충족 가능성을, 다른 한편으로는 여러 가지 상이한 욕구들의 총체적 동시적 충족 가능성을 기대하게 된 것이다. 이를테면 시각적 청각적 의사소통이 동시에 이루어지는 상황에서 시각적 청각적 욕구의 동시적 충족 가능성은 당연한 것으로 기대된다.

순차적 부분적으로만 충족되는 것으로 간주해 온 인간의 욕구가 이렇듯 총체적 동시적으로 충족될 수 있는 상황이 전개되면서 지식의 내용과 양태도 바뀌게 된다. 새로운 지식 및 기술의 융복합은 바로 이 요구에 부응하기 위해 나타난 현상이다. 정보사회에서는 문제의 해결과 일의 기획에서 그 어느 때보다도 여러 분야의 지식들을 동시에 유기적으로 연계시키는 조망이 요구되는데, 이는, 그 근원에 들어가 보자면, 시간과 공간의 제약을 현격히 약화시키는 정보통신기술의 등장이 인간의 복합적 욕구를 복합적으로 충족시킬 수 있는 길을 열어가기 때문이다.

5. 정보사회의 교육내용

그렇다면, 정보사회의 새로운 시대상을 맞아 지식사회가 이렇게 변모한다면, 이 시대에 요구되는 지적 능력과 지성적 자질이란 어떤 것일까?

이제까지의 논의에 비추어 볼 때, 정보사회가 요구하는 지적 능력이란 단순히 기성의 지식을 습득하는 능력이 아님은 분명하다. 기성의 지식 그 자체는 인간의 두뇌 아닌 인공지능기기 장치 속에 얼마든지 집적해 놓을 수 있기 때문이다. 그것을 비판적으로 수용하고, 새로운 문제상황에 적용하여 가변적으로 응용할 수 있는 능력, 나아가 스스로 문제를 해결할 수 있는 새로운 지식을 창출할 수 있는 능력, 그리고 더 나아가서는 문제 자체를 발견해 낼 수 있는 능력이 요구된다. 이들은 달리 말하면, 엄청난 양의 정보 가운데서 적실성 있는 유용한 정보를 선별할 수 있는 비판적 사고의 능력, 그러한 정보를 활용하여 문제를 해결할 수 있는 응용능력, 문제해결을 위해 새로운 정보를 산출할 수 있는 창의적 사고의 능력, 그리고 무엇보다도 주어진 사태 속에서 핵심적인 문제를 찾고 그 문제를 해결하는 방향을 잡을 수 있는 창조적 상상능력이다.

그러나 이런 지적 능력은 한편으론 습득한 기성의 지식을 재료로 하여 얻어지는 것이지, 백지의 무지 상태에서 돌연 출현하는 것은 아니며, 다른 한편으론 분석적으로 설명하기 어려운 인간과 세계에 대한 깊은 안목과 통찰력을 구심점으로 하여 발휘되는 것이다. 이 안목과 통찰력은 따라서 파편화된 정보들을 비판적으로 검토하여 유기적으로 연결해 줌으로써 통일적 의미체계를 구성해 낼 수 있는 '지적 연결지평'을 마련해 주는 핵심적인 것이다.

그렇다면 정보사회에서 유능한 인재를 양성하기 위해 수행해야 할 교육은 어떤 내용을 담아야 할까? 우리는 그것을 크게 세 가지로 정리하고

자 한다:

첫째는 다학문적 융합교육이며,
둘째는 '이성과 감성을 아우르는' 융합교육이고,
셋째는 생각을 공유할 수 있는 개방적 의사소통교육이다.

첫째, 누구나 지식의 습득이 없이는 스스로도 지적 사고를 수행할 수 없는 법이다. 따라서 여러 다양한 학문분야의 지식을 습득하는 것이 우선 필요하다. 각 분과과학들의 특정 대상에 대한 전문지식들을 유기적으로 융합하여 새로운 발상을 할 수 있는 창의적 사고는 우선 이를 기초로 한다. 그 가운데서 가능한 한 원리적이고 근본적인 문제를 다루는 학문영역에서 기초적이면서도 핵심적인 내용을 학습하는 것이 필요하다. 기초학문분야, 즉 인문학, 기초사회과학, 자연과학의 영역에서 골고루 학습하는 것이 필수적인 것이 되어야 할 이유다. 그래야만, '지적 연결지평'이 형성되고 이 지평 위에서 다른 모든 지적 활동이 결실을 맺을 수 있기 때문이다.

둘째, 앞서 몇 차례 지적했듯이, 정보사회에서 특별히 문제되는 것이 정의(情意)적 작용과 지적 작용의 융합과 호환이다. 이 두 영역을 넘나들 수 있기 위해서는 정의적 감응능력과 합리적 사고능력이 동시에 요구되며, 이 둘이 함께 협동하는 것이 필요하다. 한마디로 말해 합리적인 과학적 수학적 사유의 함양뿐 아니라 예술적 감수성 및 도덕적 의지의 함양도 함께 교육의 내용이 되어야 한다는 것이다.

셋째, 정보사회는 개방된 유연한 네트워크 사회다. 피라미드형의 제도적 장치에 적합한 소수의 의사결정과 이의 하향식 전달은 더 이상 공동체를 움직이지 못한다. 네트워크에서는 각각의 노드가 가변적 중심이 된다. 자신의 사유내용을 공동체 구성원과 공유할 수 있는 사회적 의사소통능력은 지적 학문적 영역에서뿐만 아니라 사회생활 전반의 기본 필수품이다.

이를 함양하는 일은 한국의 고등교육에서 수행해야 할 시급한 과제다.

6. 교수-학습의 변화

지식사회의 지형뿐 아니라 전반적안 문화 지형까지 변모하는 가운데 대학 고등교육의 목표와 내용이 달라지는데, 교수-학습의 방법이 고정되어 있다는 것은 생각하기 어렵다. 교육의 성과를 극대화하기 위해 다양한 학문적 접근을 통해 새로 개발된 다양한 방안들이 활용될 것이다. '교육공학'이라는 학문분야에서 이에 대한 전문적인 연구가 수행되고 있을 것이다.

교육공학에는 크게 세 가지 형태가 주류를 이룬다고 한다. 기계공학적 교육공학, 행동과학적 교육공학, 인간공학적 교육공학이 그들이다.140) 필자는 이 가운데서도 특히 기계공학적 교육공학에 관심이 큰데, 이 분야에서 연구 개발되는 다양한 전기전자공학적 교수-학습 도구가 실제로 어떤 교육분야에서 어떤 교육적 성과를 거두고 있는지 상세히 알고 있지 못하기 때문이다. 교재 게시판, 필름, 콘셉트필름, 오버헤드프로젝터, 슬라이드 등의 각종 투영교육기기와 테이프식이나 시트식 자기녹음기, 자기재생기, 라디오, 텔레비전, CCTV 등 방송교육기기를 이용하는 교수-학습

---

140) ① 기계공학적 교육공학: 이공학(理工學)의 성과를 이용하여 교육의 효율화를 꾀하는 연구분야이다. 그중에는 교재제시기구, 훈련기기의 적용연구를 수행하는 시청각 교육공학이 있고, 또 교육체제, 시뮬레이션(simulation)에 의한 교육연구, 교육정보 탐색, 교육정보처리 등을 연구하는 정보과학적 교육공학이 있다.
② 행동과학적 교육공학: 행동이론의 성과를 이용하여 효율적인 교육내용이나 교육방법을 개발하는 연구분야이다. 학습이론이나 집단행동이론에 입각한 학습의 프로그래밍, 교수활동의 최적화(最適化), 집단편성 등의 연구가 행해지고 있으며, 특히 프로그램학습, 발견학습, 팀티칭 등의 시도가 왕성해지면서 수업의 체계화도 연구되고 있다.
③ 인간공학적 교육공학: 인간공학적 지식을 이용하여 유효한 시설, 설비, 교구, 교재를 개발하는 연구분야이다. 학교 건축, 교실의 구조, 책상과 걸상, 계산자(計算尺], 실험기구, 반응분석장치 등의 교육설비나 교구를 가장 쓰기 쉽게 설계, 제작하는 연구이다.

방법이 앞에서 언급한 사유와 감각의 융합 및 호환에 어떤 영향을 미치는지, 그러한 방법의 교수-학습이 새로운 정보사회에서 요구하는 지적 역량의 함양에 어떤 기여를 하는지 심층적인 연구를 아직 접하지 못했기 때문이다.

교육경제 및 교육행정의 관점에서 볼 때 시간적 공간적 제약을 크게 벗어나 충실한 교육내용을 동시다발적으로 다수의 수강생에게 전달할 수 있다는 사실은 분명 매력적인 것이다. 그러나 많은 강좌들이 저마다 학습목표가 다르고, 거기서 추구되는 지식이나 지적 능력이 다르며, 거기서 주로 작동되는 지적 사유의 과정이 다르다는 사실141)을 고려한다면, 공학적 기술을 교수-학습에 어떻게 적용해야 할지에 대해서는 별도의 다각적 연구가 선행되어야 할 것이다.142)

특히 '사이버 강의'라고 통칭되는 교수-학습 방식이 널리 환영받고(?) 있는 한국의 대학사회에서 이 문제는 심각하게 검토되어야 하리라 본다. 앞서 우리는 선형적 사유의 긴장을 피하고 모자이크적 지각의 이완을 즐기는 현대인의 행태를 언급했는데, 이는 사고 내용을 영상화함으로써 가능했던 것이다. 과연 사유훈련 없이, 그리고 그에 조응하는 감각체험 없이 이 양자 사이를 다리 놓는 알고리즘을 개발하는 지적 탁월성이 길러질 것인가? 단순히 많은 양의 지식을 용이하고 빠르게 '이전'시키는 것이 교수-학습의 목표가 아니라면, '사이버 강의'와 이와 유사한 강좌형태에 대해 보다 신중한 접근을 해야 할 것이다.

---

141) 김영정, 「창의성과 비판적 사고」, 『인지과학』 13권 4호, 2000, 81-90쪽 참조.
142) 한신일 외, 「교육목표 분류표에 기초한 대학 수업의 교육목표 분석」, 『한국교육』 제35권 제3호(2008), 1-21쪽 참조.

[부록 1]

각 대학교의 교육목표

현재 각 대학에서 교양기초교육의 목표로 설정하고 있는 것, 그리고 교양기초교육의 핵심 내용으로 삼고 있는 것은 과연 이상에서 논한 교양 기초교육의 목적 및 내용에 얼마나 부합하고 있는지 점검해 보기로 하자. 200여 전국 4년제 대학교의 교양기초교육 내용을 모두 서술할 수는 없으므로 몇 가지 유형을 설정하여 균형 있게 검토하는 것이 적절할 것이다. 대학의 특성을 살펴보고자 할 때, 흔히 대규모 종합대학과 중소규모 대학, 연구중심대학과 교육중심대학, 국공립대학과 사립대학, 수도권 대학과 지방대학 등의 구분을 고려하는 것이 보통이다. 그러나 교양기초교육을 문제 삼을 때, 이러한 구분은 실질적으로 크게 의미 있는 것이 아닌 경우가 많아, 우리는 여기서 수도권 대학과 지방대학 등의 구분은 그 지리적 여건이 이 문제에서 크게 작용하지는 않는다고 보아 고려하지 않고, (A) 대규모 연구/교육 병진대학과 (B) 소규모 교육역점대학의 구분만을 유념하면서, 교양기초교육에 역점을 두고 이를 강화하는 것으로 알려진 주요 대학의 서술을 먼저 수합해 보고, 이로부터 공통되는 내용을 추려내 보고자 한다. 다만, 주로 공학교육을 대학의 설립취지로 삼는 소수의 특수목적 공과대학을 아울러 다뤄보기로 한다.

(A) 대규모 연구/교육 병진대학

서울대학교

* 교육이념

1. 올바른 사고와 실천적 지혜를 갖추고 열린 마음으로 봉사하는 인재를 양성한다.

2. 지식기반사회화로 특징지어지는 21세기를 이끌어 갈 지식과 기술을 창조하여 학문과 예술의 창달에 기여한다.

3. '겨레의 대학'으로 민족문화를 계승 발전시키고, 나아가 '세계의 대학'으로서 인류공존의 정신으로 세계문화를 선도한다.

* 기초교양교육 목적

— 분석적이고 조직적인 사고능력과 이를 개념화할 수 있는 능력

— 상황을 총체적으로 파악할 수 있는 능력

— 복잡한 것을 명료하게 환원시키는 능력

— 반성적 사고를 하며, 이를 정연하게 표현하는 능력

— 도덕적 판단력

— 대안적 사고를 할 수 있는 능력

— 이제껏 인식하지 못했던 측면을 발견하는 능력

— 새로운 상황을 이해하고, 설명하고, 제어할 수 있는 능력

— 사태의 이해로부터 미래를 예견할 수 있는 능력

— 문제를 발견하고 이를 해결하며 새로운 결과를 공유할 수 있는 능력

기초교양교육은 인간이 일구어낸 문화의 다양한 모습을 반추하는 일

로 우리가 사는 세계에 대해 보다 깊이 이해할 수 있게 하고 우리의 사유를 밝혀준다. 그것은 한 인간을 온전한 전체로 성숙, 발달시켜 주기에 오랜 인류의 역사에서 고등교육의 기본 이념으로 설정되어 왔으며, 민주사회일수록 정도의 차이는 있을지언정 모든 사람들이 받을 가치가 있고 받을 권리가 있는 교육으로 추구되어 왔다.

기초교양교육은 대학교육의 요체로서, 시대와 역사의 변천에 따라 대학의 사회제도적 성격과 기능은 계속 변해 왔으나 대학은 기초교양교육의 이상을 환기시킴으로써 그 존재 이유를 확보하며 존속해 왔다. 이러한 기초교양교육이 보다 깊이 있는 내용으로 활성화될수록 전공영역의 교육, 직업준비교육, 창의적인 지식의 창출, 졸업 후의 사회적 삶에도 영향을 줄 수 있는 깊이와 의미가 더할 수 있을 것임은 당연하다.

서울대학교 기초교육원은 아래와 같은 기초교양교육의 기본 발전방향과 비전을 갖고 있다.

1. 학문간, 대학간, 학과(학부)간의 벽을 낮추는 학제적 융통합적 기초교양교육 실시

2. 교양교육 전체 그리고 교양교육과 전공교육의 관계 속에서 교양과정에 일관성과 통합성을 부여함으로써 전체적으로 교육수준과 교육강도를 높이는 방향으로 기초교양교육을 실시

3. 교과/비교과의 다양한 분야의 체험과 능력 함양, 그리고 자기주도학습이 강조되는 기초교양교육 실시

4. 단순한 교과교육의 틀을 넘어 사회봉사, 리더십 교육 등의 프로그램 운영으로 봉사, 섬김의 자세와 실천적 지혜를 갖추고 미래사회의 지도자로 활동할 수 있는 능력 배양

5. 전공 이외의 모든 교육활동을 기초교양교육의 범주로 설정하여 다양화/특성화/국제화 교육 및 심화된 맞춤식 교육을 통하여 창의적 지식인

육성

6. 입학 전, 입학 후 실질적인 학사지도를 통하여 학생의 적성파악 및 진로선택을 도와 조기에 대학생활에 정착할 수 있도록 함

7. 다양한 경로를 통한 국제경험 프로그램을 제공하여 세계적 안목을 겸비한 인재로 양성

8. 선도적인 국립대학교로서 국내외 대학들과 네트워킹을 구축하여 기초교양교육에 대한 정보를 교류하고 좋은 제도를 도입, 접목하는 등의 노력으로 제도 및 교육의 내실화 추진

연세대학교

YONSEI,
Leading the Way to the Future
존중하고 존경받는 대학

3C

Christianity
기독교정신
· 섬김과 봉사의 문화
· 공감과 나눔의 교육
· 대학의 사회적 책임

Creativity
창의성
· 자기 헌신적 연구
· 창의적 교육과 도전적 창업
· 스스로 배우는 인재양성

Connectivity
연결성
· Middle-up-down의 의사결정과 자율적 기관 운영
· 융합연구네트워크
· 동문네트워크

연세대학교
YONSEI UNIVERSITY

＊ 연세 비전

3C: 연세대학교의 철학적 기초

연세대학교는 문명사적 대변환의 시기를 맞아 대학의 기본 사명인 교육과 연구 혁신에 앞장서며 사회공헌의 책임을 다하고자 합니다. 연세의 창립정신에 깃들어 있는 기독교 정신(Christianity), 창의성(Creativity), 연결성(Connectivity)의 가치를 공유하고 실천함으로써 미래 100년을 준비하겠습니다.

＊ 학부대학

연세대학교 신입생들(의예/치의예 계열, 예체능 계열 제외)은 입학과 동시에 학부대학에 소속된다.

학부대학은 기독교의 이해, 글쓰기, 대학영어, 물리학, 화학, 생물학을 전담하여 교육하는 학부대학 교수와 학사지도 및 대학 1학년 교육을 전담하는 학사지도교수 제도를 통해 교양교육과 학사지도의 전문성을 확보하고 있다.

학부대학은 연세대학교가 기초교양교육의 강화, 다양한 지적 훈련, 학문의 융합과 통섭에 바탕을 둔 미래지향적인 교육이념을 구현하기 위해 국내에서는 최초로 1999년에 설립한 기초교양교육과 대학 1학년 교육을 전담하는 교육기관이다. 1945년 하버드대학이 "대학교육의 목표는 전문가이면서 동시에 자유인과 시민으로서의 일반적인 자질을 갖추도록 하는 것"이라고 정의하며 대학교육 개편을 실시한 이후 전공교육과 더불어 학부대학의 기초교양교육을 통해 미래사회가 요구하는 다양한 인재를 육성하고 '학생 중심'의 교육을 실현시키고자 한다.

연세대학교 신입생들(의예/치의예 계열, 예체능 계열 제외)은 입학과 동시에 학부대학에 소속된다. 학생들은 1년 동안 학부대학에서 개설하는 기초교양교육 교과목과 전공에서 개설하는 전공기초 교과목을 수강하며 학문의 기초능력을 함양하고, 대학생활에 대한 이해와 자신의 진로에 대한 탐색을 바탕으로 대학에서의 학업계획을 세움으로써 성공적인 대학생활의 기초를 확립한다. 학부대학생은 1학년 필수 교과과정을 이수한 후 전공 신청/승인 절차를 걸쳐 입학 당시 결정된 전공 혹은 전공 신청 후 승인받은 전공이 속한 단과대학으로 소속을 옮기게 된다.

학부대학은 기독교의 이해, 글쓰기, 대학영어, 과학(수학, 물리, 화학, 생물)을 전담하여 교육하는 학부대학 교수와 학사지도 및 대학 1학년 교육을 전담하는 학사지도교수 제도를 통해 교양교육과 학사지도의 전문성을 확보하고 있다.

＊ 교양교육의 목표
    1. 교양교육(교양기초, 대학교육, 기초교육)의 목표
    — 학문간 융합을 통한 통찰력 함양
    — 기독교 정신에 기반한 섬김의 리더십 실천
    — 지역, 국가, 세계의 변화에 능동적으로 대응하는 연세인 양성
    — 논리적 분석적 과학적 판단능력의 배양
    2. 교양기초과목의 목표
    — 교양기초과목은 기독교적인 정신을 바탕으로 하는 사회의 지도자로서 갖추어야 할 능력을 기르기 위한 내용을 교육하는 것을 목표로 한다.
    — 대학에서 수학할 수 있는 표현능력과 소양을 배양하기 위한 교육의 영역이다.
    3. 대학교양과목의 목표
    — 대학교양과목은 교양교육의 목적에 따라 다양한 영역을 설정하고 학생들의 전공계열이나 개별적인 성향에 따라 일정한 영역 단위로

차별화된 내용을 교육하는 영역이다.

— 교양기초를 토대로 학문계열에 따라 다양한 영역을 나누고, 자신
의 영역에 대한 이해를 돕기 위해서 인접 영역에 대한 핵심적인
지식을 제공하는 것을 목표로 한다.

— 전공연구에 들어가기 전에 교양인으로서의 기본적인 지식을 습득
케 하여 사회의 지도자적 역량을 증진하도록 한다.

4. 기초교육과목의 목표

— 학문분야 간의 연계성과 학제성을 추구한다

— 현대사회의 요구와 필요성에 부응하고, 사회의 지도자가 구비해야
할 능력을 함양한다.

5. 교양기초

— 채플(4학기, 2학점), 글쓰기(3학점), 대학영어(4학점), 기독교의 이해
(3학점), 합계 10학점이다. 모든 학부대학생은 채플을 제외한 위
10학점을 반드시 이수해야 전공에 진입할 수 있다. (단, 신학계열은
기독교의 이해(3학점)를 제외한 7학점 이수)

6. 대학교양

— 대학교양 영역은 학문간 융합을 통한 통찰력과 논리적, 분석적, 과
학적 판단 능력을 함양시킬 수 있는 체제로 구성되었다. 또한 전공
수준의 심도 있는 내용과 주제들을 다루는 심화된 교양교육을 지
향하는 방향으로 2019년 새롭게 기획, 개편되었다. 각 대학교양의
영역 및 이의 운영목표는 다음 표와 같다.

— 연세대학교 학생은 체육과 건강 영역을 제외한 10개 영역 중 8개
영역의 교과목들을 이수하여야 한다. 또한 전공 및 계열별로 지정
된 필수 교과목 및 전공기초와 교차 인정되는 과목들이 있으니, 학
사지도교수의 학사지도 내용을 반드시 확인하여야 한다.

영역	운영 목표
문학과 예술	인간의 삶과 내면을 표현한 다양한 매체들의 특성과 내용을 비판적으로 탐구하고 즐긴다.
인간과 역사	인류가 걸어온 삶의 흔적을 사회·문화·심리·철학적으로 접근하여 이해한다.
언어와 표현	세계의 언어를 탐구함으로써 의사소통능력과 각 언어권에 대해 깊이 있게 이해한다.
가치와 윤리	인간의 행위를 윤리적으로 분석하여 사회적, 정치적 이념과의 관련성을 탐구한다.
국가와 사회	국가와 사회 공동체의 구성원리, 형성과정 및 역학관계에 대해 탐구한다.
지역과 세계	지역사회(세계)가 정치·경제·사회·문화·환경학적으로 세계(지역사회)에 미치는 영향에 대해 탐구한다.
논리와 수리	논리적 사고의 기본유형들을 숙지하고, 수리, 논리의 개념과 이론을 실제 현상에 적용하여 분석적 판단과 의사결정능력을 함양한다.
자연과 우주	물질과학의 핵심 개념과 원리를 이해하고 주변현상에 적용한다.
생명과 환경	과학적 원리와 개념을 적용하여 생명현상과 인간행동을 이해하며 환경과의 상호작용에 대해 탐구한다.
정보와 기술	컴퓨터과학 분야의 이론과 기술을 활용하는 컴퓨팅적 사고를 통하여 다양한 전공분야와 사회문제를 이해하고 해결하는 융합능력을 함양한다.
체육과 건강	체육과 건강에 대한 가치를 이해하고, 다양한 이론 및 실습 교육을 바탕으로 신체적, 정신적, 사회적 건강을 증진하며, 삶의 질을 높이는 데 필요한 핵심역량을 함양한다.

7. 기초교육

— 기초교육 영역은 사회참여(SE), YONSEI RC 101, RC 운영교과, 자율선택의 4개 영역으로 구성되어 있다.

고려대학교

* 교양교육원 교육목표

교육목표	지덕체를 겸비한 인격을 연마하고, 창의적 학문 탐구와 전문적 실천능력을 배양하여, 한국과 국제 사회에 기여할 개방적 지도력 육성				
교양교육 목표	지능정보사회를 선도하며 모범적 인격과 교양을 갖춘 귀감이 되는 지성인 육성				
전담기구	↑ 교양교육원				
비전	개척하는 지성, 봉사하는 인성을 갖춘 창의적 인재 육성을 위한 기초교육의 개발과 운영				
운영전략	B 목표 중심적 (Based on the goal)	A 지원적 (Aiding)	S 체계적 (Systematic)	I 개선적 (Improving)	C 연계적 (Connective)
주요 운영 내용	▪ 교양교육 목표의 재정립 ▪ 목표 재정립에 따른 명칭 변경 ▪ 목표 달성을 확고히 하기 위한 기초교양교육강화	▪ 행정적 지원 ▪재정적 지원 ▪제도적 지원	▪ 교양교육 전담 조직 체계 구축 ▪ 역할 체계 강화 및 확대 ▪ 교양교육 운영에 대한 전문성 강화	▪ 교양교육원 주도의 교과목 관리를 통한 교육의 질 제고 ▪ 보상제도 및 워크샵을 통한 강의의 질 개선 ▪ 운영의 효율성을 위한 운영 규정 개선	▪ 교내 타 기구 및 타 교육 사업과 연계 ▪ 전공 학과와의 연계 ▪ 비교과교육 정과의 연계 ▪지역사회와의 연계

성균관대학교

＊ 학부대학 교육과정

학부대학 교육과정은 인간과 세계에 대한 이해를 깊이하며 지식정보
사회에서 필요한 문제해결능력을 배양하는 교양교육과정과 전공학업의
기초가 되는 기초교육과정으로 구성된다.

＊ 학부대학 교육과정 목표

자유로운 전공 선택이 가능, 맞춤형 교육 제공

— 합리성, 책임성, 도덕성을 겸비한 인성을 함양한다.

— 비판적 사고에 기초한 의사소통능력을 기른다.

— 지도적 자질의 필수 요건인 공동체 정신을 함양한다.

— 종합적이고 창의적인 판단능력을 기른다.

— 글로벌 환경과 다원주의 사회문화 현실에 능동적으로 대처할 수
있는 능력과 자질을 함양한다.

— 다양한 학문적 요소를 포함하는 학제적 지식을 습득한다.

— 전문분야에서 지적 수월성을 갖고 활동할 수 있는 전문지식을 얻
는 데 반드시 필요한 그 분야의 광범한 기초지식과 기초학업능력
을 기른다.

경희대학교
후마니타스 칼리지

＊ 교양교육의 책임과 목표

대학에 들어온 젊은이들이 입학 당시보다 더 성숙한 인간, 더 나은
인간, 더 유용한 인간이 되어 사회로 진출할 수 있게 하는 것 — 이것은
대학교육의 본질 목적이자 대학이 존재하는 이유이며 사회가 대학에 지워

준 기본 책임입니다.

대학에 교양교육이라는 것이 왜 존재하며 교양교육은 무엇을 목표로 하는가? 이것은 대학이 늘 던져야 하는 기본 질문입니다. 그 질문에 대한 응답이 흐릿할 때 교양교육은 방향을 잃고 표류합니다. 지금 국내외 사정을 개괄하면 대학들이 그 질문에 적절히 대응하고 있다고 말하기 어려운 상황들이 전개되고 있고, 이로 인해 대학 교양교육은 심각한 수준에서 표류하고 있습니다. 대학이 학생들에게 1년에서 2년, 혹은 그 이상의 시간을 바쳐 이수하도록 요구하는 것이 교양과정입니다. 그런데 그 교양교육이 나침반을 잃고 표류한다면 그것은 소중한 교육 기회를 허비하고 자원을 낭비하는 일입니다. 대학은 이런 방향 상실이 미래 세대의 운명에 어떤 불길한 영향을 끼치고 사회 전체에도 어떤 위험한 결과를 초래할 수 있는가에 대해 깊이 생각해 보아야 합니다.

※ 교양교육의 책임

대학의 여러 교육 프로그램 중에서 교양교육은 대학의 존재이유와 목적에 대한 이해가 아직 미약한 초급학년 학부생을 주 대상으로 해서, 그가 대학에 왜 들어왔는가, 대학은 무엇을 하는 곳이며 그가 대학에서 길러야 하는 가장 중요한 능력은 무엇인가에 관한 방향 잡아주기에서부터, 그가 반드시 알아야 할 것은 무엇이며 사회와 문명에 지고 있는 책임은 무엇인가, 대학교육을 받은 사람에게 요구되는 것은 무엇인가 같은 질문에의 응답을 탐색하는 일에 이르기까지, 그의 변화와 형성에 불가결한 성숙의 조건들을 최대한 충족시켜 주어야 합니다. 이것이 대학 교양교육의 임무이고 책임입니다. 바로 이런 책임 때문에 대학은 신입생들이 입학 초기부터 한 가지 전공에만 몰입하게 하거나 입학하자마자 취업훈련부터 받게 하는 좁은 교육을 실시하지 않습니다. 대학은 기계를 길러내지 않고 인간을 길러냅니다. 협소성의 포로가 되기를 거부하는 교육이 교양교육입니다. 영혼이 없는 탁월성은 탁월성이 아닙니다.

∗ 교양교육의 기본 목표

　'아이가 어른 되는' 성숙의 조건들은 열아홉 살 청소년에게는 거대한 모험이고 도전입니다. 대학에 들어오면서부터 그는 그때까지 그가 의존해 왔던 부모, 학교, 선생님의 긴 영향에서 벗어나 자신의 독립된 '정신의 삶'(life of the mind)을 시작해야 합니다. 대학에서 그는 자기가 누구이고 타인은 누구이며 그가 사는 세계는 어떤 곳인지, 자신의 삶을 이끌 가치, 이상, 목적은 어떤 것일 수 있는지를 탐색해야 합니다. 대학 입학과 함께 그는 자신을 책임지고 사회에 대해서도 책임질 준비를 해야 합니다. 정신이 의존상태를 벗어나 독립의 단계로 이동하고 책임지지 않아도 된다고 여겨졌던 것들에 대해서도 책임을 의식한다는 것은 성숙의 조건들 중에서도 결정적으로 중요한 부분이며 동시에 매우 어려운 부분입니다. 다수의 신입생들이 그 도전을 감당하지 못해 혼란, 방황, 도피에 빠집니다. 이런 혼란과 방황이 장기화되면 4년간의 대학생활은 큰 타격을 받고 헛되이 공전합니다. 학부생이 대학의 도전에 잘 대응하고 즐겁게 응전하면서 자신을 변모시켜 나갈 수 있도록 이끌고 지원하는 것, 탁월한 개인, 책임 있는 시민, 성숙한 공동체 성원의 양성이라는 대학교육의 본질 목적을 교양교육의 차원에서 실현해 나가는 것 — 이것이 교양교육의 기본 목표입니다.

∗ 교양교육의 최종 목표

　학부생의 성숙을 돕는 일이 교양교육의 기본 목표라면, 교양교육의 최종 목표는 한 인간이 삶의 불확실성 앞에서도 의미 있고 행복한 방식으로 자신의 한 생애를 이끌어 나갈 수 있게 할 내적 견고성의 바탕을 길러 주는 데 있습니다. 삶이 안길 수 있는 온갖 어려움과 영욕의 순간에도 한 인간의 삶을 지탱해 주고 의미와 가치를 공급해 주는 것이 내적 견고성이라는 바탕입니다. 이 바탕이 '교양'(culture)입니다. 이 의미의 교양은 한두 해의 교양과정 학점을 따는 것으로 달성되지 않고 대학 졸업장이나 무슨 자격증 같은 것으로 획득되지 않습니다. 교양은 대학 졸업을 위한 한시적 절차도 수단도 아닙니다. 그것은 그 자체로 목적이며, 교육이 도달할 수 있는 최고의 높이입니다. 대학교육이 지향해야 할 궁극적 가치, 교육의 최종 효과가 교양입니다. 그 교양은 단순 지식이 아닙니다. 대학에서 배운 지식들이 다 잊히고 다른 지식들로 대체되어도 여전히 내게 남아 나를 지탱하는 강한 힘, 대학에서 들은 강의의 내용들이 기억에서 사라지고 성공과 영광의 순간들이 다 지나갔을 때에도 여전히 내 몸에 남아 나를 지키는 무형의 자산, 그것이 교양입니다. 세월이 바뀌고 삶의 외적 조건들이 바뀌어도 이 자산은 줄어들지 않고 없어지지 않습니다. 더 성숙한 인간, 더 나은 인간, 더 유용한 인간을 최종적으로 정의해 주는 것은 이런 의미의 교양입니다. 예컨대 의사와 변호사와 경영인, 전문가와 정책입안자가 이런 교양의 인간일 때 그들은 분명 더 나은 의사이고 변호사일 것이며 더 나은 경영인, 전문가, 정책입안자일 것입니다. 대학 교양교육은 그 궁극적 목표로서의 교양, 교육의 정점으로서의 교양을 망각할 수 없습니다.

＊ 후마니타스 교양교육의 지향점

후마니타스 칼리지는 교양교육의 기본 목표를 바탕에 깔고 그것의 궁극적 목표를 북극성으로 삼아 다음의 다섯 층위에서 후마니타스 교양교육의 지향점들을 설정합니다.

1. 인간, 사회, 자연, 역사에 대한 다각적 이해방식들을 폭넓게 접할 수 있게 하고 인문학, 사회과학, 자연과학을 포함한 여러 학문분야들의 관심대상, 접근법, 사유원칙들을 기본의 수준에서 이해하게 하는 교육, 생

각하는 능력을 키워주어 대학에서 자유롭고 창조적인 탐구활동과 정신 가꾸기를 지속할 수 있게 하는 교육의 지향

2. 온갖 정보와 지식, 상충하는 진리 주장들, 상이한 가치관, 경쟁적 주장과 의견 등을 이성적으로 검토하여 오류와 편견을 가려내고 옳고 그름을 판단할 능력을 길러주는 교육, 의미 있는 질문을 던지고 중요한 문제들을 찾아내며 합리적 설명, 타당한 주장, 설득력 있는 해석을 추구할 능력을 길러주고 과학적 사고습관과 비판적 사고력을 함양하는 교육의 지향

3. 성찰의 능력과 습관을 길러주고 자기 자신에 대한 책임과 사회에 대한 책임을 알게 하는 교육, 사적 이익과 공적 이익을 분별할 힘을 키워주며 자신이 사는 사회의 민주적 원칙들을 지키고 발전시킬 시민적 역량들을 터득하게 하는 교육, 계층과 신분, 종교, 지역, 성차 등의 벽을 넘어 타자의 이야기를 경청하고 이해하는 능력, 선의와 배려와 공감의 공동체적 가치들을 체득하게 하고 사회봉사의 정신을 길러주는 교육의 지향

4. 유연한 상상력, 열린 정신, 지구사회적 마음가짐으로 두려움 없이 변화와 위기에 대응하고 문제를 선도적으로 해결할 힘을 길러주는 교육, 국제사회와 협력하고 세계의 정치적, 사회적, 문화적 다양성과 서로 다른 역사적 경험들에 대한 이해를 넓혀 인류 공통의 관심사를 인지함과 동시에 국적, 인종, 집단의 울타리를 넘어 지구사회 공통의 문제들을 풀어갈 세계시민적 역량을 길러주는 교육의 지향

5. 사건, 현장, 상징, 텍스트를 정확히 읽고 의미와 해석을 구성해 내는 능력, 문서 생산력, 아름다운 것을 인지하고 평가하는 심미적 교감과 표현의 능력, 예술을 이해하고 사랑하며 예술적 창조성을 존중하는 능력, 기억할 것을 기억하고 사회의 역사적 경험들을 공유하며 좋은 이야기의 사회적 유통을 촉진할 소통과 전달의 능력, 새로운 기술매체들을 유효하게 사용할 문화적 능력을 함양하는 교육의 지향

한양대학교
ERICA 창의융합교육원

* 교양교육의 목표

학문탐구를 위한 제반 지식을 쌓고 인성, 소통 역량, 융합적 사고력, 창의적 사고력 등을 함양하여 지역사회 및 인류 문제를 해결하는 글로벌 실용 인재 양성

* 교육과정의 목표

대학의 교양교육은 시야를 넓히고 지적 소양을 함양하게 하는 데 목표가 있다. ERICA 캠퍼스의 공통 기초필수 교과목과 교양교과목은 교양인, 실용인, 세계인, 봉사인의 소양과 기본 지식을 함양하게 하고, 전공교과목의 토대를 갖추게 하기 위한 내용으로 구성되어 있다.

* 공통 기초필수 및 교양교육과정의 구조
— 기초필수: 대학에서 학문 수행에 공통적으로 요구되며 향후의 사회생활에서도 지속적으로 필요하게 될 기본적 능력을 함양하게 하는 교과이다. 단과대학별 전공 기초과목 및 전 대학 공통의 필수과목이 포함되어 있다.
— 핵심교양: 교양교육의 중핵을 이루는 다학제적 교과목으로, 개별 학문을 넘어 통합적 지식을 이해하고 현대사회의 복합성을 통찰하는 능력을 함양하게 한다. (역사와 철학, 과학기술과 환경, 인간과 사회, 문학과 예술, 언어와 세계문화, 소프트웨어의 6개 영역)
— 일반교양: 지적 다양성을 이해하고 각 학문의 기본적인 내용을 습득하게 하는 것을 목표로 하며, 학문별 개론 성격의 교과목 및 대형 강좌 형태의 교과목이 포함되어 있다. (교양인, 실용인, 세계인, 봉사인의 4개 영역)

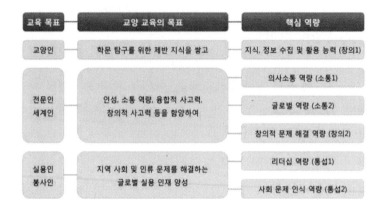

[한양대학교 교양교육의 목표]

＊ 교양교육 핵심역량

— 소통: 자신의 생각과 감정을 명확하게 인지하고, 표현하며, 타인의
생각과 감정을 이해할 뿐 아니라, 문화적 다양성을 인정하고 세계
무대에서도 외국어로 능숙하게 의사소통할 수 있는 능력 (의사소통
역량, 글로벌 역량)

— 창의: 전공분야의 지식을 활용하여 다양한 관점에서 문제를 발견
하고 해결할 수 있는 능력 (지식정보 수집 및 활용 역량, 창의적 문제
해결 역량)

— 통섭: 자신과 자신이 속한 공동체의 목표의식을 지니고 있으며, 공
동체 내 구성원들과 협력적 신뢰관계를 형성하여 목표를 달성하고
자 노력하고, 나아가 사회적 현상을 이해할 수 있는 능력 (리더십
역량, 사회문제 인식 역량)

중앙대학교

다빈치 교양교육대학

✳ 교양교육의 목표

　미래의 융합적 사고력을 갖춘 인재 양성

✳ 배경

　— 기초적인 분야에 대한 지식과 융합적 사고를 갖춘 인재를 길러내
　　야 한다는 사회적 요구에 부응하는 교양교육

　— 특정 분야에 대한 전문적 지식으로 무장한 스페셜리스트(specialist)
　　보다는 넓은 식견을 갖춘 제너럴리스트(generalist)가 여러 분야의
　　지식을 융합해 나가야 하는 시대

✳ 교양교육 연구성과

　— 교양교육의 커리큘럼을 교육자 중심에서 수혜자의 역량 중심으로
　　완전히 전환

　— '문화적 상상력이 가득한 인재'라는 중앙대학교의 인재상을 반영하
　　여 필요한 교과목들을 새롭게 개발

✳ 핵심역량

　— 도전역량: 스스로 탐구 및 학습하며 새로운 상황과 실패를 두려워
　　하지 않고 문제와 변화에 적극적으로 대처

　— 창의역량: 호기심을 가지고 새로운 아이디어를 창출하고 융통성
　　있는 시각으로 다양성을 추구하며 관습적 사고에서 벗어나 새로운
　　방식으로 문제해결

　— 소통역량: 타인의 의견을 경청하며 자신의 생각을 정확히 표현하
　　고 사회문화적 맥락을 이해하여 상황에 맞는 방식으로 소통

— 융합역량: 상상력을 바탕으로 기존의 지식을 융합하여 실현 가능
　　　한 영역을 개척하고 이를 통하여 새로운 가치를 창출
　　— 신뢰역량: 타인을 배려하고 존중하며 타인과의 관계에서 정직하고
　　　일관성 있게 행동하며 타의 모범이 되는 리더십 보유

전남대학교
전남대학교 교양교육지원센터

✻ 교양교육의 목적
　　인문학적 상상력과 이공학적 창의력을 갖춘 인재를 양성

✻ 교양교육과정 체계
　▷ 역량교양
　　— 대학이 지향하는 인재상을 실현하고 미래사회가 요구하는 핵심역
　　　량 함양
　　— 창의역량, 감성역량, 공동체역량을 함양할 수 있는 교과목
　　— 핵심역량을 향상시키기에 적합한 내용과 학생 참여형 교수방법으
　　　로 구성된 교과목
　▷ 기초교양
　　— 학문의 기초가 되는 논리적, 수학적, 과학적 지식과 사고역량을 함
　　　양하고 외국어 학습을 통해 효과적으로 의사소통할 수 있는 역량
　　　함양
　　— 학문을 탐구하기 위해 기초가 되는 교과목
　　— 외국어 역량을 배양할 수 있는 교과목
　▷ 균형교양
　　— 다양한 학문 영역 및 주제에 대한 소양을 균형적으로 함양하고, 더
　　　나은 삶을 영위하는 데 필요한 역량 배양

- 인간, 사회, 자연, 기술, 예술 등에 대한 소양을 함양할 수 있는 교과목
- 표현, 경청, 공감 등의 소통역량을 함양할 수 있는 교과목
- 진로탐색 및 취업, 창업 등과 관련한 실무역량을 배양할 수 있는 교과목
- 더 나은 생활을 영위하는 데 도움이 되는 교과목

계명대학교
Tabula Rasa College

✻ 비전

계명이 추구하는 인재상은 '창의적 국제인'(Creative Global Citizen)이다. 이는 국제적 시각에서 진취적이고 창의적인 방법으로 의미 있는 일을 하고자 열망하는 사람을 말한다. 이에 Tabula Rasa College는 창의적 국제인의 기초 틀 형성을 대학의 비전으로 설정하고, 창의적 국제인의 전인성과 윤리성 함양을 교육목적으로 삼고자 한다.

✻ 교육목표

- 기초역량 강화, 윤리적 인성 함양, 글로벌 소양 제고
- 창의적 전문성을 갖춘 교양인, 겸허한 인격을 갖춘 교양인, 도전적 개척정신을 갖춘 세계인 양성

✻ Tabula Rasa의 의미

라틴어로 '비어 있는 판(板)'을 뜻하는 'Tabula Rasa'는 아무것도 그려져 있지 않은 백지상태를 말한다. '빈 그림'에 대한 우리말 제목인 '우리가 얼굴을 가질 때까지'는 고등교육적으로 더 뚜렷한 대학의 정체성을 나타내는 초상화를 우리의 얼굴로 그릴 수 있을 때까지 빈 액자로 남겨놓

겠다는 의지를 담고 있다. 더 나아가 Tabula Rasa는 교양교육의 새 얼굴을 그리는 출발점이자 Tabula Rasa에서부터 계명의 얼굴로 될 때까지 견고하게 유지해야 할 교육의 토대 자체를 의미하기도 한다.

이화여자대학교
호크마 교양교육대학

* 호크마 교양교육대학의 이념
— 융복합 능력을 갖춘 글로벌 창의인재, 사회적 요청에 부응하는 실용인재, 공동체의 화합을 주도하는 공감인재가 될 수 있도록 다양한 내용과 방식의 교육기회를 제공
— '호크마'라는 이름은 '지혜', '명철', '현명함', '다양한 학식'을 의미하는 히브리어로 단순한 이론적 지식에 국한되지 않고 이화의 교양교육이 지향하는 실천적 지혜와 지향점을 담고 있는 개념
— 교양대학이 중심이 된 교육체계 안에서 다채로운 교과목과 프로그램을 통해 각자의 전공과 연계할 수 있는 통합적, 유기적 지식과 역량을 탐색

* 교양교육방식
— 이화여자대학교 학생들은 재학기간 동안 호크마 교양대학에서 제공하는 5개 영역의 교양과목을 필수 또는 선택 이수하면서 동시에 5개 핵심역량을 함양
— 2018학년도부터 정시모집 통합선발로 입학한 학생들은 7개 단과대학(인문과학대학, 사회과학대학, 자연과학대학, 엘텍공과대학, 경영대학, 신산업융합대학, 스크랜튼대학) 소속의 전공을 결정하기 전까지 호크마 교양대학의 지도를 받는다.

✻ 교육과정: 5대 영역

— Humanize yourself(이화진선미, 인성): 이론과 실천을 겸비한 기초 인성 교과목

— Open your future(미래설계): 경력과 리더십 개발을 위한 자기설계 관련 교과목

— Know the world(글로벌 의사소통): 글로벌 소통능력을 위한 영어 및 제2외국어 교과목

— Multiply your competence(창의 융복합): 창의적 문제해결능력을 위한 융복합 사고 증진 교과목

— Analyze your thinking(사고와 표현): 기초소양 배양 및 전문지식 탐구를 위한 의사소통 교과목

✻ 교육목표: 5대 핵심역량

— 지식탐구역량: 인간, 사회, 자연을 이해하고 지식탐구의 방법을 습득하며 지식의 의미와 가치를 통찰하는 역량

— 창의융합역량: 기존의 지식과 정보를 결합하여 현실에 적용하고, 지식 간의 연관성을 파악하여 새로운 발상을 하는 역량

— 문화예술역량: 문화와 예술의 가치를 이해하고 향유하며, 이를 바탕으로 창조적 성취를 이루는 역량

— 세계시민역량: 국제사회에서 소통하는 시민의식과 언어능력을 갖추고 다양한 문화적 차이와 국제문제를 이해하고 주도적으로 해결하고자 하는 역량

— 공존공감역량: 공감하는 태도를 갖추고 집단 속에서 조화를 이루며 유연하게 적응하는 역량

부산대학교

✲ 부산대학교의 건학이념은 '진리, 자유, 봉사'이다.

✲ 교양교육센터는 이러한 이념을 구현하기 위해 아래 4가지 방향에 주안점을 두고 있다.

　　1. 기초지식 강화: 지식을 탐구하는 기초능력 배양, 사고방향 정립 및 심화, 확장하는 힘 강화

　　2. 창의적 사유 강화: 환경변화에 창의적으로 대응하는 능력 배양, 창조적 사고 및 유용한 정보를 선별하는 비판적 사고의 힘 강화

　　3. 실천적 인성 강화: 사회적 의사소통능력과 사회적 문제해결 안목과 실천력 강화

　　4. 글로벌 능력 강화: 세계시민으로서의 역량을 강화함과 동시에 현지의 문화적 다양성을 이해하고 지역적 문제를 해결할 수 있는 역량 강화

경상대학교

✲ 기초교육원의 설립목적

　　글로벌 창의 인재 양성 및 사회가 요구하는 인재 양성이라는 대학의 교육목표에 따라 차별화된 기초교육을 실현하고자 인성과 창의성에 기초한 교양교육 프로그램 개발에 주력하며, 올바른 세계관, 건전한 가치관, 사회를 주도할 수 있는 창의력을 바탕으로, 지역에서 세계와 당당히 경쟁할 수 있는 개척인 양성을 위한 밑거름이 되고자 노력한다.

✲ 기초교육원의 과제

　　― 교양교육 활성화를 위한 교육과정 개발

　　― 인성, 창의성, 전문성을 갖춘 글로벌 인재 양성을 위한 학사운영의
　　　 선진화 추진

— 다양한 유형의 융복합교육과정의 개발 운영

　　— 대학의 교육목표를 실현하고, 사회 및 기업이 요구하는 인재를 양
　　　성하기 위한 교육 프로그램 개발

조선대학교

＊ 교양교육의 목적

　　민주적이고 창의적이며 자기주도적인 인재 양성

＊ 교양교육의 목표

　　— 창의적으로 사고하고 표현할 수 있는 기초역량 배양

　　— 비판적으로 성찰하고 실천하는 민주시민역량 배양

　　— 미래사회를 주도하는 융복합적 사고역량 배양

(B) 소규모 교육역점대학

덕성여자대학교
차미리사교양대학

＊ 교육목표

　　현대인이 갖추어야 하는 인성 및 실용적 기초능력, 전공을 이수하는
데 필요한 학문적 기초, 변화하는 세계 속에서 비판적 의식을 지니고 주
체적으로 살아가기 위해 알아야만 하는 각 분야의 지식 일반, 미래에 대
비하고 실천력을 키우기 위한 현장체험과 실습 등을 포함하며, 이 같은
각 분야에서 추구하는 교육의 목표는 다음과 같다.

　　1. 전공을 이수하고 전문인으로서 현대적 삶을 영위하는 데 필요한
기초능력 배양

　　2. 타 전공과 대화하고, 그것을 응용할 수 있는 종합적 사고능력 및

의사소통능력의 배양

3. 자신의 개성과 전문적 지식을 사회적 가치 안에서 창조적으로 진작할 수 있는 인성계발과 가치관 확립

4. 다양한 사회를 이해하고, 더불어 살 수 있게 하는 세계 및 여러 문화의 이해능력 신장

5. 자신의 전공을 자기실현과 사회의 유익을 위해 활용할 수 있는 적극적 실천력의 배양

명지대학교
방목기초교육대학

※ 교육목표

1. 기독교 신앙교육과 인성교육을 통한 기독교적 인격 함양

2. 심오한 학술 연구와 교수를 통하여 정보화 산업기술사회에 능동적으로 적응할 수 있는 능력 배양

3. 자주적 주체의식을 고양시켜 국가발전과 민족문화 창달에 공헌

4. 사랑과 봉사의 정신을 함양시켜 21세기 세계화 사회에서 인류사회의 평화와 발전에 기여할 수 있는 인재 양성

※ 교양 및 기초 교육목표

— 삶의 가치와 세상을 바르게 살아갈 수 있는 지혜 및 더불어 사는 데 필요한 덕목을 배운다.

— 기본과 원칙을 소중히 하면서도 합리적으로 사고하고 창의적으로 생각하며, 이를 효율적으로 표현하고 전달하는 방법을 습득한다.

— 특정 분야의 지식뿐 아니라 지식을 얻고 이를 효과적으로 활용할 수 있는 방법을 터득한다. 그리고 이를 바탕으로 전공학문을 탐구하고, 지적 가치를 창출할 수 있도록 길을 열어준다.

― 문화와 사고의 다양성을 인정하고, 자신의 의사를 분명하게 표현
　　하고 상대방의 의사를 정확하게 읽을 수 있는 커뮤니케이션 능력
　　을 갖도록 한다.
　　― 기초를 확실히 다져서 전문지식과 훈련을 통해 사회 지도자로 봉
　　사할 수 있는 인재를 키운다.
　　― 급변하는 세계와 사회의 요청에 따라 새로운 과목을 개설하여 사
　　고의 폭을 넓혀준다.

서울여자대학교
기초교육원

＊ 교육목적

　　윤리의식을 바탕으로 지적 통찰력과 문화적 감수성을 지니고, 지혜를
나누며 실천하는 행복한 인재 양성

＊ 교육목표

　　― 다양한 학문과 지식을 통합하고 새로운 관점을 도출하여 시대 변
　　화를 이끌어내는 문제해결능력 함양
　　― 세계에 대한 열린 태도를 갖추고 공동체의 소통과 화합을 이끌어
　　내는 바른 인성 함양
　　― 지식의 나눔을 통해 공동체의 행복한 미래를 이끌어내는 실천력
　　함양

＊ 5대 주제중심영역

　　가. 윤리와 인간: 인간의 자연적인 욕구와 사회적인 요구를 지혜롭게
충족시키는 데 필요한 윤리적 판단 및 행동기준을 바탕으로 삶에 대해 성
찰할 수 있는 태도를 키워 바람직한 삶을 영위할 수 있게 한다.

나. 표현과 예술: 인간의 삶과 세계에 대한 심미적 이해력을 바탕으로, 문학 및 예술 작품에 대해 감상하고 향유할 수 있는 능력과 표현할 수 있는 능력을 키워 풍요로운 삶을 영위할 수 있게 한다.

다. 역사와 문화: 인류사회가 걸어온 역사적, 문화적 발자취를 살펴봄으로써 사회가 변화하고 발전해 나가는 방향에 관한 역사적 인식과 인류사회의 다양한 문화에 대한 열린 태도를 키워 세계시민으로서 삶을 영위하게 한다.

라. 가치와 사회: 사회적 존재로서 개인이 다양한 사회조직 및 생활환경과 상호작용하면서 사회현상에 대한 가치판단을 할 수 있는 이해력과 통찰력을 키워 주체적인 삶을 영위할 수 있게 한다.

마. 기술과 미래: 과학기술사회의 지식인에게 필수적으로 요구되는 과학적 사고능력 및 통섭적 사고능력을 바탕으로 미래사회에 대한 예측 및 통찰력을 키워 합리적인 삶을 영위할 수 있게 한다.

✳ 5대 핵심역량
- 공동체 가치: 건전한 인성과 가치관을 바탕으로 도덕성과 책임감을 가지고 인간과 문화를 이해하며 더불어 사는 환경 속에서 자신과 주변을 성숙시킬 수 있는 능력
- 의사소통능력: 말과 글, 행동으로 자신의 의사를 적절히 표현하고 전달할 수 있으며 타인의 의사를 정확히 이해할 수 있는 능력
- 통합적 사고력: 전혀 무관한 것처럼 보이는 서로 다른 현상들 속에서 일정한 관계를 만들고, 그 관계가 만들어내는 의미를 통해 다양한 생각을 서로 엮어 정보를 해석하고 문제를 해결할 수 있는 능력
- 글로벌 경쟁력: 글로벌 쟁점과 현상에 대한 이해와 국제적 감각을 지니고 있으며 외국어를 적절히 활용할 수 있는 능력

― 창의적 기획력: 유연한 사고를 바탕으로 독창적 아이디어를 생산하고 각종 정보들을 활용하여 문제의 규명과 해결책을 제시할 수 있으며 변화하는 환경에 적절히 대응하면서 현재의 상황을 혁신할 수 있는 능력

대전대학교

＊ 교육목적

지성과 덕성을 겸비한 글로컬 창의인재를 양성하여 "문화창조에 기여하고 사회봉사를 실천함으로써 국가발전에 이바지한다"는 건학이념을 실현한다.

＊ 교육목표

건전한 가치관과 세계관을 토대로 지성과 덕성을 겸비하고, 글로컬 마인드와 융합적 식견을 바탕으로 전문역량을 갖춘 인재를 양성한다.

＊ 교육의 기본방침

1. 학생들이 자신의 비전을 세우고 자신의 가치를 높이도록 교양, 전공, 비교과 영역에서 체계적이고 수준 높은 교육을 실시한다.
2. 교육목표 달성을 위해 '튼튼한 기본과 특별한 경험'을 쌓게 한다.

＊ 인재상

자기 주도적 주체성(Subjectivity), 디자인적 사고에 기초한 포괄적 지성(Soft-Power), 실용적 전문역량(Specialty)을 갖춘 교양 있는 창의적 전문인

대전대학교
혜화리버럴아츠칼리지(H-LAC)

* 자유학예(Liberal Arts)교육의 목표

자유로운 학문적 지평을 확장하고, 깊은 사고력을 함양하여, 높은 지성을 갖춘 인재를 육성한다.

* 세부사항

1. 올바른 세계관과 건전한 가치관을 확립할 수 있도록 지적 성장과 정서적 성숙을 적극 돕는다.

2. 개인의 도덕적 성숙을 바탕으로 자율적으로 행동하되, 크고 작은 공동체에서 구성원과 상호 협력하여 공동선을 실현할 수 있는 시민적 덕성을 기른다. 이와 더불어 정서적, 신체적 체험교육을 강화하여, 스스로 결정한 것을 실행에 옮길 수 있는 의지력을 기르고 행동방식을 체득할 수 있도록 한다.

3. 합리적이고 건설적인 의견을 제시함으로써 주어진 상황을 개선하고 문제를 해결하는 데 기여할 수 있도록 논리적 사고교육을 통해 분석적 사고력을 기르고 다학문적, 융합적 교과교육을 통해 종합적 사고를 할 수 있는 안목과 시야를 갖추도록 한다.

4. 다문명 다문화가 보편문화와 교차, 공존하는 21세기 세계화 시대를 맞아 이러한 문명사적 현실에 능동적으로 대처할 수 있는 지적 능력과 안목, 즉 이른바 '글로벌 마인드'를 기른다.

5. 글쓰기와 말하기 등 고전적인 의사소통능력을 함양하고, 나아가 의사소통 및 지적 활동의 방식을 획기적으로 변화시키는 정보기술을 충실히 습득하여 자신의 지적 능력을 유감없이 발휘하도록 정보문해능력 또한 충실히 기른다.

배재대학교

＊ 교육목적

대한민국의 교육이념과 기독교정신을 바탕으로 폭넓은 학문과 그 응용방법을 연구 교수하여, 능동적인 자아발전과 적극적인 사회봉사를 이끌수 있는 미래사회에 필요한 인재의 양성을 목적으로 한다.

＊ 교육목표

1. Servant Leadership: 공동체 속에서 상생의 시너지를 이끌어내며 조직에 기여할 수 있는 실천적 지성인 양성
2. Valuable Followership: 공감과 소통으로 미래사회 창조에 적극 협력하는 전인적 감성인 양성
3. Creative Frontiership: 끊임없는 도전과 모험으로 새로운 가치를 만들어내는 창의적 개척자 양성

부산가톨릭대학교
트리니타스칼리지

＊ 교육목표 및 인재상

― 대학이상: 건강한 인간(Healthy Human), 행복한 사회(Happy Community), 안전한 세상(Safe Environment)

― 교육이념: 가톨릭 정신을 바탕으로 하는 진리탐구, 사랑의 실천, 봉사정신

― 교육목표: 미래사회를 선도할 창의적 사고 및 융복합 능력 고취(지성, Intellegentia), 올바른 인성에 기반을 둔 서번트 리더십 함양(인성, Humanitas), 인류 공동체 일원으로서 의무와 역할에 충실한 세계시민성 배양(공동체성, Comminitas)

― 인재상: 진리를 통하여 사랑 안에서 봉사를 실천하는 트리니타스

형 인재

— 핵심역량: 도덕, 소통, 공동체, 국제화, 창의, 융복합

인제대학교

＊ 교육목표

　가. 올바른 인성을 함양한 인간

— 학문과 사상의 자유를 존중하고 표현할 수 있다.

— 인간의 평등과 존엄성을 존중하는 태도를 갖는다.

— 인간과 생명의 고귀함을 알고 인간이 마땅히 하여야 할 도리를 실천할 수 있다.

　나. 전문지식의 토대가 되는 기초소양을 갖춘 인간

—지식, 정보를 활용하여 문제해결을 위해 컴퓨터 기반 능력을 총체적으로 발휘할 수 있다.

— 학문탐구와 교류, 협력이 가능한 수준으로 외국어를 구사할 수 있다.

— 다양한 세계문화와 인종 및 종교의 특성을 기술할 수 있다.

— 남북통일시대에 대비하여 민족동질성 회복을 위한 기초지식을 말할 수 있다.

　다. 지역사회에 봉사할 수 있는 인간

— 지역사회의 발전을 위하여 자발적인 봉사활동과 자연보호 계획을 수립하고 실천할 수 있다.

— 지역산업 여건을 활용한 자기주도적 학습능력을 배양하고 자신의 맡은 일에서 최선을 다하는 적극적인 태도를 갖는다.

— 현실을 새롭게 변화, 향상시키기 위한 바람직한 역사적 안목을 기른다.

동덕여자대학교

교양대학

＊ 교육목표

주체적이고 창의적이면서도 책임질 줄 아는 성숙한 인격의 완성을 위해 자신을 포함한 인간과 세계 그리고 역사와 문화에 대한 폭넓은 이해를 추구하는 데 있다. 이를 위해서는 다양한 학문을 폭넓게 접해야 할 뿐만 아니라, 그것들을 창의적으로 연결하고 소통시킬 수 있는 언어 사유 능력이 필요하다.

이를 위해 교양대학에서는 일반교양을 통해 다양한 교과를 개설 제공하고, 독서와 토론, 인성교육, 교양영어를 통해 기초적인 언어 사유 능력을 배양하고 있다. 이와 함께 교사양성을 위한 교직과정 및 바르게 변화하는 현대사회의 흐름을 이해하고 또 창도하기 위한 다양한 특별과정을 개설, 운영하고 있다.

가. 타인과 함께 살아갈 줄 아는 따뜻한 지성을 기른다. (배려하는 지성인)

나. 나만의 길과 새로운 답을 두려워하지 않는 감성인을 기른다. (창조적인 감성인)

다. 풍부한 체험과 입체적 사고의 깊이 있는 교양인을 기른다. (융복합형 교양인)

라. 나와 남 그리고 역사에 부끄럽지 않은 사회인을 기른다. (참여하는 사회인)

마. 누구와도 열린 마음으로 대화할 수 있는 세계인을 기른다. (소통하는 세계인)

세종대학교
대양휴머니티칼리지

＊ 교육목표

애지정신, 기독교정신, 훈민정신을 교육이념으로 "자기 이익보다 이웃과 나라를 먼저 생각할 줄 알며 인류문화의 창달에 역군"이 되는 인재를 양성하기 위해 창조적 지성인, 실천적 전문인, 전인적 교양인, 헌신적 사회인의 면모를 고루 갖춘 인재 양성을 교육목표로 하고 있다.

대양휴머니티칼리지에서는 대학교육의 교육목표와 인재상인 "창의적인 사고로 도전하고 세상과 소통하며 나누는 세종형 인재 양성"을 위해 교양교육의 목표를 일관성 있게 수립하고 있다.

— 대학교육의 교육목표: 창조적 지성인, 실천적 전문인, 전인적 교양인, 혁신적 사회인

— 대학의 인재상: 창의적인 사고를 지닌 인재, 도전하는 인재, 세상과 소통하는 인재, 이웃과 나누는 인재

— 교양교육의 교육목표: 융합적 창의적 문제해결능력 함양, 대학수학능력을 위한 문해능력 및 합리적 소통능력 함양, 윤리적 공감능력 함양, 공동체의식과 시민의식 함양

(C) 소규모 특수목적대학

한국과학기술원(KAIST)

＊ 설립 목적(한국과학기술원법 제1조에 명시)

— 깊이 있는 이론과 실제적인 응용력으로 국가산업 발전에 기여할 고급 과학기술 인재 양성

— 국가정책으로 추진하는 중·장기 연구 개발과 국가 과학기술 저력 배양을 위한 기초 및 응용 연구 수행

— 각 분야 연구기관 및 산업계와 연계한 연구 지원

＊ 비전
　　　— 과학기술계의 Creative Global Leader 양성

＊ 교육목표
　　　— 인간, 사회, 자연에 대한 통찰력과 지적 능력 함양
　　　— 창의적 문제해결능력과 표현력 연마
　　　— 사회공동체의 일원으로서 헌신적 리더십 육성
　　　— 학문에 대한 체계적 비판능력 배양

광주과학기술원(GIST)

＊ 설립 목적
　　　— 고급 과학기술 인재 양성
　　　— 산업계와의 협동연구 및 외국과의 교육연구 교류 촉진
　　　— 국가 과학기술 및 지역 균형발전 이바지

＊ 광주과학술원 기초교육학부
　　　— 학생들이 전공과정으로 진입하기 전에 2년간 기초과학, 인문사회
　　　　및 예체능 분야의 수업을 듣게 하며, 기초과학분야 과목들을 통해
　　　　학생들이 자연환경을 이해하고 앞으로 지속적인 연구를 수행하기
　　　　위해 기초가 되는 필수 개념들을 배울 수 있도록 하는 것을 목표
　　　　로 한다.
　　　— 기초교육학부 인문사회 분야의 교과과정을 통해 학생들이 자신과
　　　　이웃의 삶의 문제를 깊이 성찰하고 인간 삶의 방식을 정신적으로
　　　　나 물질적으로 좀 더 풍요롭고 보람찬 것으로 향상시키기 위해 노

력하는 지성인으로서의 식견과 품성을 갖추어 나아가는 것을 목표
로 한다.

포항공과대학(POSTECH)

✽ 설립 목적

포항공과대학은 우리나라와 인류사회 발전에 절실히 필요한 과학과
기술의 심오한 이론과 광범위한 응용방법을 깊이 있게 연구하고, 소수의
영재를 모아 질 높은 교육을 실시함으로써 지식과 지성을 겸비한 국제적
수준의 고급인재를 양성함과 아울러, 산·학·연 협동의 구체적인 실현을
통하여 연구한 결과를 산업체에 전파함으로써 사회와 인류에 봉사할 목적
으로 설립되었다.

✽ 포항공과대학 인문사회학부

— POSTECH 인문사회학부는 학생들이 자기 분야의 우수한 전문가
에 그치지 않고 공학도들에게 과학기술 분야의 전문인이면서 동시
에 사회의 지도자로서 필요한 식견과 인품을 겸비한 교양인이 될
수 있도록 교육하는 것을 목표로 하고 있다.
— 인문학 분야와 사회과학 분야의 기본교육을 위해 문학, 역사, 철
학, 외국어, 심리학, 사회학, 정치학, 경제학, 경영학, 예술 및 체육
분야의 교과목들을 기본적으로 운영한다.

[부록 2]

한국사회의 윤리적 현실, 그 난국 극복의 길[143]

군은 국가 보존의 간성(干城)으로 사회의 그 어느 부문보다도 막중한 과제를 안고 있어, 다른 부문에서는 찾아볼 수 없는 독자적인 조직과 운영의 규칙을 갖는다. 그러나 아무리 군이 유별난 조직이라 하더라도, 그 성원은 역시 일반 국민이요, 더구나 다수의 일반 병사는 한시적으로만 군에 몸담게 되어 있어, 윤리문제를 논함에 있어서는 이를 범사회적인 일반적 윤리문제와 유리시킬 수는 없는 일이다. 따라서 우리는 '군대윤리'의 특수성을 논하기에 앞서 한국인 모두가 처해 있는 '한국사회의 윤리적 현실'을 점검해 보고자 한다.

1. 윤리적 난국의 근원: 가치관의 혼란

어느 사회공동체든 역사적 맥락 속에서 당대를 살아가게 되어 있으므로 그 시기의 역사적 특수성을 이해하는 것은 당대인의 공동체적 삶의 현실을 이해하고 그 삶의 바람직한 방향을 전망함에 있어 꼭 필요한 일이다. 오늘의 한국인이 처한 역사적 현실은 어떤 것일까? 여기서 우리의 관

---

143) 육군사관학교-화랑대연구소 주최, 〈군대윤리 세미나〉(2014.12.19)에서 발표한 글.

심은 단순히 과거에서부터 오늘에 이르기까지의 역사적 경과를 점검하는 데에 있는 것이 아니라, 장차 다가올 미래에 어떻게 대응하느냐에 있으므로, 우리의 과제는 당연히 '오늘의 문제'가 무엇인지 밝히는 것이다. 그 문제의 해결이 곧 미래를 준비하는 일이라고 믿기 때문이다.

필자가 '오늘의 문제'로 삼고자 하는 것은 다른 무엇보다도 다음의 것들이다:

1) 21세기에 들어선 오늘에도 한국인은 전근대와 근대와 탈현대가 공존하는 혼란상을 정리하여 시대정신을 반영하는 정합적 시대상을 정립하지 못하고 있다.

2) 서구 문명의 유입으로 문화적 정체성에 막심한 타격을 입고 국가마저 잃었던 쓰린 체험을 했지만, 한국인은 아직도 동서 문명의 충돌이 빚어낸 가치관의 괴리(乖離) 증상을 온전히 극복하지 못하고 있다.

3) 선진 제국에서는 오래전에 사라진 좌우 이데올로기적 갈등이 한국인에게는 아직도 민족분단 사태와 얽혀 여전히 공동체의 에너지를 소모하고 있다.

4) 이성의 실현이라는 근대정신의 구현도 아직 불완전한 상태에서 한국사회는 탈이성의 새로운 진로를 개척하는 IT산업의 선두주자가 되어 준비되지 않은 채 정보화~세계화라는 문명사적 전환을 맞고 있다.

그렇다면, 과연 이러한 문제적 상황은 한국인의 윤리적 현실에, 즉 도덕적 삶의 현상과 그것을 뒷받침하는 규범에 어떤 모습으로 반영되고 있을까?

한마디로 말해 이런 현실은 모두 가치관의 혼란에 그 근원이 있다고 보아야 할 것이다.

1) 전근대-근대-탈현대의 공존이라는 특이한 현상은 전근대적 공동체주의적 연고주의적인 유교적 가치관, 서구 문물의 유입과 더불어 수용하게 된 개인주의적 자유주의적인 합리주의적 가치관, 그리고 근대성의 경직된 이성주의를 벗어나려는 감성 중시의 비합리주의적 가치관이 혼재되어 있음을 말한다. 이러한 가치관의 혼재는 자연스럽게 윤리적 규범의식에도 반영되어 공동체주의적 덕성을 중시하는 유교적 규범의식, 자유로운 개인의 욕구충족을 우선시하는 공리주의적 규범의식, 그리고 사회적 규범의 경직성으로부터 해방되는 것을 갈망하는 해체주의적 실존적 규범의식이 혼재하는 도덕생활의 양상을 빚는다.

2) 전근대와 근대의 시대상 차이는 실은 동서 문명의 차이와 상당 부분 겹친다. 주지하다시피 동아시아의 문명은 서양의 문물과 접하면서 새로운 국면에 접어들지 않을 수 없었고, 이로써 새로운 시대상을 빚게 되었기 때문이다. 물론 시대적 경과와 무관하게 그 문명의 원형에 차이가 있는 것도 인식해야 할 것이다. 동아시아의 문명에서는 대자연과의 일체를 항상 인간적 삶의 원형으로 보아 유기적 전체의 상을 인간의 사회적 삶에도 대입시켜 화이부동(和而不同)하되 대동단결(大同團結)하는 모습을 도덕적 규범의 기반으로 삼았다. 그에 비하면 서구의 문명에서는 인간이 주도하는 세계 안에서 자연은 인간의 활동 가운데 대상화되고 활용되는 존재로 수단화되었고, 따라서 도덕적 규범도 독자적이고 자율적인 개인의 권익을 기반으로 하는 것이었다. 한국사회에는 이러한 두 경향의 규범의식이 병존하면서 공사(公私) 영역의 착종을 자아내는 일이 적잖아 도덕적 혼란이 있는 실정이다.

3) 시민사회가 등장한 근대 이래의 서구에서는 평등 이념을 중시하는 사회주의적 정치사상이 한편에 있는가 하면, 다른 한편에는 자유 이념을 중시하는 자유주의적 정치사상이 정립되어 왔다. 그리고 이는 현실 정치에서 좌파와 우파의 대립으로 나타나, 때로는 대립 갈등하고 때로는 상호

보완하면서 서구의 민주주의를 성장시켜 왔다. 동아시아 국가가 서양의 문물을 수용하면서 함께 받아들인 근대적 정치사상에도 이 두 가지 대립적인 것이 서로 갈등하는 양상을 보인 것은 불가피한 것이었다. 그러나 이 대립적 정치사회사상이 발원한 서구에서는 이미 그들이 이념 그 자체로서는 상호 보완적인 것으로 승화했는데도 불구하고, 한국에서는 민족상잔의 전쟁이라는 특이하고도 과격한 사건을 겪은 후, 그 대립의 후유증이 아직도 그대로 남아 있어 그 적대적 갈등이 사회 발전의 장애가 되는 경우가 허다하다.

이러한 대립은 바람직한 인간적인 삶의 이상에 대해서도 견해의 대립을 보여 도덕적 규범의 공동지반으로서도 극복하지 못하고 있는 실정이다. 오히려 도덕적 규범의식마저 이 대립의 영향 아래 분열하는 양상을 보이기도 한다.

4) IT산업의 견인차인 디지털 기술은 사유와 감각의 호환을 가능케 함으로써 사유 대상을 감각 대상으로 변환시키는 전대미문의 결과를 가져와 논리적 합리적 사고를 기피하고 감각적 지각을 선호하는 문화생활을 확산시킨다. 그런가 하면 이 기술은 자연적 물리적 세계의 시간적 순차성(順次性)과 공간적 배타성을 극복함으로써 사람들로 하여금 욕구충족의 순차성과 단계성을 뛰어넘어 동시적 총체적 욕구충족의 가능성을 기대하게 만든다.

나아가 이 기술은 세계체험의 근본이 되는 시공체험 양식을 변모시킴으로써 인간의 사회적 관계와 공동체적 삶의 방식을 변화시킨다. 무엇보다도 공동체를 이루는 조직들이 구성되고 운영되는 방식이 달라진다. 사회조직은 거대하고 강고한 고정적 피라미드형 체계에서 작고 유연한 유동적 네트워크로 변화한다. 자연히 그 폐쇄적 독자성이 와해되는 가운데 개방적 관계가 지배한다. 그 결과 사회적 활동 영역의 경계가 흐려진다. 이를 사회조직의 '탈중심화', '탈영토화'라 일컫기도 한다.

이런 와중에서 개인 간의 직접적인 인격적 사적 관계는 축소, 약화, 피상화된다. 혈연적 지역적 연고에 의한 공동체적 유대도 약화, 와해된다. 사회 구성원의 개체화가 강화되고 개인의 고립화 현상이 심화된다. 계층이 다원화, 분산화된다. 한마디로 삶의 '유목화' 현상이 두드러진다. 이 유목화 현상이 가장 넓은 영역에서, 최대 규모로 전개된 것이 곧 '글로벌화'다.

'디지털 혁명'의 이러한 문화적 파장은 도덕적 규범의식에도 결정적 영향을 미쳐, 특히 어려서부터 이 기술에 노출되어 자라난 젊은 세대에서는 도덕적 규범 자체에 대한 폄하 내지 무감각 현상까지 엿보인다. 인간의 욕구 및 요구충족의 방식에 대한 시각이 변하는 마당에 인간의 행위의 규범에 대한 생각도 그에 따라 변하는 것은 당연하고 자연스러운 일이다. 직접적인 인격적 접촉 자체가 희박해지고, 타인과의 접촉 자체가 디지털 미디어를 통하여 이루어지게 되니, 이러한 현상마저 생기는 것이다. 종래의 가치관과는 거리가 먼 탈근대적, 탈이성적 가치관이 확산된다는 것이다.

2. 가치관 변화의 실상

가치관이 혼재하는 현상을 보면서 우리가 관심을 갖는 것은 젊은 '미래세대'의 가치관이 어떤 방향으로 어떤 양상을 띠면서 변하고 있는가 하는 점이다. 특히 이 젊은 세대가 시대상의 변화 과정 속에서 점차 기성세대로 성장해 가면서 어떤 가치관의 변모를 보이는가 하는 점이 우리의 큰 관심사다.

1960년대 한국 대학생들의 가치 서열 추세는 대략 고상한 정신생활, 풍부한 물질생활, 명성과 권력 순이었다.

'높고 원만한 인격'이라는 정신적 가치를 으뜸으로 여기는 사람들이 단연 큰 비율을 차지하고 있으며(1,660명 가운데서 1차 447명, 2차 338명, 3차 148명으로 도합 933명), '뜨겁고 변함없는 이성간의 사랑' 및 '변함없이 아름다운 우정'과 같은 정서적이며 사교적인 가치가 2위와 5위를 차지하고 있다. 그렇다면 인간답게 사는 일에 인생 최고의 보람을 인정하는 사람이 표본의 대부분을 차지하고 있다고 볼 수 있다. '넓고 깊은 학식'이 3위를 차지했고 '풍부한 물질생활'이 4위, '건강한 상태가 지속되는 장수'가 6위를 차지했다. 최하위인 12위는 '전국에 알려진 명성'이 차지했고, '나라를 좌우할 만한 권력'이 11위를 차지했다.144)

1980년대에서 1990년대에 이르는 시기엔 현실적 안락이나 쾌락 추구보다는 가정의 행복이나 마음의 평화 등을 중시하는 경향은 변함없이 이어졌고 사회적 가치 중시에서 개인적 가치 중시로 변하는 경향이 있었다.

1982년과 1992년 신입생 모두 목적적 가치에서는 현실적 안락이나 쾌락 추구보다는 가정의 행복이나 마음의 평화 등의 정신적 가치를 더 중요시했다. 차이가 나는 결과는 1992년 신입생들이 '사회적 가치(나라의 안전, 평등과 같은)'보다는 '개인적 가치(자신에 대한 긍지, 성숙된 사랑과 같은)'를 더 강조하고 있다는 점이다. 이 중 가장 큰

---

144) 김태길, 「한국 대학생의 가치서열 연구」, 『한국대학생의 가치관』, 일조각, 1970, 273-274쪽, 이 연구에서는 대학생들로 하여금 1) 건강한 상태가 지속되는 장수, 2) 넓고 깊은 학식, 3) 높고 원만한 인격, 4) 풍족한 물질생활, 5) 변함없이 아름다운 우정, 6) 뜨겁고 변함없는 이성간의 사랑, 7) 전국에 알려진 명성, 8) 나라를 좌우할 만한 권력, 9) 국가 또는 인류를 위한 헌신적 봉사, 10) 예술 또는 그 밖의 분야에 있어서 새로운 경지를 개척하는 창조적 활동, 11) 현세의 괴로움을 초월한 해탈의 경지, 12) 사랑과 기쁨에 가득 찬 신앙생활 중 3가지 가치를 귀하다고 여기는 순서대로 지적하게 하였다. 연구자는 1과 4의 가치 항목을 육체적 내지 물질적 쾌락을 중시하는 사람들을 위한 것으로 간주했고, 2와 10의 가치 항목을 학문 또는 예술적 업적을 중시하는 인생관에 해당한다고 간주했으며, 3과 9의 가치 항목을 도덕적 가치 내지 활동을 중시하는 이들을 위한 것이라고 보았고, 7과 8의 가치 항목을 권력과 명예를 좋아하는 출세주의자를 위한 것으로 보았으며, 11과 12의 가치 항목을 종교적인 이들을 위한 것으로 간주했다.

차이를 보인 가치는 '나라의 안전'이었다. 1982년 신입생들의 경우 '가정의 안녕'에 이어 다음으로 가장 중요한 비중을 두었던 '나라의 안전'은 1992년에서는 18개의 가치 중 우선 순위에서 11위에 불과했다. 도구적 가치에서는 남녀 모두 큰 변화가 없었다.145)

1970년대에서 2000년대에 이르기까지 보다 긴 기간에 걸친 변화를 살펴보면, '노력을 통한 현실적인 과제 해결'은 변함없이 가장 선호하는 가치에 해당했고, '이상을 추구한다거나 명상을 즐겨하는 생활'은 선호도가 낮아졌으며 '좋은 대인관계 내지는 여러 생활방식을 인정하는 융통성과 다양성 추구'는 선호도가 높아졌고, 감각적이거나 손쉬운 즐거움에 대한 선호도는 전체적으로 낮지만 다소 증가했으며, '종교적인 삶'에 대한 선호도는 변함없이 가장 낮았다. 이상에서 현실로 그리고 삶의 다양성을 인정하는 방향으로 가치관 변화가 일어난 것이다.

1970년대에는 '이상을 추구하기 위한 자기통제'를 가장 선호하였으나, 2002년 조사에서는 4위로 순위와 평균이 모두 낮아졌다. 1970년대에 세 번째 선호되었던 '명상을 통한 내적 생활' 역시 2002년 조사에서는 7위로서 순위와 평균이 낮아졌다. 한편 1970년대에 두 번째로 선호되었던 '현실사회에서 노력을 통하여 과제를 해결하는 적극적 행동'은 1990년대 이후부터 최근까지 가장 선호되는 삶의 방식으로 변화되었다(1993년 1위, 2002년 1위). '인정과 우애 있는 대인관계의 형성과 유지'에 대한 선호 또한 1970년대 이후 점차적으로 선호도

---

145) 한덕웅, 탁진국, 「대학생의 가치관 변화: Rokeach 척도를 중심으로」, 『학생지도 연구』, 1993, Vol. 10, 181쪽. 이 연구에서는 1) 가정의 안녕, 2) 과업의 성취, 3) 나라의 안전, 4) 마음의 평화, 5) 미래에 대한 구원, 6) 사회적 인정, 7) 성숙된 사랑, 8) 슬기로움, 9) 신나는 생활, 10) 아름다움, 11) 안락한 생활, 12) 자신에 대한 긍지, 13) 자유, 14) 즐거움, 15) 참다운 우정, 16) 평등, 17) 평화로운 생활, 18) 행복을 목적적 가치로서 포함하고, 1) 강한 독립심, 2) 공손한 태도, 3) 청결, 4) 봉사, 5) 논리성, 6) 관대함, 7) 독창성, 8) 용기, 9) 유능함, 10) 유쾌한 생활, 11) 의욕적인 생활, 12) 인자함, 13) 자기규율성, 14) 점잖은 예절, 15) 정다움, 16) 정직, 17) 지성, 18) 책임감을 수단적 가치로서 포함했다.

가 증가하여 2000년대에는 두 번째로 선호되었다(1970년 7위, 1980
년과 1993년 3위, 2002년 2위). 또한 '여러 생활방식을 수용하는 융
통성과 다양성의 추구'는 1970년대에 다섯 번째로 선호되었으나 이
후 선호도가 증가하여 2000년대에는 세 번째로 선호되었다. 한편
1970년대 이후 1990년대까지 가장 선호도가 낮은 생활 방식은 '자기
마음대로 즐기는 감각적이고 흥겨운 생활'(1970년, 1980년, 1993년
모두 13위)과 '단순하고 손쉽게 얻을 수 있는 즐거움'이었다(1970년,
1980년, 1993년 모두 12위). 이 삶의 방식들에 대한 선호도는 2002
년에는 모두 높아졌다(감각적 즐거움 추구 12위, 손쉬운 즐거움 추구
8위). 반면에 우주의 초월적 목적과 의지에 순응하고 봉사하는 삶의
방식에 대한 선호는 1970년부터 1990년대까지 11위로 낮았으나
1990년대 이후 최근 10년 사이 선호도가 더욱 저하되어 2002년에는
최하위였다.146)

이보다 더 긴 기간에 걸친 가치관의 변화를 살펴본 조사에 따르면,
1970년대 말에서 2010년에 이르는 동안 한국의 20대들은 개인주의 및
현재를 중시하고 풍요로운 생활을 추구하는 경향이 증가했고 탈권위주의
와 자기주장성이 강해지는 현상도 역시 증가했다.

1970년대에 비해 뚜렷한 시대변화를 보인 가치관들은 주로 남녀평등
의식, 자신과 가족 중심의 개인주의, 자기주장성 및 풍요로운 생활의

---

146) 한덕웅, 이경성, 「한국인의 인생관으로 본 가치관 변화: 30년간 비교」, 『한국심리
학회지: 사회 및 성격』, 2003, Vol. 17 No. 1, 55-56쪽. 이 연구에서 택한 가치
목록은 1) 사회를 뜯어고치는 것이 아니라 인류가 이미 이룩한 훌륭한 유산들을 올
바로 이해하고 보존하기, 2) 자기 내면생활을 중심으로 하는 자기완성, 3) 인정 있
고 우애 있는 대인관계를 형성 및 유지하기, 4) 자기 마음대로 즐기는 감각적이고
흥겨운 생활, 5) 사회 공동목표를 실현하기 위한 집단 활동과 상호협조, 6) 현실사
회에서 노력하여 과제를 해결하는 적극적 행동, 7) 여러 생활방식을 받아들이는 융
통성과 다양성, 8) 단순하고 손쉽게 얻을 수 있는 즐거움, 9) 욕망을 억제하고 모든
것에 순응하는 태도로 지혜 획득하기, 10) 이상을 추구하기 위한 자기통제, 11) 명
상을 통한 내적 생활, 12) 정력적이고 모험적인 활동을 통한 만족, 13) 우주의 초월
적 목적과 의지에 순응하고 봉사하기라는 13가지 항목을 포함하는 것이었고, 이들
항목들 중 1위부터 13위까지 순위를 매기도록 하였다.

추구 차원에서 관찰되었다. 1990년대 말에 가장 눈에 띄는 가치관 특성은 (1) 자신과 가족 중심의 개인주의 증가(특히 젊은 층과 고학력 및 고소득층을 중심으로), (2) 여성에 대한 의식 변화, (3) 탈물질주의 가치 증가 경향 주춤(IMF 이후 물질주의 쪽으로 약간 되돌아감), (4) 자기주장성 및 불확실성 수용경향 증가 등으로 드러났다.147)

1998년부터 2010년 현재까지 지난 12년간 가장 눈에 띄는 한국인의 가치관 변화 양상은 (1) 자신과 가족 중심 개인주의 증가, (2) 남녀평등 의식 확대, (3) 현재중시(미래 대비보다 현재 즐김, 전통풍습 도움 안됨) 경향 증가, (4) 탈권위주의와 자기주장성 증가 경향의 둔화, (5) 외국인 우대 감소, (6) 실수하더라도 풍부한 인생 추구 등이었다.148)

이들 여러 연구들에서 한국 대학생들의 가치관 변화 추이를 일반화해 보면 크게 정신적으로 높은 이상의 추구에서 노력을 통한 현실적인 문제 해결의 추구로 가치 변화가 일어났고, 집단주의에서 개인주의로, 미래 중시에서 현재 중시로, 단순한 생활방식의 인정에서 다양한 생활방식의 인정으로, 그리고 정신적 즐거움의 향유에서 감각적 즐거움의 향유로 가치관 변화가 일어났다고 볼 수 있다.

---

147) 나은영/차재호, 「1970년대와 1990년대 간 한국인의 가치 변화와 세대차 증감」, 『한국심리학회지: 사회 및 성격』, 1999, Vol. 13 No. 2, 55쪽.
148) 나은영, 차유리, 「한국인의 가치관 변화 추이: 1979년, 1998년, 및 2010년의 조사 결과 비교」, 『한국심리학회지: 사회 및 성격』, 2010, Vol. 24 No. 4, 79쪽.
이 연구에서는 1) 자신과 가족 중심 개인주의(충효사상의 중요성, 나라/자신과 가족의 중요성, 부모봉양/출세의 중요성), 2) 탈권위주의(일에 대한 책임감과 상사에 대한 복종, 상하구별, 상사의 잘못 지적), 3) 자기주장성(불만 감수하기와 시정 요구, 실력 감추기와 드러내기, 낙오자에 대한 처우), 4) 불확실성 회피 성향(오늘 꼭 하기와 내일로 미루는 여유 갖기, 외국인 대하기, 낯선 이 대하기), 5) 미래지향성(과거와 현재와 미래 중에서 선택하기, 전통적인 풍습과 미래), 6) 남녀평등의식(정조, 여성의 사회활동, 시집과 친정의 차이), 7) 풍요로운 생활(돈의 필요성, 올바르고 깨끗한 삶과 풍부한 삶, 수입과 직업의 귀천)을 포함하고 있다.

3. 윤리적 규범 정립의 기초: 인문정신

이러한 가치관의 변화를 살펴보면, 기본가치들의 가치 격차 문제를 해결하고 이 새로운 방향의 가치관 정립을 위해 무엇이 필요한지 생각할 수 있게 된다.

첫째, 비판적 사고의 바탕이 되는 소양에 관한 교육이 부족하다.

둘째, 공동체 유지의 바탕이 되는 타인에 대한 배려 가치의 교육이 필요하다.

셋째, 공동체 유지의 바탕이 되는 공존 가치에 대한 교육 경험이 필요하다.

넷째, 소수 의견의 존중에 대한 교육 경험이 필요하다.

다섯째, 디지털 문화에 대한 적극적인 수용이 필요하다.

여섯째, 개인의 자유문제 못지않게 사회적 평등문제에 대한 교육이 보충되어야 한다.

그런데 현행 대학교육의 목표 등을 살펴보면, 개인적인 역량 강화 가치가 크게 강조되고 있는 데 비해 타인에 대한 이해, 선의, 배려, 공감 등의 공동체적 가치에 대한 강조는 상대적으로 미비하다는 점이 드러난다. 실제로 가치 격차 문제를 해결하기 위한 가치관 교육은 충실하게 이뤄지지 않고 있다. 공동체주의에서 개인주의로 이행할 때 문제가 될 수 있는 공동체 유지를 위한 가치교육이 소홀하게 이뤄지고 있고, 시대적 변화에 대응하기 위해 필요한 가치관의 정립과 관련해서도 능동적이고 반성적이고 창조적인 측면보다는 수동적이고 의존적인 측면의 가치가 강조되어, 전 세계적 요구인 비판적 사고와 직결되는 가치교육이 제대로 이뤄지지 않고 있는 것으로 드러난다. 또한 인터넷 환경에서 심각하게 나타날 수 있는 자아정체성의 상실 문제와 관련하여 가상현실과 실제 현실을 연계하려는 교육적 노력도 부족한 것으로 나타난다.

이와 같은 대학교육의 현실을 고려해 볼 때, 우리는 젊은 대학생들로 하여금 바쁘게 몰아대는 새로운 전공지식의 습득, 신입생의 모습을 채 벗기도 전에 느껴야만 하는 취업에 대한 불안 등에 매몰되지 않고 가치 있는 것을 찾으며 스스로의 가치관에 대해 진지하게 반성해 볼 수 있도록 기회를 주어야 한다. 취업을 위한 지식 습득의 학업에 매달리지 않도록 '성찰하는 학업'을 하도록 해야 한다. 반성이 결여된 '가치'란 '욕구하는 것'이지 '욕구할 만한 것'이 아니기가 쉽다. 대학은 대학생들에게 '욕구할 만한 것'을 찾아주어야만 한다. 아니 스스로 찾을 수 있는 능력을 길러주어야 한다. 이를 위해 긴요한 것이 곧 인문교육이다. 이 과제가 성취되기만 하면 윤리적 규범의 기초가 정립된다고 볼 수 있다.

서로 다른 가치관의 대립과 갈등이 극복되기 위해서는 현실세계와 인간가치에 대한 공통된 인식이 숙성해야 한다. 비록 경제적 환경에서 차이가 크고, 사회구성과 운영에 대한 이념이 다르더라도, 또 행동방식과 생활감각이 다르더라도, 근본적으로 인간다운 삶 그 자체가 지녀야 하고 실현시켜야 할 '인간적 가치'에 대한 공통의 보편타당한 인식이 정신적 공동자산으로 확보되어 있기만 하다면, 그 모든 가치관의 대립과 갈등은 '차이'에 불과한 것으로 일단 수용되고, 점차 이를 근접시키고 수렴시켜 마침내는 통합될 수 있으리라는 기대를 갖게 될 것이다.

3.1. '인문적 가치'의 가능 근거

과연 모든 사회적 문화적 차이에도 불구하고 인간이 인간으로서 지향해야 할 '보편가치'라는 것이 존재하겠는가? 여러 지역에서 발생한 여러 종족들의 여러 가지 '문화들'이 역사가 진행되어 가는 과정에서 삶의 영역을 확장시켜 가면서 점차 근접하고 통합되어 '하나의 인류문화'로 성숙해 간다고 볼 수는 없을까?

이에 대한 답은 논리적 선험적으로 할 수 있는 것이 아니다. 역사적 현실을 보고 기술적(記述的)으로 답을 찾아야 할 것이다. 생물학적 관점에서 볼 때 인종이 다양함에도 불구하고 인류가 하나의 종(種)이라는 점, 그런 점에서 의식주 등 생물학적 삶의 요건이 근본적으로 동일하다는 점, 이런 '자연적인' 삶의 조건은 이 위에 형성되는 '사회문화적'인 삶의 요건, 즉 인간이 스스로 형성해 낸 제2의 자연으로서의 '삶의 둥지'를 구성하는 데 있어서도 하나의 보편적인 원리가 지켜질 수밖에 없음을 함축한다. 그리고 그 하나의 원리는 무수히 많은 변양을 통해 구체적 문화현실 속에서 작용하긴 하겠지만, 근본적으로 하나의 방향, 혹은 지향점을 갖는다고 말할 수 있다. 이렇게 볼 때, 그 하나의 보편적인 이상은 실현되어야 할 '보편가치'에 다름 아니고, 그것이 최고의 '인간적 가치'임에는 의심의 여지가 없다.

인간이 단적으로 인간이기에 지향하게 되는 보편적 가치가 있다는 믿음은 하나의 '인류', 하나의 '세계', 하나의 '인류문화사'를 가능케 하는 전제다. 인류 전체가 공유하는 보편적 인간적 가치를 인정한다면, 그 가치는 마땅히 한국적인 특수 상황에서도 보편적 타당성을 갖는 가치일 것이요, 하물며 한국 내의 다양한 집단들 간의 특수한 이해관계, 즉 욕구충족의 대립상을 두루 내포할 수 있는 보편가치가 될 것이다. 우리는 이를 이름하여 '인문적 가치'라 부르고자 한다.

3.2. 보편가치 정립의 근본: 인문적 가치

인문적 가치란 인간이 인간으로서 추구해 마지않는 보편적 가치다.

그것은 따라서 인간을 그 자체 목적으로 삼고 가치의 근원으로 보는 가치관을 전제로 한다. 인문적 가치의 핵심이자 최고봉은 인간적 가치이다. 즉 인간이 인간으로서 살아가는 데 있어 반드시 지켜내야 하고 이의 실현을 위해 다른 모든 수단들을 그에 복속시켜야 하는 그런 가치이다.

인문적 가치란 따라서 그 자체 목적적 가치이다. 수단적 가치와 목적적 가치의 구분은 가치들의 우선순위와 위계관계에 대한 확고한 인식으로 이루어지는 가치관을 확립하는 데 있어서도 물론 중요하지만, 실제로 가치판단을 하고 그에 따라 행동을 함에 있어 매우 중요한 것이다. 본말이 전도되는 가치 역전 현상은 바로 이 양자의 구분이 확실치 못한 데서 오는 경우가 많기 때문이다.

인간의 모든 활동은 대부분 가치를 창출하려는 노력이다. 그리고 대부분의 가치 창출 노력은 수단적 가치의 증대를 위한 것에 바쳐진다. 사회적 삶의 각 부문에서 이루어지는 활동들이 대개는 바로 이런 가치증대 활동이라고 볼 수 있다. 그러나 정작 더 중요한 것은 그렇게 증대된 수단적 가치를 활용하여 실현시켜야 할 궁극적 가치인 '인문적 가치'라는 목적적 가치에 대한 성찰이다.

이 인문적 가치란 ① 주관연관성이 아주 강해 객관적 판단이 어렵고 또 ② 정량적 평가가 어려울 뿐만 아니라, ③ 그 실현의 과정이 장기적이고 우회적이라서 투자에 비해 매우 그 성과를 올리기가 쉽지 않다. 바로 그렇기 때문에 그에 대한 연구나 그것을 실현시키고자 하는 교육적 실천의 노력에 대한 사회적 보답이 상대적으로 미미하다. 그러나 이 인문적 가치야말로 공동체 생활의 각 부문에서 창출하는 모든 가치영역들에 그 의미를 부여하고 그 위상을 정해 주는 가장 근원적인 가치 기점이다.

유명한 국제정치학자인 조지프 나이(Joseph Nye) 교수가 "소프트 파워"149) 이론을 제시해 눈길을 끌었는데, 이 또한 인문적 가치의 근본성에 대한 통찰로부터 나온 것으로 이해된다. 가장 노골적인 힘의 대결이 일어나는 곳이 바로 국제정치의 영역일 텐데, 여기에서도 물리적인 군사력이나 경제력이 아닌 문화적인 힘이 더 크게 작용한다는 것이 그의 주장의 핵심이다. 그는 '소프트 파워'를 "자신이 지향하는 가치체계를 다른 사람이 받아들이게끔 하는 능력"이라고 정의한다.150)

그의 분석에 따르면 이 소프트 파워에는 과학적 지식도 있지만, 그 못지않게 도덕적 가치지향적 요인 및 정서적 예술적 요인이 있다는 것이다. 한 국가가 다른 나라에 영향을 미치는 중요한 요인이 도덕적 이념적 가치관의 공유에 있다는 것이다. 그에 따르면, 범국가적인 역사적 운동이나 조류의 저변에는 보편적인 이념적 지향이 있게 마련인데, 이 이념적 지향의 근본에 도덕적 보편가치의 공유가 자리 잡고 있는 경우, 그 힘은 더욱 강한 것이 된다.

인간은 단지 '있는 사실'의 세계에 머물며 현재 주어진 생존만을 도모하는 '자연적 존재'가 아니라, '있어야 할 가치'의 세계를 지향하는 '문화적 존재'다. 바로 여기서, 즉 자연적 존재에서 문화적 존재에로 고양되는 지점에서 인간이 인간이 되기 위해 지향하고 실현시켜야 할 '가치'가 요구되므로, 그것이 곧 인문적 가치다. 이 가치로 인해 인간의 삶은 의미를 얻게 되므로, 이를 토대로 형성되는 소프트 파워는 인간의 인간다운 가치를 실현하는 힘이라고 할 수 있다.

---

149) 이 용어는 하버드대학교의 조지프 나이(Joseph Nye) 교수가 1990년에 펴낸 *Bound to Lead: The Changing Nature of American Power*에서 처음 썼으며, 2004년에 나온 그의 책 *Soft Power: The Means to Success in World Politics*(홍수원 역, 『소프트 파워』, 세종연구원, 2005)에서 더 발전시켰다. 이제 이 용어는 국제정치 영역에서 분석가나 정치인들에 의해 광범하게 사용되고 있다.

150) 조시프 나이(홍수원 역), 『소프트 파워』, 세종연구원, 2005에서 인용.

4. 인문정신 함양의 길

4.1. 인문정책의 수립

어떤 국가 이념이 전제되었든 국가를 제도화된 하나의 공동체로 본다면, 국가는 인륜성을 지니는 '인륜공동체'이다. 국가가 그 자체 도덕성을 지니는 인격체가 아님은 분명하지만, 국가구성원이 인격적 존재로서 사회생활을 영위할 수 있게 하는 조건과 제도를 구비함으로써 인륜성을 구현시켜야 한다는 뜻에서 인륜공동체다.

이러한 사상은 근대 시민사회의 성립과 성장에 즈음하여 국가의 인륜성을 주창한 헤겔의 국가철학에도 잘 나타나 있고, 국가 경영의 원리로 덕(德)을, 그 방편으로는 예(禮)를 내세웠던 고대 동아시아의 스승 공자에게서도 뚜렷하다.

헤겔에 따르면 "욕망의 체계"에 그침으로써 대립과 갈등을 드러내는 "시민사회"는 이를 "변증법적으로" 종합하여 이성적 이념을 구현하는 "인륜공동체"로 고양되어야 하는데, 이를 감당하는 제도적 기구가 곧 "국가"다. 국가의 차원에서 비로소 인간의 사회적 삶은 그 이성적 이념을 온전히 실현시킨다. 따라서 국가는 인간의 도덕성을 완성시켜야 하는 사명을 갖는다.151)

또, 공자에 따르면 국방과 경제와 인륜 세 가지가 국가 경영의 핵심 과제인데, 이 중 가장 중요한 것은 인륜성이다. 논어(論語) 안연(顏淵)편에는 이런 내용이 있다:

> 자공이 정치에 관하여 묻자 공자가 답하기를 "먹을 것을 풍족하게 해주어야 하고, 군비를 충족하게 해야 하며, 국민들이 믿고 따르게 해야

---

151) G. W. F. Hegel, *Enzyklopädie der philosophischen Wissenschaften*, §523-§548 참조.

한다." 자공이 다시 "부득이 하게 이 세 가지 중에서 한 가지를 버려야 한다면 무엇부터 버리시겠습니까?"라고 묻자 공자가 답하기를 "군비를 버려야 한다."고 답한다. 자공이 다시 "부득이 하게 이 두 가지 중에서 한 가지를 버려야 한다면 무엇부터 버리시겠습니까?"라고 묻자 공자가 답하기를 "먹을 것을 버려야 한다. 자고로 사람은 태어나면 언젠가는 죽게 되지만 나라는 국민의 믿음이 없으면 바로 설 수가 없다."고 말한다.152)

국가란 물론 외양적으로는 정치적 경제적 사회적 공동체이지만, 인간이 도덕적 존재인 한, 도덕적 존재를 구성원으로 하는 국가는 그보다 더 근원적으로 먼저 인륜공동체가 되어야 한다. 따라서 국가가 인륜공동체로서 그 사명을 다하기 위해서는 전반적인 국가경영의 기반에 인륜적 규범과 가치를 실현하는 기본정책이 깔려 있어야 한다. '인문정책'이란 바로 여기에 기여하는 것이다. 국가의 인륜성을 구현하는 인문정책은 국가의 여러 정책들 중 하나가 아니라, 국가의 모든 정책들에 '인륜적 규범과 가치'를 부여해 주는 원리적이고 기본적인 정책으로 가장 근본적인 차원에서 국시(國是)를 떠받치고 있는 주춧돌이 되어야 한다.

이 인문정책은 우선 구성원 전체의 문화적인 삶을 지원하고 선도하는 문화정책으로, 또 인문학을 진흥하는 학술정책으로, 그리고 자라나는 세대를 인륜적 국가구성원으로 육성하는 교육정책으로 구체화된다. 그런데 이 중 가장 중요한 것은 인문교육정책이다. 인문교육이란 일반적으로 자라나는 세대가 어떤 특정한 능력이나 지식을 갖추는 것과는 별개로 '그저 인간으로서' 훌륭하게 살아갈 수 있도록 도와주는 교육, 따라서 일반적인 인간적 보편가치의 실현을 도와주는 교육이라고 규정되기 때문이다.

국가의 모든 정책에 그 기초로 놓이는 국가의 사명이 인륜성의 실현

---

152) "子貢問政。子曰足食、足兵、民信之矣。子貢曰、必不得已而去、於斯三者何先。曰、去兵。子貢曰、必不得已而去、於斯二者何先。曰、去食、自古皆有死、民無信不立."

에 있다면, 인문교육이야말로 국가가 역행(力行)해야 할 과업 중의 과업이다. 근대 이후 서양의 대학에서도 모든 교육이 이 인간의 본성과 보편가치에 대한 탐구, 즉 인문학(Humanities)을 원점으로 해서 출발하였으며, 동아시아에서도 시(詩), 서(書), 예(禮), 악(樂)을 한데 어우르는 인문교육의 이념이 항상 고등교육의 중심에 자리하고 있었다. 인문교육이 충실히 이루어질 때 윤리적 규범의 정립은 그 튼튼한 토대를 얻을 것이다.

4.2. 인문교육의 강화

어떤 시대, 어떤 사회에서든 본래, 인간과 세계를 총체적으로 이해하고 이를 바탕으로 인간이 그 세계 안에서 어떻게 살아야 하는지를 알고자 하는 것이 학문적 탐구의 중심과제라면, 이를 실천에 옮기는 능력을 가르치고 기르는 것이 교육의 과정이다. 이러한 과정을 통해 자라나는 세대가 지성과 덕성을 갖춘 성숙한 인격체로 성장하여 세계와 공동체에 대해 책임질 수 있게 되는 것이 교육의 근본 목표이자 핵심 과제다. 학문연구와 교육의 관계는 이렇게 처음부터 불가분적인 것이다.

근래 한국에서는 인문학이 위기에 처해 있다는 말을 많이 듣게 되고, 그래서 인문학 진흥을 위한 여러 방책이 강구되기도 하지만, 인문학 연구가 인문교육과 연계되지 않는 한 소기의 성과를 얻기 어렵다고 본다. 인문학 연구는 인문교육과 유리되면 그 본래적인 의의가 희석되며, 그 성과가 인문학의 진흥에 크게 기여하지도 못한다는 말이다.

인문학은 자기반성을 토대로 한 주체연관적, 가치지향적 탐구이기 때문에, 그 탐구에만 그치고 그 내용의 실현과는 무관한 채 남아 있을 수가 없다. '인간다운 삶에 대한 탐구'가 '인간다운 삶의 실현'과 무관하다면, 그것은 자기부정의 공허한 이론에 지나지 않을 것이다. 따라서 인문학은 인간다운 삶의 실현을 준비하는 인문교육과 불가분적이며 동근원적(同根源

的)이다. 인간으로서 가장 훌륭하게 살아갈 수 있도록 일반적인 인간적 보편가치의 실현을 도와주는 '인문교육'을 위해, 그 인간적 보편가치의 내용을 탐구하고자 한 것이 곧 인문학이다. 따라서 인문학적 탐구는 이상적 인간상을 실현할 실천적 능력을 길러주는 인문교육을 위해 그에 봉사하는 것이어야 하며, 인문교육은 이러한 인문학적 탐구의 성과를 바탕으로 그 과제를 수행해야 한다.

인문학 연구가 '인간의 본성과 인간다운 삶의 조건과 보편적 인간적 가치 등의 탐구'라는 그 본래의 과제를 충실히 수행하고, 인문교육이 '인간다운 사람의 양성을 통한 인간적 가치의 실현'이라는 그 본래의 과제를 충실히 이행하기 위해서는 양자가 긴밀히 연계되어야 한다. 필자는 이를 위한 구체적 정책으로 다음 네 가지를 제안한다.

첫째, 중등교육과정에서 인문교육이 광범하게 이루어질 수 있도록 교육과정을 재정비해야 한다. '인문교과군'이 별도로 설정되어 그 안에서 문학, 역사, 도덕, 철학 분야의 학습내용이 학교급별 학년별 수준에 맞게 적절히 개발되어 학습되어야 한다. 특히 도덕 교과 교육은 정치사회적 내용을 과감히 버리고 고유한 도덕적 문제만을 도덕철학적 관점에서 다루도록 해야 한다. 이와 더불어 고등학교에서 대학입시를 염두에 두고 문과, 이과로 학급을 나누고 이과 학생들에게 인문교육을 소홀히 하는 일은 조속히 지양되어야 한다.

둘째, 인문학 분야 대학 졸업생이 중등교육과정의 인문교육에 참여할 수 있도록 교원 양성제도를 개선해야 한다. 많은 인문학자들이 우려하는 이른바 '인문학의 위기'는 현실적으로 인문학을 공부하려는 대학생이 줄어들고 그 연장선상에서 인문학 연구자가 줄어드는 현상을 가리키는 것이다. 이른바 학문후속세대가 끊기어 인문학 연구가 정체되고 나면 인문교육도 자연히 빈약해지고 결국 정지되고 말 것이다. 따라서 이러한 '위기'

를 극복하는 길은 대학에서 인문학을 공부하려는 학생이 줄어들지 않고 이들 중 적잖은 수효가 대학원에 진학해 인문학 연구의 길로 들어서도록 하는 것이다. 그러기 위해서는 이들이 엄격한 자격 검증을 거쳐 교사자격을 취득한 뒤 중등교육과정의 인문학 교육에 참여할 수 있도록 제도적 장치를 마련해야 한다. 이 제도가 구현되면, 한편으로는 중등교육과정에서 인문교육이 질적으로 심화되고 다른 한편으로는 대학에서 인문학 연구 인력풀이 풍성해져 인문학의 진흥에 실질적인 기여를 할 것이다. 따라서 이러한 기회를 차단하고 있는 사범대학제도의 존립에 대해서도 심각한 검토가 필요하다.

셋째, 대학에서의 인문교육을 심화시키기 위해 인문학 전문교육과 인문교양교육이 하나로 통합되어야 한다. 이를 위해서는 교육과정에서 전공을 불문하고 누구나 기본적으로 인문교양교육을 받도록 교육과정을 구조적으로 성층화(成層化)시키는 것이 필요하다. 그리고 종국적으로는 교육구조까지도 바꿔 학사과정에서는 누구나 인문교양교육을 충분히 받을 수 있도록 하는 제도의 개혁이 필요하다.

넷째, 인문학 진흥을 위한 지원이 지속적이고 제도적인 학문후속세대 양성에 초점을 맞춰야 한다. 이를 위해선 개개의 연구계획을 단기간 지원하는 현행의 지원 방식을 예비학자를 선발하여 연구자를 장기간 지원하는 방식으로 전환할 필요가 있다.

인문교육의 방안까지 제시하게 된 이 글의 논변내용을 역순으로 정리해 보자. 윤리적 난국을 극복하는 길은 궁극적으로 인문교육에 있다는 것이 이 글의 논지다:

— 바람직한 인간적 삶에 관한 인문학적 탐구의 성과를 영양원으로 하여 인문교육을 충실히 한다.

— 인문교육을 통해 바람직한 보편적 인간상, 즉 이상적인 인간다움에 대한 인식을 공유한다. 이는 가치의 체계에서 최정상에 놓이는

인간적 가치의 공유를 가리키는 것이요, 이것이 곧 인문정신 함양
의 핵심이다.

— 그 자체 목적적 가치인 이 인간적 가치의 공유를 토대로 하여 수
단적 가치의 차이를 수용하는 가운데(大同小異-和而不同) 공동체가
지향하는 가치관의 수립과 그 구현이 가능하다.

— 그리고 이 가치관의 체계 안에서 인륜성에 대한 관념을 공유하고,
이를 도덕성의 기반으로 삼아 도덕적 규범의 척도를 세운다.

— 이 척도를 준거로 삼아 광범한 도덕교육을 시행함으로써 윤리적
난국을 극복한다.

[부록 3]

대전대학교 〈혜화리버럴아츠칼리지〉(H-LAC)의
리버럴아츠 교육 프로그램

대전대학교에서는 직업교육으로 경도되는 대학교육의 현실적인 경향을 직시하고, 이러한 현실에 대처하면서도 학문탐구의 역할을 자임하는 대학 본연의 모습을 견지하고자 기초학문교육을 강화하는 교육과정을 기획하여 실시하고 있는데, 그것이 곧 '자유학예교육'(Liberal Arts Education) 프로그램이다. 이 자유학예교육 프로그램은 1) 자유학예, 즉 기초학문을 중심으로 하는 교양교육과정의 운영, 2) 이 자유학예를 전문으로 하는 자유학예 전공교육과정의 개선, 그리고 3) 자유학예교육의 성과를 극대화시키는 정주대학(定住大學, Residential College)의 운영을 그 내용으로 한다.

1. 기초학문 중심의 체계적인 교양교육과정 구축

교양교육과정을 기초학문 중심으로 재편하여 이를 '리버럴아츠 기본 교육과정'과 '리버럴아츠 핵심교육과정'으로 구성한다.

＊ 리버럴아츠 교양교육과정 편성
　― H-LAC은 소속 학생들에 대한 전공교육뿐만 아니라, 전교생을 대

상으로 교양교육을 수행한다.

— 교양교육과정은 ① 기초학업 영역, ② 본래의 기초학문 중심 교양 교육 영역, 그리고 ③ 소양교육 영역으로 구성된다.

① 기초학업 영역은 대학교육을 받는 데 필수적인 기초적인 지적 능력을 배양하고 기초지식을 습득하는 영역이다. 다양한 유형의 사고력, 국어 및 외국어 의사소통능력(글쓰기 및 말하기), 정보문해능력을 배양하는 교과목들, 그리고 기초과학 지식을 학습하는 과목들로 구성된다.

② 본래의 교양교육 영역은 인문학, 사회과학, 자연과학 등 기초학문분야 전반에 걸친 폭넓고 깊이 있는 학업을 통해 인간과 세계에 대한 총체적인 이해를 갖고 이로써 얻게 되는 '지적 연결지평' 위에서 융합적 사고를 할 수 있게 하는 영역으로 교양교육의 핵심 부분이다.

③ 소양교육 영역은 자기정체성과 함께 공동체적 감수성을 함양하고, 이를 통해 지(知), 정(情), 의(意)가 조화를 이루는 전인적 인격 함양을 지향하는 인성교육 영역이다.

— 이상의 3개 교육 영역은 각기 고유한 목적을 갖고 있으면서 H-LAC의 궁극적인 교육목적을 실현하기 위해 상호 보완적인 체계 속에 유기적으로 구조화된다.

— 구체적으로, 본교의 H-LAC에서는 이상의 3개 영역으로 이루지는 기본 교양교육을 〈리버럴아츠 기본교육과정〉으로 정하고, ②항의 리버럴아츠 교육 영역에 〈리버럴아츠 핵심교육과정〉을 추가로 더 설치하여 '본래의 교양교육 영역, 즉 리버럴아츠교육'을 심화시킨다. 이 〈리버럴아츠 핵심교육과정〉은 기초학문분야 학과의 전공과목 중 학술적으로 보편적이고 핵심적인 주제를 다루는 과목들을 다소 변용하여 편성한다.

— H-LAC 소속 학생뿐 아니라 전교생이 〈리버럴아츠 기본교육과정〉
   뿐 아니라 〈리버럴아츠 핵심교육과정〉도 필수적으로 이수하게 되
   어 있다는 점에서, 한국형 리버럴아츠 칼리지(K-LAC)의 선도적 모
   형을 제시한 것으로 자평한다.
— 2015년부터 시행되어 오던 교육과정을 2018년에 다시 개선한 것
   은 아래와 같다.

구분	대영역	소영역		내용	이수학점	
					H-LAC 소속 학생	그 외 학생
교양	리버럴아츠기본	기초학업	의사소통	발표와 토론, 글쓰기기초, 글쓰기 심화(창의적/학술적)	6	6
			영어	영어강독, 영어회화1, 2	6	6
			S/W디자인	Scratch 활용	2	2
			기초과학	수학1, 2, 물리1, 2, 화학1, 2, 생물학1, 2에서 1과목 선택	2	2
		혜화인성	정서(비전탐색)	각 학과에서 시행	1	1
			사회(너/우리)	10여 개 과목 가운데 택 1	2	2
			신체(스포츠)	건강체력, 구기, 개인운동 등	1	1
		균형중점	문학과예술	기초학문의 개론 성격의 교과 (기본적 응용교과 포함) 학과 소속 영역을 제외한 3개 영역에서 이수	15	9
			역사와철학			
			정치, 경제, 사회			
			과학과기술			

교양	리버럴 아츠 핵심	인문학	기초학문의 전공 교과 3 영역 모두 이수	24	12
		사회과학			
		자연과학			
	소계			59	41
일반선택	외국어 자격(토익, HSK, JPT), 외국어 회화, IT 자격 교과, 취창업 교과, ROTC, 평생교육, 교직, 부전공, 복수전공			18	18
전공	각 학과 전공			48	66
총계				125	125

— 그러나 이 시행안에도 좀 더 개선되어야 할 부분이 있다. 〈혜화인성〉 영역은 다음과 같이 개선될 것이다.

	영역	학점/시간	과목군	비고
혜화인성	지적 각성교육	2/2	비전탐색(1/2), 공감의 이해와 소통, 인간관계를 이끄는 힘 예(禮)·지(智)·학(學)의 세계, 더불어 사는 사회의 윤리, 행복코칭 등	비전탐색(1)과 예절교육(1)은 필수 다른 영역에서 2학점 추가 선택
	신체적 체험교육	1/2	건강체력, 구기, 심신단련 등	
	정서적 체험교육	1/2	합창 등	
	사회적 체험교육	1/2	글로벌시대의 예절과 인성, 전통문화예절, 사회봉사, 공동체활동(HRC제공) 등	

＊〈균형중점〉영역과 〈리버럴아츠 핵심〉영역 간의 관계

　　리버럴아츠 기본교육과정 중 '균형중점' 영역과 '리버럴아츠 핵심교육' 영역은 교양교육과정 중 핵심부분인데, 두 영역 모두 기초학문을 내용으로 한다는 동질성이 있어, 이 양자 간의 관계에 대해서는 약간의 보충 설명이 필요하다고 본다.

— 리버럴아츠 교육은 기초학문분야 전반에 걸쳐 균형 있게 이루어지는 교육이다. 따라서 그 영역별 편성은 유기적인 체계를 갖추어야 한다. 기초학문 학과의 전공과목을 다소 변용하여 제공하는 〈리버럴아츠 핵심교육과정〉의 교과목들은 이 편성체계에서 학술성의 심도를 더해 주는 것이다. 즉 〈리버럴아츠 핵심〉영역은 〈균형중점〉 영역과 동질적인 것으로 이 영역에 연속되어 있지만, 내용상 더 심화된 수준 높은 학술성을 갖는 교과목들로 이루어지는 영역이다. 교육과정에 대한 교과목들의 정합성에 대해 지속적인 점검과 재정비 과정이 필요하다.

　※ 현재 〈균형중점〉 및 〈리버럴아츠 핵심〉 영역의 교과목 편성원칙은 다음과 같다.

— 〈균형중점〉영역은 학문영역 및 주제에 따라 〈문학과 예술〉, 〈역사와 철학〉, 〈정치, 경제, 사회〉, 〈과학과 기술〉 영역으로 구분하고, 각 세부 영역별로 해당분야의 개론적인 내용이나 보편적인 주제를 다루는 교과목으로 구성한다.

— 〈리버럴아츠 핵심〉영역은 학문영역에 따라 〈인문학〉, 〈사회과학〉, 〈자연과학〉 영역으로 구분하고, 각 세부 영역별로 해당분야의 핵심적인 주제를 다루면서 2학년 전공교과 수준의 깊이를 담보하지만 선수과목이나 선행학습을 요구하지 않는 교과목으로 구성한다.

— 〈균형중점〉과 〈리버럴아츠 핵심〉 영역에 개설된 교과목들 사이의

영역별 질적 균등성을 확보하고, 두 영역 사이의 등급성을 고려해서 교과목 편제를 체계화한다.

— 〈리버럴아츠 핵심〉 교과목과 해당학과 전공 교과목의 Double Listing이 가능하도록 한다.

2. 리버럴아츠 핵심영역 교육 프로그램 개발

* 리버럴아츠 교육 활성화를 위한 다양한 교육프로그램 개발

리버럴아츠 교육은 학생들로 하여금 다양한 학문영역을 자유롭게 탐구하면서 폭넓은 안목과 깊은 사고력을 키워나가도록 한다. 그리고 이를 바탕으로 융합적인 사고능력을 갖춘 창의적 인재를 양성하고자 한다. 따라서 H-LAC은 기초학문 중심의 리버럴아츠 교육의 효과를 보다 증진시키기 위해 다양한 교육 프로그램을 개발해서 운영한다.

— 서로 다른 학문영역을 가로지르는 융복합 교과목 및 융복합 프로그램 개발 및 운영

— 서로 다른 학문영역의 교수들이 협력해서 교과목을 개발하고 함께 수업을 진행하는 연합강의 개발 및 운영 [이미 시행 중인 교과목들: 〈경제학과 정치학의 대화〉, 〈한국현대문학과 사회의 변모〉, 〈삶과 죽음〉, 〈시가와 음악〉, 〈법과 언어〉]

— 한 학기 동안 1개의 주제 영역을 집중적으로 다루는 교육 프로그램 〈주제 집중 프로젝트〉를 개발, 운영 [2-3인의 교수들이 팀을 이뤄 공동으로 개발, 운영. 과정 전체 이수 시 9-12학점 인정]

3. H-LAC 리버럴아츠 전공교육의 내실화

* 학과-학업트랙-모집단위 분리

　인공지능기술과 지능정보기술의 급격한 발전과 더불어 전공지식의 유통기한은 매우 짧아짐으로써 상이한 영역의 지식이 융합되어 새로운 직업들이 생겨나는 시대적 변화 앞에서 교양과 전공을 구분하고 1인 1전공을 고수하는 교육 시스템은 그 효용성이 크게 감축되었다고 할 수 있다. 이제 학생들은 학과 소속으로 입학해서 정해진 전공과정을 이수하고 졸업하는 대신, 여러 학문분야를 자유롭게 섭렵하면서 다양한 지식들을 연결하는 능력을 키우고, 이를 바탕으로 각자 나름의 전문성을 확보할 수 있어야 한다. 이를 위해 향후 다음과 같은 발전 방안을 시행코자 한다.

　　— 이를 위해서는 교수들의 소속단위인 '학과'와 학생들의 '학업트랙', 그리고 신입생 '모집단위'를 반드시 일치할 필요가 없다.

　　— 교수 소속과 관련해서, H-LAC은 인문학, 사회과학, 자연과학 분야의 기초학문 학과들로 구성되며, 소속 학생이 있는 기존 학과들 이외에 소속 학생은 없지만 리버럴아츠 교육을 위해 필요한 학과들을 신설하고, 그 교육수요에 맞게 해당 분야의 교원을 충원한다.

글로벌문화콘텐츠학과	국어국문학과	세계문학과	역사학과	철학과	정치학과	경제학과	심리학과	수학과	빅데이터학과	물리학과	화학과	생물학과	지구과학과	기초교육학부

소속 학생이 있는 기존 학과

소속 학생이 없는 신설 학과

* H-LAC 신입생 모집단위 광역화

H-LAC은 학생들이 특정 학과 특정 전공에 귀속되지 않은 상태에서 자율적으로 학업을 수행하고, 자유롭게 전공을 결정하는 것을 지향한다. 이를 위해 기존의 학과별 모집방식을 벗어나 광역모집방식으로 전환하고자 한다. 다만, 현재의 여러 상황으로 인해 완전한 광역모집으로의 즉각적인 전환이 어려운 관계로, 문제들을 보완해 가면서 향후 점진적으로 모집단위를 광역화한다.

　— 1단계: 전공학과별 모집

　　학과별로 신입생을 모집하나, 입학 후 자유롭게 타 전공교육과정을 선택전공, 복수전공, 혹은 부전공으로 이수할 수 있게 한다.

　— 2단계: 인문-사회-자연과학 계열별 모집

　　3개 계열별로 모집하고, 입학 후에는 자유롭게 교육과정을 선택하게 한다. 나아가, 각 학과의 고정된 교육과정에 구애받지 않고 학과 교육과정을 횡단하며 어느 과목이든지 자유롭게 선택 수강할 있게 한다.

— 3단계: H-LAC 전체 통합 모집

H-LAC 전체를 하나의 모집 단위로 삼아 신입생을 수용하고, 입학 후 각 학과의 고정된 교육과정에 구애받지 않고 학과 교육과정을 횡단하며 어느 과목이든지 자유롭게 선택 수강할 수 있게 한다. 학생은 H-LAC 내에서 단일전공, 복수전공, 부전공의 교육과정을 자유롭게 선택해 이수할 수 있고, 심지어는 무전공으로 졸업할 수도 있다.

— 어느 단계에서든 단일전공을 택하는 학생은 H-LAC 밖의 타 학과에서 복수전공, 혹은 부전공을 선택, 이수하도록 한다. 단, 향후 신규 융복합교육과정으로 구성되는 전공(동아문화콘텐츠 교육과정, 정치-경제-철학(PPE))을 선택하는 경우엔 예외로 한다.

4. H-LAC과 HRC의 유기적 관계 강화

— 기초학문을 중심으로 하는 교양교육, 즉 자유학예교육(Liberal Arts Education)은 단순히 지식 축적이나 지적 능력 함양에만 머무는 교육이 아니라, 사회적-정서적-신체적 체험을 통한 인성 전체의 균형 잡힌 성장을 목표로 하는 교육이다. 이러한 교육은 '생활 자체'를 통해 자연스럽게 이루어지는 것이어서, 대전대학교에서는 이러한 입체적이고 유기적인 교육을 펼치기 위해 특유의 HRC (Hyehwa Residential College)를 건설하여 '생활교육'의 새 장을 열고 있다.

— 이러한 학내 배경에 힘입어 H-LAC은 HRC와 긴밀히 협력하여 그 교육적 시너지 효과를 극대화시키려는 목적 아래, 다음과 같은 계획을 실행해 나간다.

1) H-LAC 입학정원을 180명(인문-사회-자연 각 60명)으로 감축한다.

적정한 인원이 조성될 때 인성교육을 포함한 교양교육은 그 교육
적 성과가 극대화된다.

2) H-LAC 신입학생 전원을 HRC에 수용한다. 그리고 숙식비 일부를
감액한다. 2, 3, 4학년은 절반 정도를 HRC에 수용한다.(전체 약
450명)

3) H-LAC 전체를 HRC와 인접해 있는 '창학관'으로 이전하여 학업
과 생활의 통합을 공간적으로도 유기화한다.

4) HRC의 교육 프로그램은 H-LAC의 교육과정, 특히 교양교육과정
에 유기적으로 연계되어 정합성이 깨지지 않도록 노력한다. 현재
진행되고 있는 35개 교육 프로그램을 핵심역량교육과 생활인성교
육으로 구분하여 정비하고 강화한다.

5) H-LAC 학장과 HRC 학장은 매사에서 긴밀히 협력하고, 어느 시
점에 가서는 양 학장을 동일인이 담임한다.

손동현(孫東鉉)

서울대학교 철학과 및 동 대학원을 졸업하였다. 독일 마인츠대학에서 철학, 신학, 교육학을 연구, 철학박사학위를 받았다. 성균관대학교 철학과 교수 및 초대-3대 학부대학장, 마인츠대학 객원교수, 미국 브라운대학 방문교수, 대전대학교 석좌교수를 역임하였으며, 프랑스 콜레주드프랑스에서 초빙 강연을 하였다. 한국철학회장, 한국교양교육학회장, 한국교양기초교육원장, 제4회 세계인문학포럼 조직위원장, 한국연구재단 및 포스코교육재단 이사를 역임하였다. 현재 성균관대학교 명예교수, 우송대학교 석좌교수이다.

주요 저서로 『미완의 화해』, 『세계와 정신』, 『세계존재의 이해』(공저), 『중등도덕교육의 현실과 문제』(공저), 『공동체자유주의』(공저) 등이 있고, 역서로 『역사의 이념』, 『문화학이란 무엇인가』, 『존재론의 새로운 길』, 『비판이론』 등이 있다.

대학교양교육론

1판 1쇄 인쇄	2019년 12월 10일
1판 1쇄 발행	2019년 12월 15일

지은이	손 동 현
발행인	전 춘 호
발행처	철학과현실사
출판등록	1987년 12월 15일 제300-1987-36호

서울특별시 종로구 동숭동 1-45
전화번호 579-5908
팩시밀리 572-2830

ISBN 978-89-7775-831-5　93370
값 18,000원